Walter Burkert
Antike Mysterien

Walter Burkert

Antike Mysterien

Funktionen und Gehalt

Verlag C. H. Beck München

Mit 12 Abbildungen

Die amerikanische Ausgabe erschien 1987
unter dem Titel ›Ancient Mystery Cults‹
bei der Harvard University Press, Cambridge,
Massachusetts, und London, England

CIP-Titelaufnahme der Deutschen Bibliothek

Burkert, Walter:
Antike Mysterien : Funktionen und Gehalt / Walter Burkert. –
München : Beck, 1990
ISBN 3 406 341590

Für die deutsche Ausgabe:
© C. H. Beck'sche Verlagsbuchhandlung (Oscar Beck), München 1990
Satz: Fotosatz Otto Gutfreund, Darmstadt
Druck und Bindung: Hieronymus Mühlberger, Gersthofen
Printed in Germany

Inhalt

Zeph Stewart gewidmet

ΜΑΙΕΥΤΙΚΩΙ ΚΑΙ ΕΛΕΓΚΤΙΚΩΙ

Vorwort

Dieses Buch ist aus den Carl-Newell-Jackson-Vorlesungen hervorgegangen, die im April 1982 an der Harvard-Universität gehalten wurden. Die Publikation sucht den Stil der Vorlesungen nicht zu verleugnen, sie möchte vielmehr bewahren, was als Vorzug dieser Darbietungsweise gelten kann: eine gewisse Freiheit im Auswählen und Hervorheben des Markanten, Pointierung und übersichtliche Gestaltung; soll doch der Leser so wenig wie der Hörer von einer Überfülle von Materialien, Kontroversen und Bibliographien erdrückt werden. Ziel war, ein verständliches Bild der antiken Mysterien zu entwerfen, mit einprägsamen Details und zuverlässiger Dokumentation.

Das Manuskript der amerikanischen Ausgabe (*Ancient Mystery Cults.* Harvard University Press 1987) wurde im Juni 1986 abgeschlossen. Für die deutsche Ausgabe ergab sich Gelegenheit, seither erschienene Literatur sowie einige wichtige, neu aufgetauchte Quellenzeugnisse zusätzlich zu berücksichtigen.

Mein Dank gilt nach wie vor dem *Department of the Classics* der Harvard University und seinem damaligen Chairman, Zeph Stewart, für die Einladung, die großzügige Gastfreundschaft und die anregende Anteilnahme, die der Entwicklung der Vorlesungen zugute kamen, sowie Zeph Stewart und Albert Henrichs für kritische Mithilfe bei der Fertigstellung der Druckfassung. Sie haben mich vor vielen Fehlern bewahrt. Eveline Krummen, Zürich, hat bei der Erstellung des Manuskripts und der Anmerkungen große Hilfe geleistet. Dr. Ernst-Peter Wieckenberg und der Verlag C.H.Beck haben durch ihr Interesse diese deutsche Ausgabe ermöglicht.

Einleitung

Das Wort ‹Mysterien› verheißt Spannung, Aufdeckung erregender Geheimnisse, zumal die Eingeweihten wissen, daß der Begriff von ‹Orgien› nicht ferne liegt. Dieses Buch kann und will Erwartungen solcher Art nicht erfüllen. Sein Ziel ist, verstreute Fragmente, Hinweise und Anspielungen antiker Überlieferung durch Interpretation verständlich zu machen, Hinweise auf Formen religiösen Handelns und Erlebens, die längst verschwunden sind.

Die ‹Mysterienreligionen der Spätantike› sind zu einem gängigen, gern verwendeten Begriff in Altertumswissenschaft und Theologie geworden. Man denkt dabei in erster Linie an die sogenannten ‹orientalischen› Kulte von Isis, Mater Magna und Mithras. Diese und verwandte Erscheinungen haben etwa seit Beginn dieses Jahrhunderts die besondere Aufmerksamkeit der Religionswissenschaft auf sich gezogen. Die entscheidenden Impulse gingen vor allem von zwei großen Gelehrten aus, Franz Cumont und Richard Reitzenstein.[1] Das Interesse daran wird fortbestehen, solange die Entstehung des Christentums eines der entscheidenden Probleme in der Geistesgeschichte der Antike bleibt, ja in der Menschheitsgeschichte überhaupt.

Markante Fortschritte hat in den letzten Jahrzehnten die Sammlung der Quellen, besonders der archäologischen Dokumentation gemacht, wobei man weithin noch immer den von Cumont gewiesenen Wegen folgt. Maarten J. Vermaseren vor allem hat auf seine neue Sammlung der Mithras-Monumente die gewaltige Reihe *Études préliminaires aux religions orientales dans l'empire romain* folgen lassen.[2] Mithras-Studien konnten sich eine Zeitlang tatkräftiger Förderung durch die Pehlevi-Stiftung des Schahs von Persien erfreuen.[3] Große, bibliographisch ausgerichtete Übersichten sind vor kurzem in dem Unternehmen *Aufstieg und Niedergang der Römischen Welt* erschienen.[4] Zuweilen schien mit solcher Expansion der wissenschaftlichen Aktivitäten die kritische Reflexion nicht ganz Schritt zu halten. Doch hat auch die Diskussion der Begriffe und Grundprinzipien in den letzten Jahren an Lebendigkeit gewonnen, vor allem in Italien. Damit werden nun allerdings die Positionen von Cumont und Reitzenstein mehr und mehr in Frage gestellt.[5]

In der weiteren Fachwelt freilich ist noch kaum zur Kenntnis genommen worden, daß der Begriff der ‹Mysterienreligionen› der Überprüfung bedarf. Meist beherrschen noch immer einige Vorprägungen, ja Vorurteile das Feld, die zu Halbwahrheiten, ja zu Mißverständnissen führen.

Das erste dieser Vorurteile ist, daß Mysterienreligionen ‹spät› seien, ein Phänomen der Kaiserzeit oder allenfalls des späteren Hellenismus,[6] aus einer Zeit also, als die Welt von der hellenischen Klarheit sich mehr und mehr zu entfernen und schließlich dem ‹dunklen› Mittelalter entgegenzugehen scheint. Daran ist richtig, daß der Isiskult in Rom erst unter Kaiser Caligula definitive Anerkennung fand und daß die Zeugnisse für den Kult des Mithras und für die Taurobolien der Mater Magna sich auf das zweite bis vierte Jahrhundert n.Chr. konzentrieren. Die eigentlich modellhaften ‹Mysterien› für die antike Welt jedoch, die Mysterien von Eleusis, sind mindestens seit Beginn des sechsten Jahrhunderts vor Christus bezeugt und bleiben über die Jahrhunderte hinweg die Mysterien schlechthin; die verbreitetsten Mysterien neben Eleusis, die des Dionysos, erscheinen nur wenig später in unserer Dokumentation und bestehen, wie auch immer sich verändernd, gleichfalls weiter. Auch der Kult der Göttermutter ist in der griechischen Welt bereits in der archaischen Epoche von Kleinasien bis Unteritalien verbreitet. Griechische Mysterien sind demnach zunächst ein Phänomen nicht der spätantiken, sondern der spätarchaischen Epoche.

Das zweite Vorurteil ist die Neigung, Mysterien von vornherein als ‹orientalisch› zu nehmen. *Die orientalischen Religionen im römischen Heidentum* war Cumonts bekanntestes Buch betitelt, und Reitzenstein verstand in seinem maßgebenden Werk, *Die Hellenistischen Mysterienreligionen,* das Wort ‹hellenistisch› in eben diesem Sinn: orientalische Spiritualität in griechischem Gewande.[7] Evident richtig daran ist, daß die Göttermutter als die ‹Phrygische Göttin› bekannt war und ein besonderes Kultzentrum in Pessinus – westlich von Ankara – hatte, daß Isis eine ägyptische Göttin, Mithras ein persischer Gott ist. Doch gerade der Mysteriencharakter dieser Kulte ist nicht direkt aus ihrem Ursprung herzuleiten; er scheint eher Eleusinischem, Dionysischem oder beidem nachgebildet.[8] Doch hat man diesen griechischen Kulten weit weniger Aufmerksamkeit zugewandt, wohl eben, weil ihnen die geheimnisvolle Aura des ‹Orientalischen› fehlt. Dabei enthält der Begriff ‹orientalisch› doch eine ethnozentrische, suspekte Verallgemeinerung: Altkleinasien, Ägypten, Persien waren jeweils Welten für sich, auch wenn sie aus unserer Perspektive alle mehr oder weniger ‹östlich› gelegen sind.

Das dritte Stereotyp: Mysterienreligionen seien gekennzeichnet durch Spiritualisierung, Verinnerlichung, Hinwendung zum Jenseits, seien als solche ‹Erlösungsreligionen›[9] und damit Vorbereitung oder Parallelerscheinung zum Christentum. In extremer Fassung besagt diese These, das Christentum selbst sei nur eine weitere, freilich die erfolgreichste der ‹orientalischen Mysterienreligionen›, nur nicht aus Kleinasien, Persien oder Ägypten, sondern aus Israel erwachsen. In der Tat haben schon altchristliche Schriftsteller Parallelen zwischen christlichem Kult und Mysterien gesehen und diese als teuflische Nachäffung der gottgestifteten Religion denunziert.[10] Einzelne gnostische Gruppen scheinen Mysterieninitiationen gefeiert zu haben, die heidnische Praktiken wohl gar zu übertreffen suchten,[11] und das kirchliche Christentum seinerseits hat die Mysterienmetaphorik sich zu eigen gemacht, die längst in der platonischen Philosophie eingeführt war. Man sprach und spricht seither vom Mysterium der Taufe und vom Mysterium der Eucharistie.[12] Dies aber heißt nicht, daß man Parallelen verabsolutieren oder gar Metaphern hypostasieren sollte; damit ist keiner Seite gedient. Da so vieles an den antiken Mysterien undeutlich bleibt, unterliegen sie besonders der Gefahr, durch das Modell des Christentums, trotz partieller Erhellung, die es bringen kann, verzerrt zu werden. Die Unterschiede bleiben radikal. Ernest Renan schrieb: «Wäre das Wachstum des Christentums durch eine tödliche Krankheit aufgehalten worden, wäre die Welt mithraisch geworden.»[13] Man ist sich heute wohl einig, daß nie die geringste Chance bestand, daß statt des christlichen ein mithraisierendes Abendland entstanden wäre; ‹Mithraismus› war nicht eine eigene Religion im vollen Sinn des Begriffs.

In diesem Buch wird ein entschieden ‹heidnischer› Zugang zu den antiken Mysterien gesucht, was vom Begriff der ‹Mysterienreligionen› von Anfang an hinwegführt. Eine Weihe in Eleusis, der Dienst der Isis oder die Aufnahme in den Mithraskult bedeutet nicht Eintritt in eine besondere ‹Religion› in dem Sinn, in dem wir seit langem gegenseitig sich ausschließende Religionen wie Judentum, Christentum, Islam vor Augen haben. Diese Religionen haben viel bewußte Mühe darauf verwandt, sich selbst zu definieren und damit abzugrenzen von den rivalisierenden Religionen.[14] In den früheren Epochen scheinen verschiedene Formen der ‹Religion›, einschließlich der Verehrung neuer und fremder Götter und auch der Einrichtung besonderer ‹Mysterien›, nebeneinander zu stehen, ohne sich auszuschließen; sie erscheinen als Spielformen, Optionen, ja Moden innerhalb des einen uneinheitlichen und doch kontinuierlichen Konglomerats, das wir die Religion der Antike nennen.[15]

Was damit vorgelegt wird, könnte eine vergleichende Phänomenologie der antiken Mysterien heißen. Um die Übersichtlichkeit zu wahren, beschränken sich die Untersuchungen im wesentlichen auf fünf Erscheinungsformen solcher Mysterien: die Mysterien von Eleusis, die Dionysischen oder Bakchischen Mysterien, die Mysterien der Meter, der Isis und des Mithras. Es gab noch weit mehr Kulte, die sich ‹Mysterien› nannten, prominente und weniger prominente; Erwähnung erheischen vor allem die Mysterien von Samothrake.[16] Doch die genannten fünf Spielarten dürften hinreichen, wesentliche Gemeinsamkeiten ebenso wie die ganze Skala der Verschiedenheiten zu zeigen.

Man kann ein solches Vorgehen als ahistorisch tadeln. In den Blick gefaßt wird ein Bereich von etwa 1000 Jahren; und was gab es in dieser Zeit an Verschiebungen, Veränderungen, Revolutionen in allen Bereichen der Gesellschaft, der Politik, der Geistesentwicklung! Und doch blieb durch kontinuierliche Tradition auch eine gewisse Identität der kultischen Formen gewahrt: Der Versuch ist legitim, aus diesen ein Porträt der antiken Mysterien zu gewinnen.

Als Grundlage und zur Orientierung sei eine skizzenhafte Beschreibung der fünf genannten Formen von Mysterien vorangestellt. Die Eleusinischen Mysterien[17] galten den ‹Zwei Göttinnen›, der Korngöttin Demeter und ihrer Tochter Persephone, die im attischen Dialekt Pherephatta hieß, meist aber einfach ‹das Mädchen›, Kore, genannt wurde. Die Mysterien wurden von der Polis Athen organisiert und vom ‹König›, dem *archon basileus,* beaufsichtigt. Für die Athener waren dies ‹die Mysterien› schlechthin, und das literarische Prestige von Athen sicherte ihnen ihren weltweiten Ruf. Zu den literarischen Angaben und Anspielungen treten die Ausgrabungen, die Inschriften und eine reiche eleusinische Ikonographie, so daß die Eleusinischen Mysterien als der bestdokumentierte Kult der antiken Welt gelten können. Der bekannte Mythos erzählt vom Raub des ‹Mädchens› durch Hades, den Gott der Unterwelt, von der Suche der Mutter nach ihrer Tochter: Kore kommt schließlich zurück, wenn auch nur für eine begrenzte Zeit, und zwar eben in Eleusis. Hier feierten die Athener im Herbst das große Fest, ihre ‹Mysterien›. Man zog in Prozession auf der ‹Heiligen Straße› von Athen nach Eleusis, um an der nächtlichen Feier teilzunehmen. Im ‹Telesterion›, der großen Halle, die Tausende von Mysten aufnehmen konnte, ‹zeigte› der Hierophant ‹das Heilige›. Zwei Gaben, sagte man, habe die Göttin in Eleusis den Menschen gebracht, das Getreide als die Grundlage zivilisierten Lebens und die Mysterien mit der Gewähr einer ‹besseren Hoffnung› für das Dasein nach dem Tode. Diese Mysterien konnten nur in Eleusis und nirgends sonst gefeiert werden.

Dionysos, der Gott des Weins und der Ekstase, ist allerorts in mannigfacher Weise verehrt worden. Jeder Zecher konnte sich als Diener des Gottes fühlen. Daß es besondere Mysterienweihen für Dionysos gab, geheime, persönliche Rituale mit dem Versprechen seligen Lebens im Jenseits, ist erst in jüngster Zeit durch sensationelle Neufunde von Goldblättchen aus Gräbern bestätigt worden.[18] Ein Text aus Hipponion in Unteritalien läßt den Toten unter den ‹Mysten und Bakchen› den ‹Heiligen Weg› in der Unterwelt beschreiten; zwei Texte aus Thessalien sprechen von der ‹Geburt› im Tod und einer ‹Lösung› durch Bakchios, die Persephone anerkennt. Es gibt für Dionysosmysterien aber kein festes Zentrum, im Gegensatz zu Eleusis. Sie sind sozusagen allgegenwärtig, vom Schwarzen Meer bis Ägypten und von Kleinasien bis Süditalien. Besonderes Aufsehen erregten die dann brutal unterdrückten ‹Bacchanalia› in Italien und Rom 186 v.Chr.[19] Ihren faszinierendsten künstlerischen Ausdruck fanden die Dionysosmysterien in den Fresken der *Villa dei Misteri* bei Pompeii, die aus der Cäsarzeit stammen. Offensichtlich waren die dionysischen Mysterien sehr vielgestaltig. Einige Male wird der Mythos von der Zerreißung des Dionysos ausdrücklich mit diesen Mysterien verbunden, aber daß dies für sie alle und allgemein gültig war, ist keineswegs gesichert. Ein eigenes Problem ist die Beziehung der Bakchischen Mysterien zu jenen Schriften und Gruppen, die man ‹orphisch› nennt, weil sie auf Orpheus, den mythischen Sänger, zurückgeführt wurden.[20]

Für die kleinasiatische Göttermutter hat sich der Ausdruck Magna Mater eingebürgert, der in dieser Form nicht antik ist; der offizielle Kulttitel in Rom war *Mater Deum Magna Idaea*,[21] verkürzt *Mater Magna*. Hier sei der griechische Titel, ‹Meter›, vorgezogen. Der Kult einer großen Muttergöttin läßt sich in Anatolien bis weit vor die Erfindung der Schrift, ja bis in die neolithische Epoche zurückverfolgen. Für die Griechen wurde ihr phrygischer Name, *Matar Kubileya*, bestimmend. Sie hieß dementsprechend Kybeleia oder Kybele, meist freilich einfach Meter Oreia, die ‹Mutter vom Berg›, oder mit Hinzufügung eines bestimmten Bergnamens Meter Idaia, Meter Dindymene und dergleichen.[22] Was die Aufmerksamkeit vor allem auf sich zog, war die Kultform des alten Priesterstaates Pessinus: Hier gab es die *galloi*, die Eunuchenpriester, die sich zu Ehren der Muttergöttin selbst entmannt hatten. Dazu gehört der Mythos von Attis, dem Geliebten der Meter, der kastriert wird und unter einer Fichte stirbt und doch der *parhedros* der Göttin bleibt. Der Kult wurde während des Hannibal-Krieges im Jahre 204 v.Chr. auf Grund von Orakeln offiziell in Rom eingeführt und strahlte künftig von diesem neuen Zentrum aus. Nachrichten über geheime persönliche Weihen im Kult der Meter, *mysteria* und *teletai*, sind vielfältig verstreut und nicht immer explizit.[23] Seit dem 2.Jh. n.Chr. nachweisbar ist ein besonders spektakuläres Ritual, das ‹Stier-Erlegen›, *taurobolium*: Der Myste kauert in einer balkengedeckten Grube, über der der Stier geschlachtet wird, so daß das ausströmende Blut auf ihn niederfließt – eine Bluttaufe im vollen Sinn.[24]

Unter den vielerlei ägyptischen Göttern haben die Griechen seit der archaischen Zeit ihre besondere Aufmerksamkeit dem Paar Isis und Osiris zugewandt,[25] wobei wohl von Anfang an die Assoziation, ja Gleichsetzung mit Demeter und Dionysos im Spiele ist.[26] Mit der Ptolemäischen Epoche kommt Serapis dazu, d.h. Osiris-Apis, der dann aber allmählich wieder hinter Isis zurücktritt.[27] Vielerorts entstehen Isis-Heiligtümer mit ägyptischer oder ägyptisierender Priesterschaft. Am wichtigsten ist wieder Rom, wo nach langem Auf und Ab unter Caligula mit einem großen Tempelbau der Isiskult endgültig etabliert wird. Bekannt ist der Mythos vom Tod und von der Zerstückelung des Osiris durch Seth, von der Trauer und Suche der Isis, dem Wiederfinden und der Wiederkehr der Lebenskraft des Osiris, der Geburt des Horos; am vollständigsten ist der Bericht des Plutarch in seinem Buch *Über Isis und Osiris*. Von den Mysterien der Isis handelt der ausführlichste Mysterientext der antiken Literatur, das letzte Buch des Eselsromans von Apuleius.[28]

Mithras schließlich ist ein alter indoiranischer Gott, bezeugt seit dem zweiten vorchristlichen Jahrtausend und überall anzutreffen, wo iranische Tradition bestimmend war. Sein Name bedeutet ‹Mittler› im Sinne von Vertrag und Gefolgschaft. Die charakteristischen ‹Mysterien› des Mithras jedoch sind nicht vor etwa 100 n.Chr. nachweisbar; wo, durch wen und wie sie gegründet wurden und welcher Art ihre Beziehung zur älteren und eigentlichen iranischen Tradition ist, bleibt ein heiß diskutiertes Problem.[29] Als Kultraum für Mithras-Mysterien dienen unterirdische Räume, ‹Höhlen› genannt, wo kleine Männergruppen sich zur Einweihungsfeier und zum Opfermahl versammeln. Es gibt sieben Grade der Einweihung und eine sehr feste und einheitliche Symbolik und Ikonographie. In der Apsis der ‹Höhle› steht in der Regel das Reliefbild des stiertötenden Mithras. Der zugehörige Mythos ist literarisch nicht überliefert. Getragen ist der Kult von den römischen Soldaten, Beamten und Kaufleuten; seine Verbreitung folgt den Marschrouten der Legionen.

Es scheint eine unabweisbare methodische Forderung zu sein, die Untersuchung mit klaren Definitionen zu beginnen. Und doch kann es in der Religionswissenschaft Fälle geben, wo die Definition eher als Ergebnis am Ende steht. Doch ist es ohne Zweifel angebracht, die antiken und modernen Termini zu erläutern, die im folgenden verwendet werden, womit auch die Phänomene, auf die jene Termini zielen, wenigstens vorläufig in den Blick treten. Das Wort Mysterium hat in den modernen Sprachen im wesentlichen die Bedeutung ‹Geheimnis› angenommen, was vor allem auf das Neue Testament zurückgeht.[30] Nun ist in der Tat die Geheimhaltung eines der wesentlichen und notwendigen Charakteristika der antiken Mysterien; in der Ikonographie verweist darauf die *cista mystica*, ein runder, mit einem Deckel fest verschlossener Korb.[31] Und doch genügt dies nicht zur Definition: Nicht alle Geheimkulte sind Mysterien. Anderer Art sind die meisten Formen privater Magie, anders auch Priester-Hierarchien, die nur wenigen den Zugang zum Allerheiligsten gestatten. Ein Mißverständnis wäre es, Mysterien von vornherein mit Mystik zu assoziieren, Mystik im eigentlichen Sinn der erlebnishaften Bewußtseinsveränderung durch Meditation, Yoga oder verwandte Methoden. Allerdings hat das Wort *mystikos* schließlich die uns geläufige Bedeutung erlangt, doch nur durch einen verwickelten Prozeß platonisch-christlicher Metaphorik, der erst mit Dionysius Areopagita zum Abschluß kam.[32] Wegweisend dagegen sind die gebräuchlichen lateinischen Übersetzungen von *mysteria, myein, myesis:* Dies sind *initia, initiare, initiatio;*[33] von hier aus ist das Wort Initiation in die modernen Sprachen übergegangen. Mysterien sind demnach in einer ersten Annäherung zu bestimmen als Initiationsrituale; dies heißt, daß die Zulassung von einer persönlichen Zeremonie abhängt, der sich jeder einzelne zu unterziehen hat. Andere bleiben ausgeschlossen: Die Geheimhaltung ist die notwendige Begleiterscheinung dieses Prinzips; darum finden denn auch die meisten Mysterien zur Nachtzeit statt.

Initiationen sind ein in der Ethnologie wohlbekanntes Phänomen; es fehlt nicht an eingehenden Beschreibungen und eindringlichen Diskussionen. Das Spektrum reicht von australischen Ureinwohnern bis zu amerikanischen Universitäten der Gegenwart. Man kann verschiedene Kategorien unterscheiden, Pubertätsweihen etwa, Priesterweihen, Königsweihen, Zulassung zu geheimen Gesellschaften. In soziologischer Sicht hat man Initiation allgemein als ‹Status-Dramatisierung› definiert oder als rituelle Status-Veränderung.[34] Vor diesem allgemeinen Hintergrund erscheinen die antiken Mysterien indessen doch als ein eigenartiger Sonderfall: Sie sind nicht Pubertätsweihen im Stammesverband; sie konstituieren keine Geheimgesellschaft mit festen, dauerhaften Verbindungen – abgesehen allerdings von den Mithrasmysterien. Die Zulassung ist nicht abhängig von Alter und Geschlecht; und der äußere, gesellschaftliche Status ändert sich nicht in merklicher Weise für die Eingeweihten. In der Innensicht des Initianden verändert sich allerdings sein Status gegenüber einer Gottheit, indem er in einen inneren Kreis der Vertrauten eintritt. In der Außensicht des skeptischen Betrachters ist ein Wandel nicht der sozialen Stellung, sondern der Persönlichkeitsstruktur zu konstatieren, die von einer besonderen Erfahrung im Bereich des Heiligen herrührt. Im Gegensatz zu den Normaltypen bekannter Initiationen können antike Mysterien ganz oder zumindest in Teilen ihres rituellen Ablaufs wiederholt werden.[35]

Das Wort *mysteria* wird durch die Sprachgeschichte kaum erhellt. Eine Verbalwurzel *my(s)-* taucht in einem mykenischen Dokument auf, es könnte sich um die ‹Weihe› eines Würdenträgers handeln, doch sind Kontext und Interpretation keineswegs genügend deutlich.[36] Wichtiger ist es wohl festzuhalten, daß sich *mysteria* der Wortbildung nach in eine Gruppe von Festbezeichnungen einfügt, die ebenso im Mykenischen bezeugt wie im späteren Griechisch geläufig ist.[37] In der Tat waren für die Athener *Mysteria* eben eines der Hauptfeste im Jahreslauf. Es gibt einige archäologische Hinweise auf mykenische Vorstufen des Eleusinischen Kultes, die freilich nicht überbewertet werden sollten.[38] Das Wort *mystes*, das den Eingeweihten bezeichnet, entspricht einem Wortbildungstyp, der eben in der mykenischen Epoche sich entwickelt.[39] Das Verbum *myeo* ‹einweihen› – meist im Passiv verwendet – ist der Bildung nach sekundär.

Die maßgebende Rolle von Eleusis für die Institution griechischer ‹Mysterien› scheint sich so auch von der Wortbildung her zu bestätigen.

Eine Wortfamilie, die sich mit *mysteria* weithin überschneidet, ist *telein*, ‹vollenden›, ‹feiern›, ‹weihen›; dazu *telete* ‹Fest›, ‹Weihe›, ‹Ritual›, *telestes* ‹Weihepriester›, *telesterion* ‹Weihehaus›, ‹Halle der Initiationen›. Die Etymologie dieser Wortgruppe schien gesichert, bis das Mykenische bewies, daß hier im Griechischen zwei verschiedene Stämme durcheinanderlaufen.[40] Diese Wortgruppe ist von sehr viel allgemeinerer Bedeutung als *mysteria*; sie kann praktisch für jede Art ritueller Feier verwendet werden, nicht nur für persönliche geheime Weihen.[41] Eindeutig allerdings wird die Ausdrucksweise, wenn das Verbum mit persönlichem Akkusativ verwendet wird und der Name eines Gottes im Dativ dazutritt: Für einen Gott das Ritual an einer Person durchführen, dies ist gleichbedeutend mit der ‹Weihe› im Sinn der Initiation. So heißt denn Διονύσωι τελεσθῆναι soviel wie in die Dionysos-Mysterien eingeweiht zu werden.[42]

Ein anderes Wort im Ritualbereich, das besonders in Verbindung mit Mysterien nicht selten erscheint, ist *orgia*.[43] Deutlicher ist der Bezug auf Mysterien, wenn zu *teletai* oder *orgia* das Moment des Geheimen tritt. Zwei aneinander anklingende Adjektiva, *aporrheta* ‹verboten› und *arrheta* ‹unsagbar›, erscheinen fast gleichbedeutend in diesem Zusammenhang.[44] Man kann dies als Hinweis auf den merkwürdig ambivalenten Status des Mysteriengeheimnisses nehmen: Dieses zu verraten, ist streng verboten und ist doch zugleich auch eigentlich unmöglich; wenn es je an die Öffentlichkeit gerät, verliert es von selbst seine Wirkung. So haben die Verletzungen des Mysteriengeheimnisses, die durchaus vorkamen, den Institutionen im Grunde nicht geschadet;[45] wohl aber schien die bemühte Geheimhaltung dem Prestige des Sakralen zugute zu kommen.

Wie das genannte Vokabular die hier behandelten Kulte in der Tat charakterisiert, dafür seien einige Belege gegeben: Das Eleusinische Fest heißt *Mysteria* schlechthin und wird zugleich als *arrhetos telete* bezeichnet, für die als Hauptgebäude im Heiligtum von Eleusis das *Telesterion* dient.[46] Der Terminus *teletai* wird sehr häufig auf die Weihen des Dionysos bezogen, aber in eben diesem Zusammenhang spricht bereits Heraklit von *mystai*, *mysteria*, *myein*; *mystai* und *bakchoi* erscheinen auf dem Goldblättchen von Hipponion, *telea* auf den Goldblättchen aus Thessalien.[47] Ähnlich gibt es im Kult der Meter vielerlei *teletai*, doch ebenso ist von *mysteria* früh schon die Rede; das Taurobolium ist eine *telete* für den *mystipolos*.[48] In seinem Isis-Buch spricht Apuleius regelmäßig von den *mysteria* der Göttin, gebraucht dazwischen aber auch das Fremdwort *teletae*.[49] Im Fall des Mithras scheint *mysteria* die normale Bezeichnung gewesen zu sein, doch auch von *teletai* ist die Rede.[50]

Festzuhalten ist, daß mit ‹Mysterien› in der Regel Formen ‹gewöhnlichen› Kultes Hand in Hand gehen, der unter Assistenz der gleichen Priester am gleichen Ort den gleichen Göttern gilt, ohne die Erfordernis einer vollzogenen oder erwarteten Mysterienweihe. Es gab jährliche Feste auch für ein allgemeines Publikum, und private Weihgaben waren stets willkommen. Nur Mithras scheint wiederum für sich zu stehen. In welcher Weise die privaten Initiationen und die Jahresfeste korreliert waren, scheint von Fall zu Fall zu differieren. In Eleusis findet die erstmalige Weihe (*myesis*) ihren krönenden Abschluß in der Teilnahme an dem großen Herbstfest, das eben *Mysteria* heißt. Die Mysterienweihe von Lucius-Apuleius andererseits hat keinen Bezug auf ein bestimmtes Festdatum, sondern wird durch göttliches Geheiß im Traum bestimmt; doch nehmen die *initiati* als geschlossene Gruppe an der Prozession der Ploiaphesia teil, des großen Jahresfestes in Korinth.[51] In Rom feierte die Mater Magna ihr großes Fest im Frühling, doch die bezeugten Daten der Taurobolien stehen nicht in Verbindung mit kalendarischen Festen. Wie dem auch sei, ‹Mysterien› erweisen sich immer wieder als eine Sonderform des Kultes im weiteren Zusammenhang anerkannter religiöser Praxis. Eben darum ist der Begriff ‹Mysterienreligionen› so unangebracht, als ob es um ein in sich geschlossenes und von anderen abgehobenes System gehe. Mysterien sind eine persönliche Option im Rahmen des allgemeinen polytheistischen Systems – vergleichbar in etwa vielleicht mit einer Pilgerreise nach Santiago di Compostela im Rahmen mittelalterlicher Religiosität.

Eben darum gelten Mysterien in der Alten Welt zwar oft als ratsam, nie aber sind sie streng vorgezeichnete, unabweisbare Pflicht. Es geht stets um eine individuelle Entscheidung, so daß ein Element persönlicher Freiheit im Spiel bleibt. Stammes- und Familientradition sind in diesem Betracht nicht unausweichlich. Natürlich gab es den Erwartungsdruck der Familie, doch konnten Jugendliche sich durchaus weigern, wie die novellistisch ausgemalte Erzählung um die römischen Bacchanalia schildert.[52] Herodot schreibt mit Bezug auf Eleusis: «Wer von den Athenern oder den anderen Griechen es wünscht, wird geweiht,» und über den Skythenkönig Skyles: «Er faßte den Wunsch, sich dem Dionysos Bakcheios weihen zu lassen.»[53] Dies war sein privater ‹Wunsch›; Vorzeichen gab es, die ihn hätten warnen können, es stand ihm frei, alles wieder abzubrechen, doch «er vollendete die Weihe». Natürlich gab es die Empfehlungen und Einladungen der beteiligten Institutionen, gab es die Propaganda der zuständigen Priester: «Es ist der Mühe wert, dies zu wissen.»[54] Doch gab es genügend ‹Zauderer›. So finden wir denn Oknos, das personifizierte ‹Zaudern›, dargestellt als einen Mann, der ein Seil flicht, das sein Esel Stück für Stück abfrißt.[55] So kommt der Ungeweihte nie zum Ziel. Man konnte dies ernst nehmen, man konnte achselzuckend darüber hinweggehen: Eine feste Lehrautorität in bezug auf *teletai* gab es nirgends. «Wer sich einweihen lassen will, folgt, meine ich, dem Brauch, sich zuerst an den ‹Vater› dieser Zeremonien zu wenden, damit der ihm beschreibt, was vorzubereiten ist» – so beschreibt parodierend Tertullian das Procedere.[56] Selbstverständlich fehlte es auch nicht an Mitteln und Wegen, ungeeignete Kandidaten fernzuhalten. Isispriester beriefen sich auf Traumweisungen, wie das Beispiel von Lucius-Apuleius zeigt.

Daß persönliche Entscheidung im Kontext der Mysterien eine solche Rolle spielt, weist offenbar auf jene Stufe in der Entwicklung der Gesellschaft und des Bewußtseins hin, die man mit Begriffen wie ‹Entdeckung des Geistes› und ‹Entdeckung der Persönlichkeit› charakterisiert hat; sie war spätestens im 6.Jh. v.Chr. erreicht.[57] Es ist kaum ein Zufall, daß in eben dieser Epoche die ersten klaren Zeugnisse für Mysterien einsetzen – was immer ein Fest ‹Mysteria› in der mykenischen Epoche gewesen sein mag. Es ist auch bezeichnend, daß die Befürworter rigoroser staatlicher Kontrolle den privaten Mysterien mit Mißtrauen gegenüberstanden. Platon, in seinen *Gesetzen*, war noch zu einiger Toleranz bereit; der Römer Cicero plädierte für ein striktes Verbot, ebenso der Jude Philon.[58] Offenbar ist es auch realiter gelegentlich zu Konflikten privater Mysterien mit der Polis-Autorität gekommen, nicht nur im Fall der römischen Bacchanalia.[59] Doch für Menschen, die die Chancen und Risiken persönlicher Freiheit, wie sie die griechische Welt bot, zu ergreifen bereit waren, dürften die Mysterien eine wichtige ‹Erfindung› gewesen sein: Indem sie der freien Wahl offenstanden, versprachen sie doch eine Form persönlicher Sicherung gegenüber Bedrängnissen, denen man nun in der Vereinzelung ausgeliefert war, besonders Krankheits- und Todesfurcht: In den Mysterien fand man sich nicht nur in ein großes Fest eingeschlossen, es bestand die Chance, mit ‹großen Göttern› in erlebbaren Kontakt zu treten. Als Initiationsrituale freiwilligen, persönlichen, geheimen Charakters waren die antiken Mysterien bestimmt, durch Erfahrung des Heiligen einen neuen Status der Bewußtheit zu vermitteln.[60]

I. Persönliche Bedürfnisse – in dieser und in jener Welt

Mysterien sind eine Form ‹persönlicher Religion›,[1] die eine private Entscheidung voraussetzt und durch Beziehung zum Göttlichen eine Art von ‹Erlösung› sucht. Eine solche Feststellung hat immer wieder Anlaß gegeben, in den antiken Mysterien von vornherein eine ‹tiefere›, ‹echt religiöse›, ‹spirituelle› Dimension vorauszusetzen. Dies sei nicht ausgeschlossen; doch hat der Blick aufs Jenseitige nicht selten das Diesseits übersehen lassen. Es gibt Formen persönlicher Religion, die ganz aufs Diesseits zielen. Von der elementarsten und auch am weitesten verbreiteten sei hier ausgegangen, um auch für die Mysterien einen Hintergrund zu gewinnen: von der Praxis der Gelübde, der ‹Votivreligion›. «Menschen, die krank sind oder in Not welcher Art auch immer und umgekehrt, gerade wenn sie etwas in Fülle gewinnen», pflegen den Göttern Versprechungen zu machen und Gaben zu übereignen,[2] von bescheidenem oder auch von sehr großem Wert. Dies geschah und geschieht mit einer gewissen Selbstverständlichkeit im religiösen Brauch und scheint kaum großer Diskussionen wert. Diese Praxis hat die Alte Welt durchaus überlebt, sie hat sich auch in christlichen Bereichen bis in die Gegenwart behauptet, soweit nicht protestantischer oder rationalistischer Rigorismus dem ein Ende gemacht hat.

In vorchristlichen Bereichen weiß der Archäologe wie der Religionshistoriker, daß ein Heiligtum in der Regel durch die Masse der Votivgaben gekennzeichnet ist, die sich in ihm befinden; dies gilt für die orientalische und minoisch-mykenische Welt nicht minder als für Griechen, Etrusker und Römer oder ‹barbarische› Randvölker. Tausende von Objekten werden gelegentlich ausgegraben, unbekannte Mengen, aus vergänglichem Material gefertigt, müssen verschwunden sein. Es ist ein bescheidener Aspekt der Religion, der hier zu Tage kommt; wir wissen, daß die Votive von Zeit zu Zeit geradezu in Abfallgruben vergraben werden mußten, damit im Heiligtum geziemender Raum erhalten blieb. Und doch zeugt jedes dieser Objekte von einer individuellen Geschichte, von persönlicher Angst, Hoffnung, Gebet und Gebetserhörung, kurzum von ‹persönlicher Religion›. Für die Herrschenden zu jener Zeit war der Krieg das ganz große Risiko; er gab so Anlaß für spektakuläre Weihegaben. Einige der berühmtesten Monumente griechischer Kunst sind so zustande gekommen und fast alle Tempel in Rom.[3] Für den Durchschnittsmenschen waren es eher die Unsicherheiten, die mit Handwerk und Handel verbunden waren, die lebhaft empfundene Gefahr von Seereisen, die unvoraussehbaren Wechselfälle im Zusammenhang mit der Geburt und dem Aufwachsen der Kinder, und vor allem und immer wieder die Krankheitsleiden, denen man mit Gelübden begegnete. Glücklich vollendete Seefahrt[4] und gelungene Heilung waren Hauptanlässe, eine Weihgabe aufzustellen – dies gilt für praktisch alle Heiligtümer der alten Welt.

Die Praxis der Gelübde läßt sich verstehen als eine Grundstrategie des Menschen, mit der Zukunft umzugehen und sie gleichsam durch einen Vertrag in den Griff zu bekommen. Statt in untätige Depression zu versinken, entwirft der Mensch die Struktur eines ‹Wenn – dann›: Wenn die Rettung aus gegenwärtiger Angst und Bedrängnis gelingt, wenn der mit Bangen erhoffte Erfolg oder Profit eintrifft, dann wird der Mensch einen umgrenzten Verzicht leisten, als kleinere Hingabe im Interesse des größeren Erfolgs. Die Abfolge kann sich ohne weiteres wiederholen: Indem der fromme Mensch ein Votiv errichtet, betet er bereits um gleiche Hilfe in künftigen Fällen: «Sei gnädig und gib, daß ich noch einmal eine solche Gabe spenden kann.»[5] *Da ut dem.*

Man darf die Intensität religiösen Erlebens in dieser Alltagspraxis nicht unterschätzen. Da ist die quälende Erfahrung der Not, die oft lange und verzweifelte Suche nach einer Hilfe, schließlich die Entscheidung des Glaubens, ein Gelübde in dieser bestimmten Form auf sich zu nehmen. Nicht selten verweisen Votivinschriften darauf, daß der Entschluß selbst einer übernatürlichen Eingebung verdankt wird, einem Traum, einer Vision, einer anderen Form göttlichen Auftrags;[6] und da ist schließlich die überwältigende Gewißheit des Erfolgs: Der Gott hat geholfen; wer kann da noch zweifeln? Skeptiker mochten mit statistischen Argumenten kommen; der Atheist Diagoras soll angesichts der Fülle von Votiven im Heiligtum von Samothrake, die alle von Rettung in Seenot durch die Großen Götter zeugten, gesagt haben, es wären noch viel mehr Monumente zu sehen, wenn alle Ertrunkenen in der Lage gewesen wären, dergleichen aufzustellen.[7] Doch die Welt gehört den Überlebenden, und in jedem Einzelfall ist die göttliche Rettung zur unmittelbaren Erfahrung geworden. Es ist ja auch nicht zu bezweifeln, daß die Votivreligion echte Lebenshilfe bietet: Ängste und Leiden werden in eine Gemeinschaft hineingetragen, Priester und andere Betroffene nehmen Anteil, Hoffnungen werden gegenseitig verstärkt. Gelübde werden in der Antike in der Regel öffentlich, vor Zeugen getan, und die Erfüllung im religiösen Weiheakt vollzieht sich erst recht demonstrativ in der Öffentlichkeit, die sehr unmittelbar auch an den Erfolgen partizipiert, nicht nur Priester, Handwerker, kleine Händler, sondern vor allem alle jene, die am Opfermahl teilnehmen.

Vorausgesetzt ist in jedem Fall eine persönliche Entscheidung, ein Akt des ‹Glaubens›.[8] Dies gilt vor allem im Krankheitsfall. Wie sehr der ‹Glaube› die Wirkung eines Heilmittels über alle Chemie hinaus beeinflußt, wie ernst zu nehmen darum auch der Erfolg einzelner immer wieder auftretender ‹Heiler› ist, wird heutzutage auch in der medizinischen Wissenschaft weit mehr als in früheren Jahrzehnten zur Kenntnis genommen.[9] Votive, wie bescheiden auch immer sie dem Auge erscheinen, sind Zeugen eines persönlichen Glaubens an jeweils einen bestimmten Helfergott – oder auch an einen Heros, christlich gewendet: an einen Heiligen –; er hat einmal die Erfahrung von ‹Rettung› oder ‹Heil› bewirkt, ‹Erlösung› vom Übel, *soteria, salus, salvatio.*

Wenn dies fast schon christlich klingt, so sind doch vor allem die Unterschiede festzuhalten. ‹Glaube› dieser Art an eine zu gewinnende ‹Rettung› bedeutet keine ‹Bekehrung› im eigentlichen Sinn, auch wenn es zu einer Umorientierung kommt, indem ein Mensch die Hilfe eines Gottes sucht. Es handelt sich, um die von Arthur Darby Nock in seinem klassischen Buch *Conversion* eingeführten Termini zu gebrauchen, um ‹nützliche Ergänzungen› einer religiösen Haltung, nicht um ‹Ersatz› mit bewußter Abkehr von allem, was vorher war.[10] Votivreligion hat geradezu experimentellen Charakter: Man kann – gerade im Krankheitsfall – mehrere Möglichkeiten, eine nach der anderen, ausprobieren, um herauszufinden, was schließlich hilft. In besonders schlimmem, ja verzweifeltem Fall wird man geneigt sein, Neues, Unerhörtes zu riskieren, haben doch die geläufigen Hilfen versagt. Ob ein neuer Gott die Rettung bringt? So liegt denn in der Votivreligion, so allgemein verbreitet und archaisch, im Kern unveränderlich sie auch ist, das Potential zu religiösem Wandel: ‹Neue Götter› werden eben auf diese Weise eingeführt. Dies gilt weithin für den Ausbau der Polis-Religion in Griechenland, es gilt ganz besonders für Rom, wo neue Tempel fast stets einem offiziellen Gelübde ihre Existenz verdanken.[11] Was im Bereich individueller Erfahrungen geschah, wird selten aktenkundig; und doch kann es sich addieren und verstärken, bis eine religiöse ‹Strömung› zu konstatieren ist, eine ‹Bewegung›, ja das Vordringen einer ‹neuen Religion›.

Was besagen diese Überlegungen für die antiken Mysterien? Drei Aspekte fordern Aufmerksamkeit. Zum einen ist in Motivation und Funktion die persönliche Weihe in einen Mysterienkult der Praxis der Gelübde offenbar parallel, als Suche nach ‹Rettung›, wenn auch in besonderer, aufwendigerer Form gegenüber dem Allbekannten. Daraus ergibt sich, zum zweiten, daß das wiederholte Auftreten von ‹neuen› Mysterien mit ‹neuen› Göttern sich eben aus den praktischen Funktionen ergibt und nicht von vornherein ein neues Niveau der Religiosität anzeigt. Als drittes ist schließlich zu beobachten, daß sich die Ausbreitung der sogenannten orientalischen Mysterienreligionen zunächst und in erster Linie in der Form und mit der Dynamik der Votivreligion vollzogen hat, wobei die Mysterien im eigentlichen Sinn offenbar eher eine spezielle Ergänzung der allgemeineren ‹Bewegung› waren.

Daß die meisten der unabsehbar zahlreichen Zeugnisse des Meter-, Isis- und Mithraskultes, die die jeweiligen Corpora füllen, eben Votivgegenstände sind, bedarf kaum der Hervorhebung. Wieder und wieder die gleichen Formeln vom erfüllten Gelübde, und so unterliegt auch die Interpretation der nicht beschrifteten Objekte kaum einem Zweifel. Diese Götter alle werden wegen der ‹Rettung› verehrt, die sie unter Beweis stellen, *soteria*.[12] Dabei steht, was nicht überrascht, die Rettung auf dem Meer[13] und vor allem aus Krankheit im Vordergrund. Gewiß, es gibt auch die altruistischen Gelübde, für Familienangehörige und Freunde; den Kindern besonders gilt die Sorge, ist doch die Kindersterblichkeit erschreckend hoch.[14] Offizieller Art und für die Öffentlichkeit bestimmt sind die Gelübde *pro salute imperatoris*, die besonders im Zusammenhang mit Meter-, Isis- und Mithrasheiligtümern auffallen.[15] Die ‹Ägyptischen Götter›, Sarapis und Isis vor allem, sind Spezialisten für Krankenheilung; der Erfolg konnte sich offenbar sehen lassen: «Die ganze Oikumene eifert um die Wette, Isis zu ehren, wegen ihrer Epiphanie in den Heilungen der Kranken.»[16] Dies geschah nicht umsonst, die entsprechenden Gebühren (*iatreia*) dürften einen bemerkenswerten Anteil am Einkommen des Tempels gebildet haben. Nicht selten ist Isis im Kult mit Asklepios eng verbunden: In Athen hat sie einen Tempel innerhalb des Asklepios-Bezirks; der heilende Tempelschlaf, die Inkubation, kommt im Isiskult so gut wie bei Asklepios vor; zu den vielen Namen der Isis gehört auch die Identifikation mit Hygieia, der vergöttlichten ‹Gesundheit›. Der Elegiendichter Tibull hofft, als er krank ist, daß Isis ihm durch die Vermittlung seiner Geliebten, Delia, helfen wird; Delia ist eine fromme Verehrerin der Isis, und so viele bemalte Votivtafeln in deren Heiligtum zeugen doch von der heilenden Macht der Göttin. Ist er erst gesund geworden, so wird Delia in linnenem Gewand, mit aufgelöstem Haar am Tempeleingang inmitten des ägyptischen Tempelpersonals sitzen und zweimal täglich laut den Preis der Isis verkünden.[17] Dies ist verpflichtende Praxis, den Dank fürs erfüllte Gelübde durch Verkündigung zu erstatten, *votivas reddere voces*; der Gott hat seine überwältigende Macht bewiesen, seine *arete*: ‹Aretalogie› ist eine wirkungsvolle Form der Tempelpropaganda. Als Voraussetzung der Heilung erscheint im Isiskult, wie in gewissen anatolischen Kulten, eine Art Beichte, ein Sündenbekenntnis.[18] Die gegenwärtige Notsituation muß auf eine Verfehlung zurückgehen, die es zu lokalisieren gilt. Daß dergleichen, als eine Art Psychoanalyse, durchaus therapeutische Wirkung haben kann, liegt auf der Hand. Beichte und Aretalogie verbinden sich im nachhinein zu einer selbsterzählten Geschichte, einer Keimzelle des Romans. All dies ist allerdings eher in der Funktion parallel als notwendig verbunden mit ‹Mysterien› im eigentlichen Sinn.

Im übrigen erstreckt sich die Gunst der Isis und der anderen ägyptischen Götter durchaus auch auf andere Lebensbereiche, einschließlich des materiellen Wohlstands. «Auch Reichtum zu gewinnen ist eine Gabe des Sarapis», heißt es bei Aelius Aristides; Votivinschriften nennen Sarapis den ‹Retter, der Reichtum gibt›, *Soter Ploutodotes*.[19] Selbst eine Steuerermäßigung kann ihm verdankt werden; auch solche Erleichterung ist ‹Erlösung›. Kurzum, wenn man ‹Rettung› *(soteria, salus)* von diesen ‹orientalischen› Göttern erhofft, so ist immer wieder höchst Diesseitiges im Blick, hier und jetzt.

Auch Mithras steht nicht abseits. Die meisten Inschriften, die man in Vermaserens Corpus gesammelt findet, sind Votivinschriften. Die Gegenleistung, die dem Gott für seine Hilfe angeboten und dargebracht wird, kann auch in der Errichtung eines ganzen Mithraeums bestehen, in der Stiftung der ‹Höhle›, der Altäre, des Kultreliefs und anderen Bildschmucks.[20] Die ‹Höhle› selbst ist eben der Ort, wo man ‹in Reinheit Gelübde tut›, wie eine Inschrift formuliert.[21] Noch deutlicher drückt es eine lateinische Weihung aus: Der Stifter hat die ‹Höhle› ausschmücken lassen, «damit die Teilnehmer, durch Händedruck vereint, in Heiterkeit ihre Gelübde für ewig feiern können» *(ut possint syndexi hilares celebrare vota per aevom)*[22] – kein guter Hexameter, doch aussagekräftig. Der Druck der rechten Hand ist der alte iranische Ritus, durch den die Gefolgschaftstreue besiegelt wird; darum sind Mithrasmysten *syndexioi*; als solche ‹feiern sie ihre Gelübde›. Zentrum des Mithraskultes in der ‹Höhle› sind demnach die Erfahrung des Erfolgs und die gleichzeitige Erneuerung der verpflichtenden Gemeinschaft in dem – auf Grund der Gelübde gestifteten – Opfermahl mit der Hoffnung auf Dauer. Die Erfüllung liegt offenbar in diesem Leben: Hier hat Mithras seine Macht bewiesen, hier wird er weiter helfen. Er ist ja doch der *deus invictus,* und Soldaten, die bekanntlich einen Großteil der Mysten ausmachten, wissen, was Sieg bedeutet. So bietet der Mithraskult das Bild einer vollständigen Durchdringung von Votivreligion und Mysterienreligion.

In den anderen Kulten scheint dies nicht so ganz der Fall zu sein. Ob die Delia des Tibull im formellen Sinn in Isismysterien eingeweiht worden war, wissen wir nicht. Aber es genügt, den Parallelismus der Funktionen zu sehen und damit den realistischen Erwartungshorizont auch der Mysterien festzuhalten. Dies gilt auch von dem berühmten Apuleiustext über die Isisweihen, dem einzigen antiken Bericht über eine Mysterieninitiation im Ich-Stil. Man hat hier von einer ‹Bekehrung› zu einer neuen Religion gesprochen.[23] Doch was durch die Glanzleistungen religiöser Rhetorik hindurchscheint, ist durchaus realistisches Geschehen, das von keineswegs nur spirituellen Interessen bestimmt ist; es läßt sich auf der Ebene der Realität und auch psychologisch durchaus einleuchtend verstehen. Die ‹Bekehrung› zur Isisverehrung bedeutet keineswegs Rückzug von der Welt, im Gegenteil: Der aus der Normalität ausgebrochene Student, der in einer Serie wilder Abenteuer durch die griechische Welt getrieben worden war, wird nun endlich in die respektable, ‹bürgerliche› Gesellschaft integriert. Er läßt sich als Anwalt in Rom nieder und hat Erfolg in seinem Beruf, dank der Gnade von Isis und Osiris:[24] Sie erweisen sich in der Tat als Geber des Reichtums, *ploutodotai*. Dies war freilich auch dringend nötig, denn während Lucius sich vor der Isisweihe dank seinem väterlichen Vermögen in komfortablen finanziellen Umständen befunden hatte, war dieses danach in Rom rasch dahingeschmolzen, und für die Osirisweihe mußte er sozusagen das letzte Hemd verkaufen: Der finanzielle Aufwand der Mysterien ist beträchtlich. Dafür entschädigt dann der Erfolg, der freilich auch die Neider auf den Plan ruft. Dies bleibt nicht ohne Rückwirkung: Eine neue psychische Krise entwickelt sich, mit Angstgefühlen, Schlafstörungen, Traumvisionen; eine nochmalige Weihe scheint angezeigt. Schließlich versichert ihm der Gott persönlich in einer Traumerscheinung, er solle ungescheut seine ruhmreiche Karriere weiterverfolgen, und wählt ihn zugleich in das angesehene Kollegium der ‹Pastophoren› der ägyptischen Götter.[25] Das religiöse Hobby wirkt als Ausgleich gegen beruflichen Streß; der Mysteriengott erweist sich als Psychiater. Was immer an autobiographischem Gehalt in dieser Erzählung enthalten sein mag, die Therapie ist sinnvoll.

Im allgemeineren, grundsätzlichen Sinn traut man der Göttin Isis die Macht über das Schicksal, *fatum*, zu: Sie kann souverän den bevorstehenden, vorbestimmten Tod außer Kraft setzen und ein neues Leben gewähren, *novae salutis curricula*.[26] Diese wertvollste Gabe der Isis, das Geschenk des Lebens, wird ebenso in authentischen ägyptischen Texten wie in den hellenisierten Formen ihres Kultes gefeiert. Doch es geht evidentermaßen um ein Leben in dieser unserer Welt. Es muß ein ‹neues Leben› sein, insofern das alte Leben in die Krise geraten und dem Ende nahe ist, doch es ist nicht grundsätzlich anderer Art; es ist ‹Ersatz› im gleichen System, ohne etwas zu verwandeln oder zu verdrängen. ‹Rettung› dieser Art, wie sie die Mysterien der Isis garantieren, ist radikaler und, wie man hofft, dauerhafter als andere Erfahrungen göttlicher, ‹rettender› Hilfe, bleibt aber durchaus auf dem Niveau, auf das die Hoffnungen der Votivreligion zielen.

Das gleiche gilt vom spektakulärsten Mysterienritus, dem Taurobolium. Fest steht für dieses Ritual, daß es nach 20 Jahren wiederholt werden muß. Es ist, als ob das Stierblut eine schützende Haut gebildet hätte, die sich abnützt und daher nach einer bestimmten Zeit erneuert werden muß. So kommt wiederum explizit die Perspektive der Votivreligion ins Spiel: Durchs Taurobolium ‹nimmt› der Initiand ‹die Gelübde des 20jährigen Kreises auf sich›, *bis deni vota suscipit orbis*,[27] ‹damit er Schafe mit vergoldeten Hörnern bei der Wiederholung opfern kann›. Der Kreis der Wiederholungen soll dem Wohlergehen in diesem Leben Dauer verleihen. Darum ist das Taurobolium das ‹Zeichen des glücklichen Gelingens›, *symbolon eutychies*,[28] eine Versicherung gegen alle widrigen Umstände, die das Leben bedrohen können.

Auch in den Dionysischen Mysterien ist diese Ausrichtung offenbar. In den Orphischen Hymnen, die einem solchen Kult zugehören,[29] finden sich für die ‹Mysten›, die die ‹heiligen Weihen› erfahren haben, immer wieder Gebete für Gesundheit und Wohlstand, für ein fruchtbares Jahr, für Glück bei der Seefahrt, überhaupt für ein langes, angenehmes Leben, und Tod so spät wie möglich.[30]

Kaum weniger deutlich ist der lebenspraktische Zweck der *teletai* in den älteren Zeugnissen über Dionysos und Meter: Sie zeigen sich in besonderem Maße mit psychosomatischen Therapien befaßt. Platon macht im ‹Phaidros› Dionysos zum Herrn des ‹telestischen Wahnsinns› und führt aus, daß diese Riten gelten für «Krankheiten und schwerste Leiden, die in gewissen Familien auftreten, auf Grund eines alten Götterzorns». Diese Zuweisung an eine übernatürliche Kausalität macht die ‹Leiden› nicht weniger real: Psychosomatische Störungen, würden wir sagen, die auf Traumata ferner Vergangenheit zurückgeführt werden, lassen sich im Bereich des Dionysos durch einen rituell induzierten ‹Wahnsinn› behandeln, eine Art Urschrei-Therapie, in der die Stauungen und Verkrampfungen sich lösen. ‹Teletai und Reinigungen›, schreibt Platon in den ‹Gesetzen›, werden von Personen durchgeführt, die sich als Nymphen, Pane, Silene und Satyrn maskieren.[31] Eine ähnliche Anwendung des Meter-Rituals wird in den vieldiskutierten Bemerkungen des Aristoteles über die ‹Katharsis› vorausgesetzt, die lustvolle Erleichterung durch die Erregung heftiger Emotionen.[32] In den ‹Wespen› des Aristophanes berichtet Bdelykleon von all den kathartischen und telestischen Kuren, die er an seinem gerichtssüchtigen Vater bereits ausprobiert hat: Weder die *teletai* der Korybanten haben geholfen noch die Hekate von Aigina, auch nicht die Inkubation bei Asklepios, ja mit dem Tympanon der Meter in der Hand rannte er davon zum Gericht.[33] Einige Jahrzehnte später führte die Mutter des Redners Aischines Weihen des Dionysos Sabazios durch, assistiert von ihrem Sohn, wie Demosthenes mit schneidendem Hohn beschreibt. Der Initiand hatte zum Schluß die Worte zu sprechen: «Ich entrann dem Übel, ich fand das Bessere.» Die unmittelbare Erfahrung erfolgreicher Mysterien ist hier besonders knapp zusammengefaßt: Es geht mir besser. «Alle, die solche Riten benützen», formuliert Aristoteles im Zusammenhang der ‹Katharsis›, «fühlen sich erleichtert in Verbindung mit Lustgefühl.»[34] Der Kampf der Aufklärung gegen alle Arten des ‹Aberglaubens› hat sich lange bemüht, solche Phänomene der ‹Scharlatanerie› von ‹wahrer Religion› zu trennen; daß es sie gab und gibt, bleibt unbestreitbar. Für die großen und kleinen Nöte und Hoffnungen des Alltags hatten religiöse Praktiker ihre Rituale entwickelt, die offenbar wohl abgestimmt waren auf die Empfänglichkeit der menschlichen Psyche.

In diesem Zusammenhang ist noch im besonderen der Mysterien von Samothrake zu gedenken: Ihr Ziel war, wie allbekannt, vor den Gefahren der See zu schützen, vor dem Ertrinken. So hatte Leukothea mit ihrem Schleier Odysseus im Sturm unsinkbar gemacht.[35] Und auch was Eleusis betrifft, fehlt der praktische Aspekt nicht im Mysterienheiligtum. Es gibt auch dort die Menge der Votivgegenstände. Nicht nur in den Mysterien-nächten wirkten die ‹Zwei Göttinnen›; Demeter ist die Göttin des Getreides, der Grundform des Reichtums, weshalb denn eben *Ploutos* ihr Sohn ist. Die jährliche Feier der Mysterien konnte zugleich als Garantie für die beständige Versorgung mit Getreide verstanden werden. Darum spielt der Hierophant von Eleusis eine prominente Rolle bei dem wichtigen ‹Vor-Pflügefest›, *Proerosia*, im Herbst, und darum konnte es sich das Heiligtum leisten, ‹Erstlingsopfer› (*aparchai*) von Athen, ja von der ganzen Welt in Anspruch zu nehmen.[36] Auch Heilungswunder gab es in Eleusis: Ein Blinder konnte plötzlich die heilige ‹Schau› mit eigenen Augen sehen.[37]

Der aitiologische Mythos von Eleusis deutet weitere Beziehungen der Mysterien zu therapeutischen ‹Weihen› an: Demeter selbst ist Amme eines Kindes in Eleusis, das dadurch wundersames Gedeihen ebenso wie tödliche Bedrohung erfährt. Der homerische Hymnos schildert, wie Demeter, in der Gestalt einer alten Dienerin, das kleine Königskind die Nacht über in der Flamme des Herdes barg, um es unsterblich zu machen; als die entsetzte Mutter des Kindes sie unterbrach, offenbarte sie sich als Göttin und stiftete die Mysterien.[38] Eine eigentümliche Parallele bietet ein ägyptischer Text, der eindeutig dem Bereich der Heilungsmagie zugehört: Isis, durch die Lande wandernd, wird von einer Frau nicht freundlich empfangen; daraufhin beißt ein Skorpion aus dem Gefolge der Isis den kleinen Sohn der Frau, daß er in Fieberhitze daniederliegt, ja das ganze Haus gerät in Brand. Doch Regen löscht das Feuer, und Isis, in ihrem Erbarmen, heilt Fieber und Schmerzen des Kindes.[39] Das ganze ist eine Beschwörung gegen Skorpionenstich und Fieber, wobei in magischer Formel das Kind auch mit Horos, dem Sohn der Isis, selbst identifiziert wird; es gibt ägyptische und auch griechische magische Texte über den ‹brennenden Horos› und seine Rettung.[40] Dies scheint so fest in der ägyptischen Geisteswelt und Lebenspraxis verankert, daß es kaum aus der griechischen Literatur entlehnt sein kann,[41] auch wenn das Hauptdokument auf ägyptischer Seite, die ‹Metternich-Stele›, später zu datieren ist als der Homerische Demeterhymnus. Wenn beides kaum ganz unverbunden sein kann, müßte Ägyptisches ins Griechische gekommen sein.[42] Die Gottheit auf ihrer Wanderung und ihre Einkehr, die Gutes wie Schlimmes bringen kann, das Kind im Feuer, Bedrohung und Rettung, dies ist mehr als eine oberflächliche ‹Parallele›. Ist demnach mit ägyptischem Einfluß auf Eleusis, zumindest auf die eleusinische Mythologie im 7./6.Jh. v.Chr. zu rechnen, in einem Bereich magisch-praktischer Heilung?[43]

Wie dem auch sei, der eleusinische Kult, wie wir ihn kennen, läßt sich gewiß nicht auf ägyptische Heilungsmagie zurückführen oder davon herleiten. Die Mysterien sind alles andere als eine Sammlung von Rezepten. Ihr Ziel, sobald davon die Rede ist, heißt nicht ‹Rettung›, ‹Erlösung›, sondern ‹Seligkeit›, und diese bezieht sich, worüber kein Zweifel bleibt, auf eine Existenz nach dem Tode. Dies eben ist die andere Gabe der Demeter, neben der Stiftung des Getreides, die die Göttin Eleusis verlieh. Wer die Mysterien ‹gesehen› hat, dem ist ein besseres Dasein im Jenseits garantiert. Von unserem frühesten Zeugnis, dem homerischen Demeterhymnus,[44] bis in die rhetorischen Übungsstücke der späten Kaiserzeit ist hiervon immer wieder die Rede; bemerkenswert auch die Grabinschriften einiger Hierophanten um 200 n.Chr.: Da heißt es einmal in eindrucksvoller Schlichtheit, dies habe der Hierophant ‹gezeigt› in den heiligen Nächten, «daß der Tod nicht etwas Übles, sondern etwas Gutes sei».[45] Cicero formuliert, Eleusis habe einen Weg gewiesen, «sowohl in Freude zu leben als auch mit besserer Hoffnung zu sterben».[46] Der Lebensfreude wird kein Eintrag getan, doch der Nachdruck liegt auf der jenseitigen Ergänzung. Was denn genau und im einzelnen versprochen wurde, bleibt vage, doch daß die Verheißung ernst gemeint ist, leidet keinen Zweifel.

Das gleiche gilt für die Dionysosmysterien mindestens seit dem 5.Jahrhundert v.Chr. Man hat gelegentlich wohl gezögert, diese Dimension dem Dionysoskult bereits in der Frühzeit zuzutrauen und die Ausrichtung aufs Jenseits eher einer späteren Entwicklung zugerechnet; doch die deutlichsten Zeugnisse stammen eben aus der klassischen Epoche. Ob freilich die Angabe am Ende der Odyssee, daß ein Krater des Dionysos die Gebeine von Achilleus und Patroklos aufnehmen soll, als religiöskultischer Hinweis zu nehmen ist, steht dahin.[47] Platon jedenfalls läßt die wandernden Praktiker, die an den Türen der Reichen ihre *teletai* auf Grund von Büchern des Orpheus und Musaios anbieten, versichern, daß ihre Rituale guttun für die Lebenden, aber auch für die, die gestorben sind; diejenigen jedoch, die sich den Riten verweigern, erwartet Entsetzliches.[48] Berühmt geworden ist die Inschrift von Cumae aus dem 5.Jahrhundert, die denen, die am bakchantischen Ritual teilgenommen haben (*bebachcheumenoi*), einen besonderen Begräbnisplatz reserviert. Herodot verweist auf ‹Orphika und Bakchika› für spezielle Begräbnissitten.[49] Früher noch ist eine Inschrift auf einem Spiegel, der in Olbia in einem Grab des 6.Jahrhunderts gefunden wurde: Es ist der Name einer Frau und ihres Sohnes in Verbindung mit dem Ruf der dionysischen Ekstase, *euhai* – der auch *euhoi* klingen kann; in klassizistischer Literatur als *evoe* transskribiert –; offenbar hatten Mutter und Sohn in Olbia an den dionysischen ‹Orgien› teilgenommen, und dies hält noch die bezeichnende Grabbeigabe fest.[50] Die Sicht der Mysten selbst ist erst durch neueste Funde deutlich geworden: 1974 wurde ein Goldblättchen aus einem Grab bei Hipponion in Unteritalien veröffentlicht, das die ‹Mysten und Bakchen› im Jenseits auf der heiligen Straße der Seligkeit entgegenziehen läßt,[51] so wie in den ‹Fröschen› des Aristophanes die Eleusinischen Mysten im Hades ihr Fest in seligen Chören feiern. Seit 1987 erst kennt man zwei Goldblättchen in Gestalt von Efeublättern, die in Thessalien einer verstorbenen Frau ins Grab auf die Brust gelegt worden waren; der Text beginnt: «Jetzt bist du gestorben, und jetzt bist du geboren worden, dreimal Seliger, an diesem Tag. Sage der Persephone, daß Bakchios selbst dich gelöst hat»; er endet: «Und dich erwarten unter der Erde die Weihen (*telea*), die auch die anderen Seligen (feiern).»[52] Auch hier also die Fortsetzung des Mysterienfestes im Jenseits, nachdem die bakchische Weihe die ‹Lösung› gebracht hat – aus festgefahrener Lebenssituation, aus den Fesseln der Schicksalsbestimmung (*Moira*), aus ‹Leiden› überhaupt: «Glücklich sie alle dank ihrem Anteil an den vom Leiden lösenden Weihen», heißt es bereits in einem Totenklagelied Pindars von den Verstorbenen in der anderen Welt; dies stimmt mit dem neuen Zeugnis zusammen.[53] Mit der ‹Seligkeit› kontrastiert das ‹vergebliche Mühen› (*mataioponia*) derer, die im Leben jene Weihen versäumt haben: Man sieht sie in der Unterwelt in ein löchriges Faß Wasser in einem Sieb tragen – so auf einem berühmten Bild des Malers Polygnot; auch auf Vasenbildern ist dies, sogar noch früher, dargestellt worden.[54]

Es scheint, daß die Dionysosmysterien besonders in Italien in den Rang eines gleichwertigen Gegenstücks zum Eleusinischen Kult aufgerückt sind.[55] Eine eigentümliche dionysische Bilderwelt entwickelt sich auf den rotfigurigen Vasen Unteritaliens, die nun fast ausschließlich dem Grabkult dienen, mit suggestiven, doch vieldeutigen Symbolen und Hinweisen: erotische Begegnung und Reinigung, Grabstele und Weintraube, immer wieder das Efeublatt; auch ins Etruskische und Italische findet diese Ikonographie Eingang.[56] Bakchische Bilder und Symbole kehren seither im Grabbereich immer wieder, sie schmücken die Grabbauten, Stelen und Altäre und erreichen einen letzten künstlerischen Höhepunkt in der Sarkophagkunst.[57] Bemerkenswert ein Zeugnis aus Nikomedeia in Bithynien: Ein Dionysos-Verehrer ließ sich eine Statue des Gottes aufs Grab setzen, um auch nach dem Tode noch den Gott vor Augen zu haben.[58] Von ‹Mysterien› ist hier nicht die Rede. Es ist auch sonst nicht zu beweisen, und es ist nicht einmal wahrscheinlich, daß jedes apulische Grab, das Vasen mit bakchischen Motiven enthält, oder jeder dionysische Sarkophag dem Begräbnis eines Mysten gedient hätte; die Ikonographie hat sich verselbständigt. Aber es ist wichtig, daß eben der Kult des Dionysos eine künstlerische Form für den Umgang mit dem Tod hervorgebracht hat, eine ‹façon de parler›, wenn es nicht mehr war.

Jedenfalls wird in dieser Art der Grabkunst stets auf die Bakchische Ekstase verwiesen: Das Tympanon und die *kymbala* der Mänaden kehren immer wieder, neben Thyrsosstab und Efeublatt; und es fehlt nicht an eigentlichen Zeichen der Mysterien: Die Sarkophagkunst zeigt die *kiste*, aus der die Schlange kriecht, auch das *liknon* mit dem Phallus. Einige Male finden sich eigentliche Initiationsszenen.[59] Auf Grabstelen von Lilybaeum auf Sizilien fällt die Verbindung von *kalathos* und *kiste* auf, die an anderem Ort in einem berühmten Text, dem Eleusinischen Synthema, erscheint.[60] Es finden sich immerhin Texte, die von bakchischen Zeremonien, ja ekstatischen Tänzen am Grab verstorbener Mitglieder dionysischer Kollegien sprechen;[61] Trauer und Ergriffensein vom Gott scheinen ineinander überzugehen. Doch gibt es anscheinend nur ein Zeugnis, ein schwerfälliges lateinisches Epigramm aus Philippi, in dem ein speziell dionysisches Jenseits ausgemalt wird: Bakchantinnen laden das tote Kind ein, an ihren Tänzen als kleiner Satyr teilzunehmen.[62] Das dionysische Fest im Jenseits ist an sich eine alte Vorstellung; poetische Phantasie knüpft daran an und bleibt doch unverbindlich.

Die Angst vor dem Tod ist eine Grundgegebenheit im Menschenleben, eine immer wieder aufbrechende Not. «Wenn einer nahe daran ist, daß er glaubt bald zu sterben», heißt es bei Platon, «überkommen ihn Furcht und Sorge um Dinge, um die es ihm früher nicht zu tun war»;[63] dem Bedürfnis nach Lebenshilfe in solcher Situation kamen die Mysterien entgegen, gerade mit den Jenseitsverheißungen, die sie zu bieten hatten. Für uns, als nachträgliche Betrachter, erscheint es als durchaus verschieden, wenn auf der einen Seite realistische Therapie geboten wird für Leiden, die zutage liegen, auf der anderen imaginäre Hoffnungen erweckt werden, zudem in vager Form. Es reicht kaum aus, zur Erklärung auf die vielseitige Bedeutung oder Deutbarkeit der Symbole zu verweisen, die offenbar verwendet wurden, so der Zyklus von Saat, Wachstum, Ernte und neuer Saat oder die geheimnisvolle Wandlung der Trauben zum Wein; der Glaube bedient sich der Symbole, doch nicht sie sind sein Fundament.[64] Man mag allgemein festhalten, daß Initiation ein Statuswechsel sei, der mit einer gewissen Konsequenz auch in der Statuserhöhung des Verstorbenen sich niederschlage; doch ist die reale Statusveränderung gerade in den antiken Mysterien wenig augenfällig,[65] und das Jenseits kann ebensowohl als Kontrast zum Diesseits erscheinen wie als seine Projektion. Es ist einleuchtend zu denken, daß das Zentrum aller Initiation Tod und Wiedergeburt sein müssen, daß Tod und neues Leben auf diese Weise im Ritual vorweggenommen seien und daß der reale Tod so zu einer sekundären Wiederholung gemacht werde; direkte Zeugnisse hierzu sind spärlich.[66]

Vielleicht ist doch in etwas anderer Weise von den lebenspraktischen Ritualen auszugehen. «Offenbare Leiden», wie Platon im *Phaidros* sagt, werden auf «einen alten Zorn» (*menima*) von Göttern, Geistern, Dämonen zurückgeführt: Eine schreckliche Tat, die in der Vergangenheit geschah, hat Mächte der Vernichtung auf den Plan gerufen, die sich jetzt bemerkbar machen; sind es die Geister von Ahnen, die Opfer von unbestraftem Mord, Tote ohne Begräbnis, ist es ein Fluch von Eltern oder weiteren Vorfahren – mit alledem ist zu rechnen, wird gerechnet, in magischen Texten des Orients wie in Griechenland.[67] Eine tödliche Fessel gleichsam ist von ihnen gelegt, und nur wenn sie ‹gelöst› wird, wenn diese Mächte freundlich gestimmt werden, kann man hoffen, mit den ‹offenbaren Leiden›, mit Krankheiten und Depressionen fertig zu werden. So zielen denn auch die üblichen Totenriten ausdrücklich darauf, daß die Unterirdischen sich ‹heiter› fühlen, *hileoi*, und ‹Lösung› versprechen die weitergehenden Weiheriten. Kann der Charismatiker diesen Zustand herstellen, wird der Patient sich besser fühlen. Man kann so erleben, wie das Diesseits am Jenseits hängt. Darum denn jene «Heilungen mit Vergnügungen und Festen», die für Lebende ebenso wie für die Toten so nützlich sind, nach Platons ironischer Beschreibung.[68] Die ‹Seligkeit› der Toten gibt den im Leben Leidenden das Recht zur Lebensfreude zurück. Darum denn malt man aus, wie die Toten in der Unterwelt das Mysterienfest feiern.[69] Man braucht vor den Toten, dank dem Ritual, keine Angst mehr zu haben. Es bedarf nur einer kleinen Verschiebung in jener erlebbaren Balance von Lebenden und Toten, daß mit der Angst vor den Toten auch die Angst vor dem Tode schwinden soll, eben dank der Gemeinsamkeit im geheimnisvollen Mysterienfest. Freilich, auch Seligkeit bedarf des Kontrastes, und so werden denn die Schicksale der Ungeweihten erst recht in schrecklichen Farben ausgemalt, damit man ihnen denn durch ‹Weihen und Reinigungen› entrinnen mag. Schon im homerischen Demeterhymnus ist von ewigen Strafen durch den Machtspruch der Persephone die Rede, falls man nicht durch rituelle Verehrung der Göttin ihrem Zorn entgeht.[70]

Wird hiermit der ‹Magie› ein zu großer Raum eingeräumt, wenn sie nachgerade als Ausgangspunkt, wenn nicht als Grundlage des ‹Glaubens› erscheint? Größere Sympathie genießt gemeinhin die Anknüpfung der griechischen Mysterien an hypothetische Pubertäts- oder Stammesinitiationen der Vorzeit. Ob nicht ‹Magie» und Beziehungen zu den Toten selbst dort zu postulieren wären, mag man dagegenfragen; doch gibt es keine dokumentierbare Antwort. Wenn man ‹Magisches› als eine Form psychologisch stimmiger Therapie zu akzeptieren bereit ist, kann man jedenfalls von hier aus die scheinbar doppelte Funktion der Mysterien in den Blick bekommen, die lebenspraktischen Kuren und die Hoffnung jenseits des Todes.

Wie dem auch sei, die Jenseits-Dimension, die für Eleusinisches und Dionysisches so vielseitig bezeugt ist, tritt – was überraschen mag – in den sogenannten orientalischen Kulten de facto weit weniger in Erscheinung. Die hellenisierte Form des Meterkultes hat sich sehr früh schon mit dem Dionysischen verbunden; so erscheint denn Meters Tympanon regelmäßig auch in der dionysischen Ikonographie, auch in der Grabsymbolik der apulischen Vasen. Die davon unberührte Form des kleinasiatischen Kultes, wie sie von Pessinus nach Rom kam, zielt jedoch offensichtlich in erster Linie auf die Abwehr von Katastrophen in diesem Leben und gar nicht auf das individuelle Schicksal nach dem Tod. Gewiß, Augustinus sagt einmal, die Kastration der *galloi* solle besonderes Glück nach dem Tod garantieren, *ut post mortem vivat beate;*[71] die außenstehenden Verehrer aber, auf die der Kult doch wirken möchte, werden durch höchst handfeste Versprechungen und Drohungen zu Spenden aufgefordert. Es gibt wenige Beispiele für gemeinsames Begräbnis von Meter-Verehrern; üblich ist private Bestattung selbst für *archigalloi.*[72] Bekannt ist die Figur des ‹trauernden Attis› von Altären und Sarkophagen,[73] doch kein Zeugnis des Glaubens sichert ihre Interpretation: Hoffnung auf Rettung durch den Tod hindurch oder nur Bild der versiegenden Kraft, des Todes, der Trauer? Im Festzyklus der Mater Magna folgt auf das Fest des ‹Abstiegs›, *katabasis*, das der Heiterkeit, *Hilaria*, und Cumont hat eine Erzählung des Philosophen Damaskios beigebracht, wonach ein Traum von diesem Fest anzeigte, «daß er aus der Unterwelt gerettet sei»;[74] eben in dieser Erzählung geht es aber nicht, wie Cumont glauben macht, um die ‹Unsterblichkeit der Seele›, sondern um ein aufregendes Abenteuer in einer höchst realen ‹Unterwelt›, in der vulkanischen Höhle von Hierapolis; daß dies gut ausging, wird im Traum ‹verarbeitet›, das Fest erscheint als Deutung. Hieraus die Deutung des Festes abzuleiten, heißt die Sache auf den Kopf stellen. Eine berühmte, oft zitierte Taurobolion-Inschrift, gesetzt von Aedesius, versichert, der so Geweihte sei ‹für ewig wiedergeboren›, *in aeternum renatus.*[75] Dies ist kaum zu vereinbaren mit dem mehrfach und früher schon bezeugten Prinzip, daß das Taurobolion nach 20 Jahren zu wiederholen sei. Die Aedesius-Inschrift stammt aus dem Jahr 376, zwei Generationen nach dem Sieg des Christentums, inmitten der letzten ‹heidnischen Reaktion›. Die Vermutung, daß hier schließlich doch eine Anleihe beim Christentum gemacht worden ist, drängt sich auf.

Der Kult des Osiris ist in Ägypten aufs engste mit dem Totenkult überhaupt verbunden. Die Formel ‹Möge Osiris dir frisches Wasser geben›, die einige Male auch auf griechischen Grabsteinen, gerade auch in Rom auftaucht, ist in Ägypten entwickelt worden.[76] Gelegentlich ist auch in der griechisch-römischen Welt von einer ‹Osiris-Bestattung› eines Verehrers der ägyptischen Götter die Rede.[77] Die Praxis der Mumifizierung freilich hat sich kaum über Ägypten hinaus ausgebreitet. Im übrigen gibt es sehr viele Grabmäler von Anhängern der ägyptischen Kulte. Man erkennt die Zeichen des Kultes, das Sistrum, die Opferschale, das Wassergefäß, und es fehlt nicht an Inschriften, die den Rang von Priestern, Priesterinnen, Angehörigen der Kultgemeinschaften festhalten.[78] Doch scheinen sie damit eher dem Gedenken ans vergangene Leben zu dienen als irgendwelche Verheißungen über ein künftiges Leben auch nur anzudeuten. Es gibt einen Sarkophag in Ravenna mit eigentümlichen Darstellungen und Inschriften, die man als Hinweise auf eigentlich ‹mystische› Hoffnungen interpretiert hat, doch ist der Text zu fragmentarisch, um eindeutig zu sein, und so bleibt auch die Deutung der Bilder fraglich.[79] Etwas deutlicher ist eine kürzlich gefundene Grabinschrift für einen Isispriester aus Bithynien: Weil er für Isis die ‹unsagbaren Riten› gewissenhaft durchgeführt hat, ist er jetzt nicht zum Acheron, sondern zum ‹Hafen der Seligen› gelangt; das Zeugnis der *Isiakoi*, seiner Gemeinde, bürgt dafür.[80] Dieses bemerkenswerte Zeugnis für den Jenseitsglauben der Isisverehrer führt doch nicht hinaus über den Motivbestand gewöhnlicher griechischer Grabepigramme. Es bleiben die ‹Horos-Knaben› zu erwähnen, Statuen jungverstorbener Knaben aus der Kaiserzeit, die mit der typischen Haarlocke des Horos dargestellt sind und so offenbar mit dem ägyptischen Gott identifiziert werden. Dies gehört zu dem Brauch ikonographischer Apotheose frühverstorbener Kinder, der sich, vom Kaiserhaus ausgehend, verbreitet hat. Rituelle Formen einer Mysterienweihe scheinen dabei nicht im Spiel zu sein.[81]

Isis selbst, in ihrer großen Offenbarungsrede an Lucius-Apuleius im berühmten Text der *Metamorphosen*, bleibt wiederum konventionell: «Wenn du den Bereich deiner Lebenszeit durchmessen hast und zu den Unterirdischen hinabgehst, so wirst du auch dort, inmitten der unterirdischen Kuppel, mich, die du jetzt siehst, durchs Dunkel des Acheron hindurch leuchtend und im innersten Raum der Styx herrschend finden, und indem du selbst die Elysischen Gefilde bewohnst, wirst du regelmäßig mich, die ich dir gewogen bin, anbeten.» Mit ‹Acheron› und ‹Elysion› ist die literarische Jenseitsmythologie der Griechen übernommen; damit, daß Isis auch mit dem Mond, Selene, und mit Persephone gleichgesetzt werden kann, ist ihr ‹Leuchten› in der Unterwelt gegeben; der Gottesdienst in der Unterwelt allerdings geht über die homerische Hadesvorstellung entschieden hinaus, nicht aber über das, was dionysische und eleusinische Mysten sich ausmalten.[82] Origineller klingt eine Formel gegen Grabräuber: Wer die Ruhe des Grabes stört, «wird die heiligen Weihen der Isis, die des Toten Ruhe sind, im Zorn gegen sich gewendet finden». Um so näher ist dies wiederum jener praktischen Magie, die mit der Ruhe der Toten das Wohlbefinden der Lebenden zugleich sichern soll. Die Macht der Isis endet nicht an der Schranke des Todes, doch zunächst einmal ist sie die Göttin, die das Leben gibt und Macht über das Schicksal hat. Im übrigen gilt sogar in ihrem Bereich: «Von Natur hat der Mensch den Tod als das allen Gleiche erhalten.»[83]

Was schließlich die Mithrasmysterien betrifft, so sind die Hinweise auf

Jenseitsglauben überraschend dürftig. Zwar wird allgemein angenommen, daß Mithras seinen Anhängern eine Form jenseitiger ‹Erlösung› bietet, Aufstieg zum Himmel, Unsterblichkeit, ist doch der Kosmos eine ‹Höhle›, wie die unterirdischen Kulträume einprägsam lehren. Doch handelt es sich offenbar eher um ein Postulat auf Grund dessen, was man von einer ‹Mysterienreligion› erwartet, als um Auswertung klarer Zeugnisse. Dies ist um so überraschender, als der Begriff der Unsterblichkeit, die Vorstellung eines ‹geistigen Lebens› im Kontrast zum ‹knochenhaften› Leben, eines Aufstiegs der Frommen zum Himmel in der Religion Zarathustras seit alters fest verankert sind. Mithras zeigt sich davon unberührt. Gegen Cumont ist festzuhalten, daß es keine gemeinsamen Bestattungen von ‹Mithrasgläubigen› gibt.[84] Gewiß, eine Szene in der Mithras-Ikonographie zeigt den Gott, wie er den Wagen des Helios besteigt, also offenbar im Begriff, eine Himmelfahrt anzutreten; daß der Grad des ‹Sonnenläufers›, *heliodromus*, der sechste in der Hierarchie der Mysten, damit zusammenhängt, ist kaum zu bestreiten. Die Interpreten verstehen die Fahrt im Sonnenwagen meist als Durchbruch in die Transzendenz, über den so oft dargestellten Zodiacus hinaus.[85] Dies freilich ist, was der Wagen des Helios eben nicht vollbringt; selbst wenn Helios, nach altiranischer Lehre, das höchste der Gestirne ist, er bleibt im Rund des Kosmos. Nur in platonisierender Interpretation, wie sie bei Origenes und Porphyrios vorliegt, klingt es freilich anders;[86] es besteht kein Grund, ihr zu folgen. Eher ist zu erwägen, ob der Mithraskult nicht gerade als eine Art Antithese zur Gnosis, jener ‹spätantiken Weltreligion›, aufzufassen ist: In der ‹Höhle›, in diesem Kosmos, der auf Gewalt und Blutvergießen gegründet ist, halten der Gott und sein Gefolgsmann, der durch den Grad des ‹Löwen› hindurchgegangen ist, sieghaft stand.[87]

Es bleibt ein Text von Kaiser Julian, der offenbar selbst Mithrasmyste war und dem Mithraskult Förderung angedeihen ließ. Julian läßt am Ende seines *Symposion* den Gott Hermes selbst sagen, er habe ihm, Julian, die Erkenntnis des ‹Vaters Mithras› gegeben, als festen Anker im Leben; «und wenn es notwendig sein wird, von hier abzuscheiden, schaffst du dir mit guter Hoffnung einen Gott als Führer, der dir wohlgesinnt ist». Dies klingt ganz ähnlich wie die Verheißung der Isis an Lucius, wobei der gemeinsame Hintergrund durch Formulierungen Platons gegeben ist: Die ‹gute Hoffnung› klingt an den *Phaidon* an, der Gott als ‹Führer› noch deutlicher an die berühmte Passage vom Seelengespann im *Phaidros*.[88] Die Gewähr, die Mithras bietet, ist kaum verschieden von dem, was die Philosophie ebenso wie die anderen Mysterien hoffen heißen; es gibt keine spezifische Verkündung, das Versprechen bleibt vage, wie stets.

Alles in allem ergibt sich: Im Gegensatz zu geläufigen Annahmen bringen die sogenannten orientalischen Götter und ihre Kulte nicht eine Umorientierung der Religion ins Jenseitige, ‹Mystische› mit sich; sie passen sich dem an und setzen fort, was schon gegeben war. Es blieb eine Besonderheit des Christentums, wie es auch Heiden sahen, daß darin die Sorge für den Tod und die Toten so ganz zum zentralen Anliegen wurde – eine Gräberreligion, meinen die Heiden, schwarzgrau verhangen.[89] Keiner der heidnischen Mysterienkulte bot ein solches Bild; keiner forderte auf, ‹der Welt abzusterben›. Die *laetitia vivendi* blieb ein unangefochtenes Ideal.

In ihrem Kontrast zum Christentum erscheinen die Mysterien als schwach und zerbrechlich, dadurch aber eben als menschlich. Eine Grabinschrift aus Rom, aus dem 3. oder 4.Jh. n.Chr., ist dafür ein Beispiel. Sie gilt einem Knaben, der mit sieben Jahren starb.[90] Die Eltern hatten in übereifriger Frömmigkeit dafür gesorgt, daß das Kind bereits zum Priester «aller Götter» ernannt wurde, «zunächst der Bona Dea, dann der Göttermutter und des Dionysos Kathegemon; für sie vollzog ich immer in ehrwürdiger Weise die Mysterien; jetzt verließ ich das ehrwürdige, süße Licht der Sonne. Also, ihr Mysten oder ihr Freunde jeder Art von Leben, vergeßt die ehrwürdigen Mysterien des Lebens nacheinander. Denn niemand kann den Faden der Schicksalsgöttinnen auflösen. Denn ich, Antonios hier, der ehrwürdige, habe gelebt sieben Jahre und 12 Tage.» Es scheint, daß manche Interpreten nicht wagten, den Text in seiner Schlichtheit zu verstehen. Kaibel paraphrasierte, als werde gewarnt, sich den Mysterien zu entziehen, weil niemand dem Tod entgehen kann; Morettis Paraphrase *celamini de... mysteriis* ist selbst rätselhaft. Die Übersetzung des entscheidenen Verbums mit ‹vergessen› läßt sich fürs späte Griechisch stützen,[91] und dann ist der Gedankengang, durch das zweimalige *gar* ‹denn› markiert, klar und banal. Nicht ein Zeugnis des Mysterienglaubens, sondern der Enttäuschung also liegt in diesem Text vor uns: Auch Mysterien helfen nicht gegen den Tod – vergeßt sie!

Man wird einem solchen Einzeldokument nicht allzuviel Gewicht beimessen; doch ist es nicht isoliert.[92] Es gab offenbar keinen festen, dogmatisch abgesicherten Mysterienglauben, der den Tod zu überwinden unternahm, keine Immunisierung gegen die Katastrophen des Lebens. Auch die Mysterien, gleich der Votivreligion, blieben in gewissem Maße experimentell; manche Erfahrungen des Lebens konnten als überwältigende Bestätigung erscheinen, doch gleichermaßen bestand das Risiko der Falsifikation.

II. Organisation und Identität

Religion wurde einst als ein System geoffenbarter Lehren verstanden, dann als Konfiguration geistesgeschichtlich faßbarer Vorstellungen; heute spricht man eher vom ‹Entwurf von Bedeutungswelten›.[1] Doch Lehren, Vorstellungen, Bedeutungen sind stets für lebendige Menschen gegeben, die damit in den wechselnden Bedürfnissen und Nöten ihres Lebens zurechtzukommen suchen. Religion kann belastend und befreiend, aufwendig und einträglich, ja durchaus beides zugleich sein, immer für Individuen mit ihren vielerlei Schwächen und Chancen im emotionellen wie im intellektuellen Bereich; dies gilt auch von den antiken Mysterien. Es lohnt sich, nach den Personen zu fragen, die hinter traditionell-rituellen Praktiken und ihrer Verkündigung stehen, nach der Art und Intensität ihrer Beteiligung und ihren persönlichen Interessen, nach den Kriterien und Modalitäten, wie eine Funktion übernommen und weitergegeben wird. Dies ist die Frage nach der Organisation, dem aktiven Kern und dem sozialen Hintergrund der Mysterien. Es ist dabei von vornherein anzunehmen, daß ‹hauptberufliche› *homines religiosi* sich am energischsten für ihre Traditionen und Lebensformen einsetzen werden.

Unter solchem Gesichtspunkt stellt sich sogleich heraus, daß die antiken Mysterien alles andere als einheitlich sind. Nur eine allgemeine Feststellung negativer Art zeichnet sich rasch ab: Im Gegensatz zu einer oft unreflektiert verwendeten Ausdrucksweise ist die Existenz eigentlicher Mysterien*gemeinden*[2] keineswegs von vornherein gesichert. Die verschiedenen Arten von Mysterien differieren stark in bezug auf ihre Organisation und die Art der Gruppenbildung, doch nirgends findet sich eine Entsprechung zur christlichen ‹Gemeinde› oder ‹Kirche›; auch der Begriff ‹Sekte› ist nicht ohne Einschränkung verwendbar. Um so weniger geht es an, von eigentlichen, in sich geschlossenen ‹Religionen› zu sprechen.

Versucht man eine typologische Übersicht zu gewinnen, so treten bei den antiken Mysterien mindestens drei soziale Organisationsformen in den Blick: der einzelne, wandernde Charismatiker; der einem Heiligtum zugehörige Klerus; der freie Kultverein, der griechisch vorzugsweise *thiasos* genannt wird. Der erste dieser Typen, der praktizierende Charismatiker, fällt zunächst eher in der Geistesgeschichte der Spätantike auf – man denkt an Apollonios von Tyana oder Alexander von Abonuteichos –, doch die ‹mantische und telestische› Lebensform, wie Platon sie benennt,[3] ist in Wirklichkeit sehr alt. Der wandernde Seher und Priester,

35

der Reinigungen und Weihen anbietet, erscheint in der archaischen Periode in Gestalten wie Epimenides, und noch in der klassischen Epoche bietet Empedokles mit seinen *Katharmoi* ein eigentümliches Exempel. Auch die griechische Mythologie läßt einen Melampus, Kalchas, Mopsos entsprechende Rollen spielen. Die knappste Kennzeichnung des Typs bietet der Derveni-Papyrus, wenn er von dem spricht, ‹der das Heilige zu seiner Handwerkskunst macht›:[4] Handwerker des Heiligen. In der Tat, der charismatische ‹Handwerker› hat, wie andere Handwerker, seine besondere ‹Kunst› (*techne*), die er von einem Meister überkommen hat, einem realen oder geistigen ‹Vater›; zugleich erscheint die Übernahme aber auch als Weihe, *telete*.[5] Bekannte Beispiele liefert das Corpus Hippocraticum mit dem berühmten *Eid* und dem *Nomos*.[6] Das Familienmodell garantiert die Eigenart und die Kontinuität der Tradition. Gleich anderen Handwerkern aber arbeitet auch der Charismatiker selbständig, für eigenen Gewinn und auf eigenes Risiko. Es gab Vermögen zu gewinnen, vor allem für die Seher, die sich im Krieg bewährten, aber im Normalfall hatte der wandernde Praktiker eher mit einer marginalen Existenz am Rande der Armut zu rechnen, außerhalb der bürgerlichen Respektabilität, nicht selten verächtlich oder auch ausgesprochen feindlich behandelt.[7] Eine ‹Gemeinschaft› oder Korporation, dem einzelnen Rückhalt zu bieten, gab es nicht.

Der zweite Typ, die einem Heiligtum zugeordnete Priesterschaft, ist im Nahen Osten und in Ägypten weit eher als in Griechenland etabliert.[8] Griechische Heiligtümer waren in der Regel nicht wirtschaftlich unabhängige Organisationen, sondern unterstanden der allgemeinen Verwaltung der Polis, sofern sie nicht Familieneigentum waren. Doch konnten einem Priester aus dem privaten Kult der Verehrer, die zu ‹seinem› Heiligtum kamen, beträchtliche Einkünfte erwachsen, vor allem aus den Opfern und Weihungen im Zusammenhang der Votivreligion; durch Geschicklichkeit, Begabung oder Gnade eines besonderen Gottes konnte ein blühendes Unternehmen entstehen. In der archaischen Zeit sind es vor allem die großen Orakel, später die Asklepios-Heiligtümer, die auf diese Weise zu wohlhabenden, einflußreichen Organisationen wurden. Anderwärts, vor allem in Kleinasien, gab es alte Heiligtümer, die seit langem aus ähnlicher Dynamik wirtschaftliche, ja politische Unabhängigkeit gewonnen hatten, und immer neue versuchten in hellenistischer Zeit zu gleichem Status aufzusteigen. Die Priester, die an solchen Heiligtümern amten, unterscheiden sich von den wandernden Charismatikern ganz wesentlich durch diese Bindung an einen Ort, was eine wichtige, auch wirtschaftliche Absicherung bedeutet, freilich auch Unterordnung unter eine wie immer entwickelte Hierarchie voraussetzt. Zudem wird die Zahl der verfügbaren Pfründen stets begrenzt sein, auch wenn von ‹Scharen›, ja ‹Herden› des Tempelpersonals die Rede ist.

Der dritte Typ, der freie Kultverein oder *thiasos*, heißt oft auch einfach *koinon*, die ‹Gemeinschaft› auf Vereinsbasis. Es ist eine für die entwik-kelte griechische Gesellschaft sehr bezeichnende Organisationsform; sie hat in den mannigfachen *collegia* der römischen Welt ihr Gegenstück – «zahllose Herden, zahllose Weihen», wie Mark Aurel kopfschüttelnd no-tiert.[9] Die Bestimmungen im einzelnen sind variabel; gemeinsam ist das Grundprinzip, daß gleichberechtigte Einzelpersonen sich zu einem ge-meinsamen Zweck in regelmäßiger Zusammenarbeit verbinden. Dabei bleiben die Einzelpersonen durchaus unabhängig, insbesondere in wirt-schaftlicher Hinsicht, sie bleiben eingebunden in ihre Familie, ihren Freundeskreis, ihre Polis; aber sie stehen mit Rat und Tat für die gemein-same Sache zur Verfügung, sie setzen ihre Zeit, ihren Einfluß, Beiträge aus ihrem Vermögen dafür ein. Von den Reichen insbesondere erwartet man namhafte Zuwendungen; die Gegengabe besteht in den ‹Ehren›, die sie dadurch gewinnen: Viele Inschriften dienen diesem Zweck, die ‹Ehre› der Gönner bekannt zu machen. Ein Verein dieser Art ist rechtlich aner-kannt; er verfügt über ein Vereinslokal und oft über eigenes Vermögen; nicht notwendig ist eine feste Hierarchie, und auch ein charismatischer Leiter ist entbehrlich.

Diese drei Typen religiöser Organisation sind miteinander kompatibel und doch im Prinzip voneinander unabhängig. Ein Charismatiker kann seinen eigenen *thiasos* ergebener Anhänger um sich versammeln; der eine oder andere aus der Priesterschaft eines Heiligtums mag ein erfolgreicher Charismatiker sein; ein praktizierender ‹Handwerker des Heiligen› ebenso wie ein bestimmter Thiasos kann sich mit einem lokalen Heilig-tum eng verbinden. Doch keine dieser Beziehungen ist unabdingbar; sie können sich auch wieder lösen, ohne daß die Funktionen dadurch in we-sentlicher Weise verändert oder beeinträchtigt werden.

Was nun die antiken Mysterien betrifft, so gehört der Typ des wan-dernden Charismatikers vor allem zu den *teletai* des Dionysos und der Meter seit der archaischen Epoche. Ein Schlüsseldokument der hellenisti-schen Zeit liegt vor in einem Edikt des Königs Ptolemaios IV. Philopator, etwa 210 v.Chr. datiert. Es schreibt vor, daß «diejenigen, die auf dem Land *teletai* für Dionysos durchführen, nach Alexandria fahren» in ge-setzter Frist «und sich registrieren lassen»; sie sollen dabei «gleich ange-ben, von wem sie das Heilige übernommen haben, bis zu drei Generatio-nen, und den *hieros logos* versiegelt einreichen, je mit dem eigenen Na-men versehen».[10] Vorausgesetzt und akzeptiert ist hier das Familienmo-dell in der Vermittlung des Heiligen: Sie geht durch ‹Generationen›, und jeder hat nicht nur seine geistlichen ‹Väter› zu kennen, sondern auch Großvater und Urgroßvater. Ein Teil der Tradition ist geheime Lehre, ein ‹heiliges Wort›, das hier in geschützter Form doch dem Zugriff der Be-hörden ausgesetzt wird. Ein ähnliches Bild ergibt, was Livius von der

Vorgeschichte der römischen *Bacchanalia* berichtet: Am Anfang steht ein ‹Priesterlein und Seher›, *sacrificulus et vates*, ein Grieche, wohl aus Unteritalien, der nach Etrurien wanderte und dort zu Erfolg kam; von dort griff der Kult auf Rom über. Eine Priesterin aus Kampanien trat dann auf, sie gab sich als vom Gott direkt inspiriert und änderte die Riten entsprechend kraft charismatischer Autorität. Es waren dann römische Bürger aus den unteren Schichten, die die Häupter der ‹Verschwörung› wurden.[11] Der wandernde Charismatiker erscheint bereits in den *Bakchen* des Euripides; es ist, im Theater, der Gott selbst, ein Fremdling aus Lydien für Pentheus; er bietet seine *teletai* an und tritt dabei als Wundertäter auf; er behauptet, seine *orgia* direkt von dem sich offenbarenden Gott empfangen zu haben.[12] Frauen, die «Weihen für Dionysos in der Stadt und auf dem Land durchführen», sind in einem Volksbeschluß aus Milet aus dem frühen 3.Jh. v.Chr. angesprochen: Sie werden dem offiziellen, städtischen Kult des Dionysos Bakcheios nachgeordnet, sie haben sich bei der städtischen Dionysospriesterin zu melden und Abgaben zu entrichten.[13] In der milesischen Kolonie Olbia standen die Orgien des Dionysos Bakcheios schon in der ersten Hälfte des 5.Jh. in hoher Blüte.[14] In Athen finden wir um 380 v.Chr. Glaukothea, die Mutter des Aischines, als Priesterin privater Mysterien, offenbar des Dionysos Sabazios;[15] nicht zufällig stammt sie aus einer Familie von Sehern in der Nachfolge des Amphiaraos: Die spirituelle Familientradition bot ihr eine Gelegenheit, in karger Nachkriegszeit den Lebensunterhalt zu verdienen, wobei ihr kleiner Sohn nach Kräften mithalf. Platon und Theophrast erwähnen ‹Orpheotelesten›, Mysterienpriester, die sich auf die Tradition des Orpheus berufen.[16] ‹Orphisch› hat man meist die vielbesprochenen Goldblättchen mit ihren Jenseitstexten genannt, die sich in Unteritalien, Thessalien und Kreta in Gräbern gefunden haben; nach dem Fund der Texte aus Hipponion und Thessalien ist die Bezeichnung ‹bakchisch› vorzuziehen. Ihre geographische Verteilung ebenso wie das Ineinander von Konstanz und Variabilität erklärt sich einleuchtend aus den Wanderungen von Mitgliedern einer ‹Familie› jener ‹Handwerker des Heiligen›.[17]

Auffällig ist, daß nach der Katastrophe der römischen *Bacchanalia* 186 v.Chr. der wandernde Weihepriester im Bereich der bakchischen Mysterien nicht mehr zu fassen ist, obgleich die Mysterien selbst in Italien seit der Cäsarzeit wieder auftauchen und anscheinend unbehelligt weiter existieren. Sie hinterließen künstlerisch großartige Monumente, wie die Fresken der *Villa dei Misteri* in Pompeii oder die Stukkaturen eines Raums im sogenannten Farnesina-Haus in Rom; ungedeutet bleibt uns die Ikonographie, wobei als eigentliches *fascinosum* der Phallos im *liknon*, der dem Initianden enthüllt wird, die Aufmerksamkeit auf sich zieht. Dazu kommen Inschriften von Mysterienvereinen aus dem ganzen römischen Imperium.[18] Wandernde Charismatiker gibt es weiterhin, doch mit anderer religiöser Ausrichtung: Apollonius von Tyana und Alexander von Abonuteichos greifen auf Pythagoras zurück, in jüdisch-eschatologischer Tradition stehen Jesus und Paulus. Dionysos-Bacchus bleibt der Mysteriengott einzelner *thiasoi*. Sie hängen meist von reichen Stiftern oder Vorstehern ab, die in Privathäusern Kulträume einrichten; Verbindung mit einem öffentlichen Kult bleibt durchaus möglich. Es muß eine Form esoterischer Tradition von Verein zu Verein gegeben haben, für spezielle Mythen und Mythendeutungen ebenso wie für die geheimen Riten; spielten dionysische Schauspielergruppen ihre Rolle als Vermittler auch des Kultes? Zwei Briefe des Libanios könnten in diese Richtung weisen.[19] Einmal, in einer Inschrift aus Magnesia am Maeander, wird eine speziellere Form deutlich, in der sich Dionysische *orgia* verbreiten konnten: Mit Billigung des Delphischen Orakels sollen drei Mänaden aus Theben nach Magnesia kommen, Nachkommen der Ino, der Amme des Dionysos, der Ur-Mänade gewissermaßen.[20] So tritt nochmals die charismatische Familientradition in den Blick, wobei es allerdings nicht um einen priesterlichen Leiter geht, sondern um eine Kerngruppe des Kultvereins. «Viele sind es, die den Narthex tragen, aber wenige sind Bakchen», hieß es seit langem;[21] um so mehr kam es wohl darauf an, daß wenigstens einige ‹echte› Bakchen in jeden *thiasos* hinein ihre Energien ausstrahlen ließen.

In dem großen Kultverein der Agripinilla in Rom, den eine jetzt in New York befindliche Inschrift vorstellt, sind die Teilnehmer offenbar nach Rang geordnet.[22] An der Spitze steht Agripinilla selbst als ‹Priesterin›, neben ihr ihre Tochter als Fackelträgerin (*daduchos*) und ein Hierophant; die größte Gruppe ist die der ‹Rinderhirten› (*bukoloi*), wohl die eigentlichen Mysten. Einige von ihnen sind ausgezeichnet als ‹heilige Rinderhirten› *(hieroi bukoloi):* Sind sie die eigentlichen *bakchoi* unter den Thyrsusträgern? Eine weitere große Gruppe heißt ‹die von der Umgürtung› (*katazosis*), was wohl eine erste Stufe der Zuordnung zum Verein ausdrückt; einige ‹Schweiger› (*sigetai*) gelten als Novizen. Dazwischen stehen Funktionsbezeichnungen, die offenbar einerseits einer Prozession zugeordnet sind: ‹Liknon-Träger›, ‹Phallos-Träger›, ‹Feuerträger›, andererseits der eigentlichen Mysterienfeier: ‹Trägerinnen der *kiste*› und zwei ‹Träger des Gottes›. Dies scheint wohl überlegt und genau strukturiert, läßt sich aber kaum verallgemeinern, wie denn überhaupt die synchronen und diachronen Beziehungen der mannigfachen dionysischen Gruppen sich kaum aufhellen lassen. Es sieht aus, als seien bakchische ‹Mysterien› in der Kaiserzeit allgegenwärtig, doch realen Kult zu fassen gelingt nicht leicht. Die ikonographischen Embleme haben sich verselbständigt, die Literatur steht für immer im Schatten des euripideischen Dramas. Daß bakchische Weihen bis ins 4.Jh. n.Chr. durchgeführt wurden, ist immerhin gesichert.[23]

Der Kult der Meter setzte sich im archaischen Griechenland offenbar in ähnlicher Weise durch wie die Dionysischen *teletai*, getragen von wandernden Praktikern. Semonides liefert im 7.Jh. den ersten Beleg für diese merkwürdigen Gestalten, die ‹Bettler der Meter› (*metragyrtai*), die ungescheut Gaben heischen für ihre Dienste.[24] Von ihrem Erfolg zeugen die Votivmonumente des Meterkultes, die sich in Griechenland verbreiten, Felsmonumente in phrygischer Tradition und transportable Naiskoi; sie sind von Kleinasien nach Chios, ja früh schon bis Unteritalien und Sizilien gelangt.[25] Die ‹Bettler› werden offiziell verachtet, auch wenn man sich ihrer bedient; es war Hohn, wenn Kratinos in einer Komödie den prominentesten Seher Athens, Lampon, den Experten für mannigfache Mysterien, einen ‹Kybele-Bettler› (*agersikybelis*) nannte oder der Stratege Iphikrates den Eleusinischen Daduchen Kallias als *metragyrtes* betitelte.[26] Die Metragyrten gaben Schaustellungen, in denen sie als die ‹von der Gottheit getragenen›, besessenen (*theophoroumenoi*) auftraten, zum ‹enthusiastischen› Rhythmus der Tamburine und *kymbala*; das lebendigste Bild liefert das bekannte Mosaik des Dioskurides, das eine Szene aus Menanders *Theophoroumene* wiedergibt.[27] Auf welche Weise Leute dieser Art selbst zu ihrer Tradition des ‹Heiligen› kamen, inwieweit es feste Formen ritueller Weihe gab, ist uns nicht überliefert. Der Tyrann Dionysios II. von Syrakus soll nach seinem endgültigen Sturz schließlich als jämmerlicher *metragyrtes* gelebt und geendet haben[28] – ein letzter Versuch, die nackte Existenz zu sichern. Konnte er dabei auf irgendeine Tradition seiner Familie oder seiner Heimat zurückgreifen, sei es aus Syrakus oder Lokroi?

Der eigentliche Erfolg des Meter-Kultes beruhte auf einer anderen Organisationsform, dem ortsfesten Heiligtum und seiner dauernd damit verbundenen Priesterschaft. Das Heiligtum von Pessinus in Phrygien, dessen Tradition offenbar bis in die Bronzezeit zurückreichte und das vor allem durch die Institution der kastrierten Priester, der *galloi*, Aufsehen erregte, hatte offenbar seit langem diplomatisches Geschick entwickelt, mit den jeweils herrschenden Mächten ins reine zu kommen, sogar mit den einfallenden Barbaren, die providentiellerweise selber ‹Gallier› hießen.[29] Als die Römer dann, wohl durch pergamenische Vermittlung, 205/4 v.Chr. um die Zusendung der ‹Mutter› ersuchten, kamen sie dem Wunsche alsbald nach, und so entstand das einflußreichste Zentrum des Meter-Kults am Palatin in Rom; später kam das *Phrygianum* im Vatikan dazu, wo die Taurobolien stattfanden.[30] Die Heiligtümer der Mater Magna hatten je ihre eigene Priesterschaft; die charismatische Kerngruppe bildeten *galli*, kastriert nach dem Willen der Göttin, «um Schrecken unter den Menschen zu verbreiten», wie ein akkadischer Text über Ischtar sagt.[31] Am ‹Tag des Blutes› (*dies sanguinis*) gaben sie schauerliche Vorstellungen, bei denen sie in Ekstase sich selbst mit Beilen und Messern blutende Wunden schlugen. Der Begriff ‹Fanatiker› ist von solchen ‹Leuten des Heiligtums›, *fanatici*, ausgegangen.[32] Uns mag am erstaunlichsten erscheinen, daß es offenbar keine Schwierigkeiten machte, immer wieder neue *galli* zu rekrutieren. Immerhin, es war eine in gewissen Grenzen anerkannte Lebensform, die durchaus einträglich sein konnte, und zugleich und vor allem waren Leute dieser Art an ihre Göttin und ihr Heiligtum in einer Weise gefesselt, daß an Abfall nie zu denken war: ‹Weder Mann noch Frau›, hatten sie keinen anderen Platz in der Gesellschaft. Catull hat in seinem Attisgedicht das Unerhörte in spielerische Form gezwungen. Der römische Staat hat einen Überbau von Beamten normaler Art geschaffen – wobei Selbstkastration dem römischen Bürger verboten war –; Wahlen ins Collegium eines Heiligtums bedurften der Bestätigung durch die Quindecimviri.[33] Wahlen von Priestern in Heiligtümern außerhalb Roms unterlagen in ähnlicher Weise der Bestätigung durch das Zentralheiligtum in Rom.[34] Neben dem professionellen Klerus standen angesehene *collegia* von Laien, die den Kult unterstützten;[35] es gab ‹Schilfträger› (*cannophori*) und ‹Baumträger› (*dendrophori*), die vor allem beim großen Jahresfest im März in Funktion traten. Neben Rom sind besonders in Ostia entsprechende Organisationen von *galli*, Priestern, und unterstützenden *Collegia* nachgewiesen; ein großes Heiligtum von Meter und Attis ist dort ausgegraben.[36] Über die gegenseitigen Beziehungen zwischen Meter-Heiligtümern gibt es im übrigen kaum Informationen; vielleicht kam es auch in diesen Kulten darauf an, daß jeweils eine von anderwärts zugezogene Kerngruppe von *galli* die unmittelbare Präsenz der göttlichen Macht garantierte.

Eleusis ist darin einzigartig, daß jede Expansion über das zentrale Heiligtum hinaus vermieden wurde. Ein Kult der ‹Demeter Eleusinia› hatte sich zwar früh schon in Griechenland weit ausgebreitet,[37] doch ohne die speziellen Mysterien, die, wie man sich einig war, eben nur an dem Ort stattfinden konnten, den die Göttin selbst erwählt hatte. Zwei ortsansässige Familien, Eumolpiden und Keryken, wirkten in sorgfältig ausgeglichener Rangabstufung zusammen: Die Eumolpiden hatten den höchsten Priester zu stellen, den *Hierophantes*, der ‹das Heilige zeigt›, die Keryken dagegen die beiden rangnächsten Priester, den *Daduchos*, ‹Fackelträger›, und den *Hierokeryx*, ‹Herold des Heiligen›. Angehörigen beider Familien stand das Recht zu, individuelle Einweihungen durchzuführen, *myein*.[38] Ihre Autorität beruhte auf dem «Wissen aus dem Priestertum, das so viele Generationen in der Familie gewesen ist», wie es eine hellenistische Inschrift formuliert.[39] Den Familien ist, sobald unsere Dokumentation deutlich wird, ein staatlicher Überbau vorgeordnet: Der jährlich gewählte ‹König›, *basileus*, hat allgemein die Aufsicht über die Mysterien, für die Finanzen ist ein Collegium von *epistatai* eingesetzt.[40] Es gibt, was man Eleusinische Propaganda nennen kann, in der Literatur wie insbesondere in der Ikonographie. Vasenbilder mit eleusinischen Themen gelangen im 4.Jh. vor allem in den Schwarzmeerraum und nach Unteritalien, werden dort nachgestaltet, beziehen Ägypten ein;[41] die Motive werden dann von Königs- und Kaisersymbolik vereinnahmt: Die prachtvolle Silberschale aus Aquileia, jetzt in Wien, zeigt einen Herrscher als Triptolemos – Marcus Antonius, nach Andreas Alföldi –, ähnlich posiert später Kaiser Gallienus.[42] Zum lokalen Priestertum treten Charismatiker: Ein prominenter Seher, Lampon, setzt sich im 5.Jh. v.Chr. für die Ansprüche von Eleusis ein, indem er ein Gesetz über ‹Erstlingsfrüchte› zustande bringt;[43] um 300 finden wir einen Eumolpiden, Timotheos, als wandernden Kultstifter: Er organisierte den Sarapiskult in Alexandreia und machte literarisch den Attis-Mythos von Pessinus bekannt.[44] Ob in Alexandreia selbst ein Mysterienkult nach Eleusinischem Muster eingerichtet wurde, ist kontrovers und kaum eindeutig zu entscheiden.[45] Im Demeterhymnus des Kallimachos, der als Szenerie offenbar Alexandria voraussetzt, werden den ‹Ungeweihten› die der Göttin ‹geweihten Frauen› gegenübergestellt; diese Einschränkung aufs weibliche Geschlecht ist gerade nicht eleusinisch.[46] Eduard Norden hat in seinem Buch *Die Geburt des Kindes* die Aufmerksamkeit auf ein bemerkenswertes Fest am 6.Januar im Kore-Heiligtum von Alexandreia gelenkt, wenn ‹Kore Aion gebiert›, den Gott Ewigkeit.[47] Dies ist gewiß vergleichbar mit der Verkündigung des Hierophanten zu Eleusis, daß ‹die Herrin einen Sohn geboren hat, Brimo den Brimos›; doch findet das alexandrinische Fest offenbar in einem Tempel statt, von Geheimhaltung und Einweihungszeremonien verlautet nichts, die Einzelheiten weisen eher auf einen ägyptischen Hintergrund des Zeremoniells. Der Anspruch von Eleusis, einzigartig zu sein, blieb im wesentlichen ungebrochen.[48] Eher war man geneigt, Dionysische Mysterien andernorts als gleichrangig mit dem Eleusinischen Fest gelten zu lassen. Ein Chorlied in der Antigone des Sophokles, aufgeführt eben damals, als Athen in Unteritalien Thurioi gründete, ruft Dionysos als den Herrn ‹Italiens› an, der zugleich im Schoß von Eleusis walte.[49]

Besonders komplex ist das Bild, das der Isiskult bietet. Grundlegend ist, daß der ägyptische Kult auf Grund jahrtausendelanger Tradition die Götter in Statuen wohnen läßt, die eines ‹Hauses› ebenso bedürfen wie der täglichen Pflege und Bedienung durch ihre Priester. So ist als soziale Grundfigur der Tempel mit seiner Priesterschaft gegeben, mit einer sehr entwickelten Hierarchie vom Oberpriester bis zum Tempeldiener. Der genaueste Bericht über die Übertragung eines ägyptischen Kultes nach Griechenland liegt in einer hellenistischen Inschrift aus Delos vor, der sogenannten Sarapis-Aretalogie:[50] Der Ägypter Apollonios, einer Priesterfamilie entstammend, wanderte nach Delos aus, «wobei er den Gott bei sich trug», eine heilige Statuette offenbar. Er brachte seinen Gott in Mieträumen unter, bis es dann sein Enkel unternahm, ein eigenes Sarapisheiligtum zu bauen, auf einem Abfallplatz nahe dem Markt; dies führte zum Konflikt, zu Prozessen mit der örtlichen Baupolizei, doch dank der Hilfe des Gottes blieb sein Verehrer siegreich, und so wurde das ‹Sarapieion A› von Delos gestiftet. Später nahm der Staat den Kult in seine Obhut, und so entstand das größere ‹Sarapieion B›. Bedeutung und Reichtum der Tempel beruhte auf den Votivgaben. Auch anderwärts ging die Initiative für die Stiftung ägyptischer Kulte nicht selten von ausgewanderten Ägyptern aus,[51] doch entwickelten sich dann, dank der Wirkung der Götter, in Anlehnung an das Heiligtum *thiasoi* in griechischem Stil, *Sarapiastai, Isiastai, Anubiastai*.[52] In Rom führte sich ein Collegium von *pastophori* bis auf die Zeit Sullas zurück. In dieser Zeit entstand auch das Isisheiligtum von Pompeii.[53] In Rom stand der Senat dem Isiskult lange Zeit feindlich gegenüber, wiederholt wurden Altäre der Isis durch Aktionen der Behörden zerstört; unter Caligula kam dann der Durchbruch: Auf dem Marsfeld entstand der bedeutendste Isistempel, und seither war der Triumph der Isis im römischen Kaiserreich gesichert.[54]

Wie allgemein gilt, daß man «die Götter der Väter nach den Bräuchen der Heimat verehren muß»,[55] so betonten auch die Priester der ägyptischen Götter stets die Verbindung mit Ägypten; es heißt einmal ausdrücklich, daß ‹der Ägypter› zugegen sein muß, «um das Opfer mit Erfahrung durchzuführen».[56] Dementsprechend dürften in den meisten Heiligtümern ägyptischer Götter wenigstens einige Ägypter tätig gewesen sein. Sie wiesen in Hieroglyphen geschriebene Bücher vor und brauchten authentisches Nilwasser zum Kult. Sie hatten, wie in Ägypten, einen täglichen Gottesdienst mit aller Sorgfalt von Morgen bis in die Nacht hinein zu vollziehen, vom feierlichen Wecken der Götter über die Göttermahlzeiten bis zur Abendruhe. Dazu kamen große jährliche Feste mit aufwendigen Prozessionen. Im Interesse der Priester war die Tempelpropaganda aufs beste organisiert, insbesondere die vom Gott gewirkten Wunder waren wieder und wieder im Tempel zu verkünden, wie Tibull es schildert.[57] Vielfältig waren die *collegia*, die in je besonderer Weise am Kult beteiligt waren, neben den *pastophori*, den ‹Trägern der (Miniatur-) Tempel›, etwa die ‹Träger von Leinengewändern› (*sindonophoroi*), ‹Träger von schwarzen Gewändern› (*melanophoroi*) ‹Träger von Heiligem› (*hieraphoroi*) überhaupt.[58] Das Tragen weißer Leinengewänder und die Rasur des Haupthaares waren die bekanntesten Formen, die Zugehörigkeit zum Isiskult auszudrücken; die «Herde der Leinwandträger mit kahlen Köpfen» ist in der Literatur das Kennzeichen ägyptisierender Heiligtümer.[59] Es gab Gruppen von ‹Verehrern› überhaupt (*therapeutai, cultores*) ohne spezifische Funktion;[60] manch einer mietete sich eine Wohnung im Heiligtum, um der Gottheit nahe zu sein, solange seine Mittel es erlaubten. Ein lebendiges Bild von alledem, wie es in Korinth und wie es in Rom zugehen mochte, liefert Apuleius im Isisbuch seines Romans.

Problematisch ist bei alledem, inwieweit und in welchem Kontext eine eigentliche Einweihung *(telete, myesis)* in ‹Mysterien der Isis› überhaupt stattfand. Tatsächlich sind direkte Zeugnisse für ‹Mysten› der Isis – außerhalb des Apuleius-Romans – erstaunlich rar: Unter rund 800 Inschriften im Corpus von Vidman finden sich nur drei, die dieses Wort enthalten; sie stammen aus Rom, Tralles und Prusa.[61] Als ältestes Zeugnis für Mysterien der Isis kann Tibull gelten, der im Zusammenhang mit Osiris die *cista* nennt; in der Ikonographie taucht die *cista* in Verbindung mit Isiskult dann im 1.Jh. n.Chr. auf.[62] Etwa ein dutzendmal ist in Inschriften aus Rom und anderen Orten von ‹heiligen› Personen ägyptischer Kulte die Rede *(hieroi, sacri, sacrae);*[63] es liegt nahe, in ihnen ‹Mysten› zu sehen, und doch kann das Wort ebensogut andere Formen der Zugehörigkeit meinen, etwa im Sinn einer *katoche.*[64] Bei Apuleius wird Lucius zunächst ein gleichsam hauptberuflicher ‹Verehrer› *(cultor)*, der im Heiligtum lebt und auf die Berufung zur Mysterienweihe wartet. Auf die Weihe für Isis in Korinth folgt die Weihe für Osiris in Rom, eine dritte Weihe wird ins Auge gefaßt, am Ende steht die Aufnahme ins Collegium der *pastophori* in Rom. Die Mysterienweihe hat hier ihren Platz zwischen der allgemeinen ‹Verehrung› und der Aufnahme in ein leitendes Gremium der Organisation. Doch darf dies kaum als allgemein vorgeschriebener *cursus honorum* gelten.

In der Tat scheint bei allem Sprechen über die ‹Mysterien der Isis› ein doppeltes Mißverständnis im griechisch-ägyptischen Kulturkontakt ins Spiel zu kommen. Für die Griechen erinnerten, offenbar schon seit dem 6.Jh. v.Chr., die Osirisfeiern mit nächtlichen Klagezeremonien an ‹Mysterien›, und die hierarchische Esoterik im ägyptischen Priestertum, die dem Fremden den Einblick verwehrte, verstärkte diesen Eindruck. Nach modernem Kenntnisstand gab es in Ägypten zwar Weiherituale für die Priester verschiedenen Ranges und auch geheime Rituale, zu denen nur die höheren Priesterränge Zutritt hatten, aber es gab nicht jene ‹Mysterien› im Stil von Eleusis, bei denen wer immer sich bewarb zur Weihe gelangte.[65] In den Augen der Griechen jedoch, die vom hohen Alter der ägyptischen Kultur so beeindruckt waren, erschien Ägypten als Ursprungsland der Mysterien überhaupt; so ist es bei Hekataios von Abdera zu lesen und früher schon bei Herodot.[66] Die Statuetten des Harpokrates-Kindes, das den Finger an den Mund legt, wurden als Inbegriff des mystischen Schweigens verstanden. Die Isispropaganda ihrerseits hat dann die griechische Perspektive übernommen: In den sogenannten Isisaretalogien gehört dies zu den mannigfachen kulturellen Leistungen der Isis für die Welt, daß sie ‹Mysterien gestiftet hat›. Dabei macht der älteste dieser Texte, die Isisaretalogie von Maroneia,[67] ganz klar, daß damit eben der Kult von Eleusis in Attika gemeint ist; damit bleibt Eleusis exemplarisch für ‹Mysterien› überhaupt, wie denn viel später noch Mesomedes in seinem Isishymnus vorzugsweise auf Eleusis anspielen kann. Die anderen Versionen der Isisaretalogien sind vager im Ausdruck und lassen damit Allgemeineres vermuten: Es muß doch, wenn schon der Ursprung von Eleusis und ähnlichen Kulten in Ägypten liegt, dort die authentischere, die weniger zugängliche und eben darum noch wirkungsmächtigere Gestalt von Mysterien zu finden sein. Solcher Erwartung konnte entsprochen werden: Heiligtümer der ägyptischen Götter gingen dazu über, ihre eigenen Formen persönlicher Weihe auf Bewerbung hin zu entwickeln, nach griechischem Modell und doch, was Ritual und Mythos betraf, in authentisch ägyptischem Gewande. Aus Apuleius geht hervor, daß der Aufwand an Zeit und Geld für eine solche Weihe beträchtlich war; daß sie ein seltenes Ereignis blieb, ist eben darum anzunehmen. Um so freudiger wurde das Fest von allen, die sich dem Heiligtum zurechneten, mitgefeiert. Dies bedeutet allerdings, daß ‹Mysterien› im strengen Sinn nicht Wurzel und Zentrum der Isisverehrung sind, sondern nur ein Farbton in der sehr viel reicheren Palette der ägyptischen Kulte, eine aufwendige Dienstleistung für interessierte und begüterte Verehrer, die damit in besonderem Maße die Gewißheit ihrer Verbindung mit der Gottheit erlangten; andere suchten mit bescheideneren Mitteln nach den gleichen Zielen von ‹Rettung› und Erfolg.

Ganz anders ist das Bild, das die Mithras-Mysterien bieten. Dort findet man weder den wandernden Charismatiker noch die anerkannten *thiasoi* noch den öffentlichen Tempel mit der werbenden Priesterschaft. Es gibt nur die geheimen Rituale der siebenfach gestuften Weihen im geschlossenen Zirkel, in der unzugänglichen ‹Höhle›. Zum Vergleich drängen sich die Freimaurerlogen auf, wie sie im 18.Jh. entstanden sind und bis in die Gegenwart fortbestehen. In gewissem Sinn entsprechen die Mithras-Mysterien weit mehr dem Normaltyp der ‹Geheimen Gesellschaft› mit ihren Initiationen, wie er in der Ethnologie beschrieben worden ist, als die eigentlichen griechischen Mysterien. Die Geheimhaltung erscheint vollkommen im Bereich des Mithras; die Mithräen dürften zu ihrer Zeit weit weniger bekannt und zugänglich gewesen sein als im heutigen Zustand der Ausgrabung. Dafür spricht vor allem auch die im Kontrast zu den Ergebnissen der Ausgrabungen so erstaunliche Spärlichkeit der Zeugnisse über Mithras in der erhaltenen Literatur. Die literarischen Quellen zu Eleusis sind im Vergleich dazu geradezu üppig zu nennen. Die Mithräen sind in der Regel verhältnismäßig klein, bieten Platz für durchschnittlich etwa 20 Personen; dies scheint ideal für eine intensiv verbundene Gruppe, bietet aber keine Grundlage für eine Religion der Massen. Wenn die Zahl der Verehrer wuchs, pflegte man mit den Zuwendungen reicher Sponsoren eine neue ‹Höhle› einzurichten; die architektonische Idee einer Mithras-‹Kathedrale› gibt es nicht.[68]

In der Gemeinschaft der Mithras-Mysten gibt es nicht die Dichotomie von Priestern und Laien, wie bei Isis, es gibt nicht einmal den Titel ‹Priester›; dafür tritt die strikte Hierarchie der Mystengrade ein. Ihre Namen sind griechisch, erscheinen aber weit häufiger in lateinischen Dokumenten, war doch Rom das ausstrahlende Zentrum auch dieses Kults geworden: *Korax* ‹der Rabe›, *Nymphus* ‹die Bienenpuppe›, *Stratiotes/miles* ‹der Soldat›, *Leo* ‹der Löwe›, *Persa* ‹der Perser›, *Heliodromus* ‹der Sonnenläufer›, *Pater* ‹der Vater›.[69] Es gibt auch den Titel *pater patrum* als höchste Würde.[70] Offensichtlich war es Aufgabe der *patres*, über die korrekte Form der Riten zu wachen; aus Inschriften geht hervor, daß bei der Weihe eines neuen Mithräums ein *pater* zugegen war; so stand der Kult unter der Leitung eines *sanctissimus ordo*.[71] Ein *pater* leitete auch die Verleihung der höheren Mystengrade, *tradere leontica, persica, heliaca, patrica*. Diese Organisation erklärt, warum die Anlage und Ikonographie der Mithräen so einheitlich ist, vom Rhein bis zur Donau, bis Dura-Europos, bis Afrika. Die Mysten rekrutieren sich offenbar vor allem aus den Kreisen der Soldaten und der Kaufleute; so folgt der Kult den militärischen Verschiebungen der Legionen. Entscheidend war, daß reiche Anhänger große Stiftungen machten. Doch waren, erstaunlich genug, auch Sklaven zugelassen; dagegen blieben Frauen strikte ausgeschlossen.[72] Auch hiermit stellt sich der Mithraskult in Gegensatz zu den anderen antiken Mysterien, die keine Geschlechtertrennung kennen, entspricht aber um so eher der allgemeineren Typologie des geheimen Männerbundes.

Das so entworfene Bild sozialer Organisationsformen in den antiken Mysterien ist gewiß vorläufig und ergänzungsbedürftig; es dürfte aber immerhin verständlich machen, wie, dank dem Einsatz aktiver Kerngruppen, die Kulte funktionieren und fortbestehen konnten. Nun erst läßt sich die Frage stellen, die so oft als selbstverständlich bejaht und vorausgesetzt wird: Gibt es ‹Mysteriengemeinden› und, wenn überhaupt, in welchem Sinn? Die Antwort muß differenzierend ausfallen, je nach dem Typ sozialer Organisation.

Eines ist dabei sogleich klar: Es gibt auf jeden Fall Mysterien, die keine organisierte, stabile ‹Gemeinschaft› hervorbringen, nämlich die ‹Kuren› des wandernden Charismatikers. Er bringt mit seinen Weihungen Rettung in ‹manifesten Leiden›; danach werden die, denen die Begegnung mit dem Göttlichen geholfen hat, fröhlich ihre Straße ziehen, wie auch der Spezialist des Heiligen selbst einem neuen Wirkungsfeld nachgeht. Die Patienten erhalten einige Rezepte für ihr künftiges Leben, Vorschriften einer religiös-moralischen ‹Diät›; es ist auch nicht unwichtig, Mit-Patienten kennenzulernen zwecks Erfahrungsaustausch und Selbstbestätigung. Aber man ist damit keineswegs wie durch ein unauslöschliches Siegel aufgenommen in eine geschlossene ‹Gemeinde›.

Allerdings laufen die Mysterien in der Regel aus in ein gemeinsam gefeiertes Fest, bringen somit zum Abschluß die Integration in einen ‹Chor› von selig Feiernden – was gerade im Sinn einer therapeutischen Maßnahme evidentermaßen sinnvoll ist. Man sieht König Skyles in Olbia, nach Abschluß der *telete*, wie er im rasenden bakchischen *thiasos* mitzieht; Aischines führt, nach den nächtlichen Weihen, ähnliche *thiasoi* am Tag durch Athen. Philokleon sollte zusammen mit den anderen Korybanten das Tamburin schlagen.[73] Tausende von Mysten treffen sich alljährlich, um gemeinsam zur Mysteriennacht nach Eleusis zu ziehen. Aber die festliche Gemeinschaft überdauert das Fest nicht. Dann hat der ‹Chor› ausgetanzt, er löst sich auf. Es bleibt die Erinnerung an die Erfahrung des Göttlichen, sie ist ein zu hütender Schatz, sie kann wieder aufgerufen und verlebendigt werden. Der Eleusinische Myste wird eingeladen, wiederzukommen zur zweiten Weihe, als *epoptes*, im nächsten Jahr. Aber sein Alltagsleben ändert sich nicht in der Zwischenzeit. Die Gemeinsamkeit der Gruppe besteht im Vollzug des Rituals, nicht in der Fixierung eines Glaubens; es gibt kein Glaubensbekenntnis.

Gewiß, um einen Charismatiker bildet sich leicht und rasch eine Gruppe der Anhängerschaft mit engen persönlichen Bindungen. Eben dies aber widerstrebt der griechischen Polis-Gesellschaft, es wird ungern gesehen, mit Argwohn verfolgt, ja als ‹Verschwörung› verdächtigt. Problemlos anerkannt ist dagegen in der Regel die Priesterschaft eines Heiligtums; sie bildet eine echte Gemeinschaft, verbunden durch die Praxis der Zeremonien ebenso wie durch geistige und materielle Interessen. Doch eben ein hauptberuflicher ‹Klerus› kann die eigene Gruppe nicht über das vorhandene Kontingent an Pfründen hinaus expandieren lassen. Man bleibt von den Verehrern abhängig, die außerhalb der Organisation stehen und dem Heiligtum die Gaben zukommen lassen. Eine Gemeinschaft dieser Art kann nicht zu einer selbständigen, ‹alternativen›, auch wirtschaftlich unabhängigen Gemeinde werden, eben in ihrer Absonderung bleibt sie integriert in die bestehende Gesellschaft.

Es bleibt die Form des *thiasos*, gewiß eine wichtige Form von ‹Gemeinschaft›; *koinon* ist eine der üblichen Bezeichnungen solcher Organisationen. Sie können über Generationen hinweg bestehen. Es gibt Mitglieder, die beträchtliche ‹Opfer› an Zeit, Energie und finanziellen Mitteln auf sich nehmen im Dienst der gemeinsamen Sache. Der Terminus *symmystai*, ‹Mit-Mysten›, deutet die gegenseitige Bindung an. Es gibt etwa eine Weihung ‹Für Dionysos und die *symmystai*›, worin die doppelte Bindung im *thiasos* zum Ausdruck kommt.[74] Man trifft sich zu gemeinsamen kultischen Unternehmungen, insbesondere zu Opfern mit dem zugehörigen Gemeinschaftsmahl, auch zu öffentlichen Prozessionen, *pompai*, die der städtischen Öffentlichkeit demonstrieren, wer zur Gruppe gehört. Gegenseitige Verpflichtungen, wie sie auch zu privater ‹Freundschaft› gehören, werden übernommen, Unterstützung in Prozessen und vor allem Teilnahme am Begräbnis eines Mitglieds.[75] Von weiteren Unternehmungen sozialer Hilfe verlautet nichts; Clubs sind nicht für die Armen da. Es entspricht vielmehr dem allgemeinen Wertesystem, daß agonaler Wetteifer mehr zählt als Zusammenarbeit: Um Ehre, *time*, geht es auch unter den *symmystai* des *thiasos*, Ehre, die vor allem auch durch Geldzuwendungen zu gewinnen ist. Entsprechende Ehreninschriften gehören zu den wichtigen Dokumenten der Mysterienkulte, besonders im bakchischen Bereich. Auf jeden Fall bleiben die Mitglieder eines Clubs autonome Individuen mit ihren privaten Interessen, ihrer beruflichen Tätigkeit, ihrem Vermögen. Wie die Mitgliedschaft auf Grund einer persönlichen Entscheidung zustande kam, so ist es auch kaum ein Problem, nach eigenem Willen wieder auszuscheiden. Es bleibt kaum ein Trauma, kein Verlust der Identität, kein Fluch.

Bemerkenswert ist immerhin, daß die Bezeichnung ‹Bruder›, *adelphos*, in Mysterien gebraucht wird, insbesondere auch in Eleusis für die zugleich Geweihten.[76] Der siebte platonische Brief spricht von der besonders engen Freundschaft, die nach allgemeiner Ansicht aus der Betreuung von Gästen zum Zweck der Mysterienfeier erwächst, obgleich dem Philosophen diese Art von Kameraderie eher suspekt ist.[77] Einer metaphorisch gemeinten Passage bei Philon läßt sich entnehmen, daß man die Mysten aufforderte, Kontakte zu suchen: «Und wenn ihr einen Eingeweihten trefft, so haltet euch an ihn und liegt ihm inständig an, ob er nicht etwa irgendeine neuere Art von Weihe, die er kennt, euch vorenthält, bis ihr deutlich in ihr unterrichtet werdet.»[78] Es gibt *symbola*, Erkennungszeichen, woran die Mysten einander erkennen können;[79] so können Unbekannte sich plötzlich nahekommen.

Entgegen steht all dem jedoch die Exklusivität, die nun einmal zu geschlossenen Gesellschaften gehört. *Thiasoi*, als Clubs, sind eher geneigt, die Mitgliederzahl zu beschränken. Der *thiasos* der Agripinilla in Rom, der etwa 500 Personen umfaßt, dürfte eine Ausnahme sein. Wir haben kaum Hinweise darauf, daß Kultvereine der gleichen Gottheit an verschiedenen Orten an gegenseitigen Kontakten überhaupt interessiert waren. Als Lucius-Apuleius von Korinth nach Rom kommt, sucht er die Gemeinschaft der Isis-Verehrer, wie er es von Korinth her gewohnt war. Doch zu seiner Überraschung sieht er sich mit der Forderung nach einer neuen Weihe konfrontiert. Es gebe noch eine Weihe für Osiris, wird ihm bedeutet, von der er bisher nichts erfahren hatte; außerdem seien seine Sakralgewänder in Korinth zurückgeblieben.[80] Priesterschaften und *thiasoi* sind eingepaßt in die kleingegliederte, lokal gebundene Gesellschaft der Antike. Es ist ausgeschlossen, einen Briefaustausch im Stil des Apostels Paulus zwischen *thiasoi* sich auch nur vorzustellen. Im Vordergrund steht vielmehr die Geheimhaltung, auf die alle Mysterien stolz waren: Diejenigen, die ‹in› sind, halten die anderen auf Distanz. Nicht Ausbreitung des Glaubens ist das Ziel, sondern Bewahrung des zentralen Geheimnisses. Mysterien waren eben dadurch attraktiv, aber auch in ihrer Wirkungsmöglichkeit eingeschränkt. Eine ‹Kirche› konnte daraus nicht erwachsen.

Deutlicher noch wird dies, wenn man fragt, inwieweit Mysterien eine religiöse Identität vermittelten, in dem Sinn, in dem ein Christ weiß und bekennt: Ich bin ein Christ – und nicht etwa Jude oder Moslem. Nun wurden zwar die Mysten aufgefordert, die ‹Erinnerung› an ihre Weihe festzuhalten;[81] sie lernten ‹Zeichen› kennen und konnten sie auch, als materielle Gegenstände, nach Hause nehmen und verwahren, *symbola*, die, ohne Ungeweihten verständlich zu sein, die Gewißheit der Weihe festhielten.[82] Es ist kein Zufall, daß die Christen eben dieses Wort, *symbolon*, für ihr eigenes Glaubensbekenntnis aufgenommen haben – doch eben darin zeigt sich der gewaltige Abstand: Im Christentum werden Glaubenssätze formuliert, zu denen der Christ sich bekennt, während das *synthema* eines Mysterienkultes eine Abfolge von Handlungen nennt, die im Ritus einmal stattgefunden haben.[83] Sofern von einer Art religiöser Identität in beiden Fällen doch gesprochen werden kann, liegt sie bei den Mysterien in der einmaligen Erfahrung, im Christentum dagegen im Aufbau einer theologisch ausformulierten Glaubenswelt jenseits der Erfahrung. Gewiß, man hat postuliert, daß auch hinter einer rituellen Formel wie dem Eleusinischen *synthema* eine ‹Theologie› gestanden habe, die uns nicht überliefert ist. Doch die Wirkung des Rituals bedarf ihrer nicht. Reitzensteins These, «daß feste Bekenntnisse die Gemeinden zusammenhalten»,[84] bleibt unbelegt.

Einige Kulte verlangten eine bestimmte Lebensform; am bekanntesten ist das ‹Orphische Leben›, von dem schon Platon spricht.[85] Ein Graffito aus Olbia scheint die Existenz von Orphikern, *Orphikoi*, jetzt schon im 5.Jh. v.Chr. zu bezeugen.[86] Hier also finden wir etwas wie eine ‹Gemeinde›. Doch bleibt die Orphik ein Sonderfall; man darf den Befund nicht auf Mysterien überhaupt übertragen. Es ergibt sich vielmehr eine aus moderner Perspektive verwirrliche Tatsache: In der Regel existiert gar kein handlicher Terminus, die Anhänger eines Mysterienkultes als Gruppe zu bezeichnen. Wenn überhaupt davon die Rede ist, erscheinen umständliche Umschreibungen, etwa ‹diejenigen, die für Dionysos eingeweiht werden›.[87] Allerdings gibt es die Bezeichnung *bakchoi* für die Verehrer des Gottes wie für diesen selbst, doch handelt es sich bei diesen nicht um die *mystai* schlechthin, sondern um einen besonderen Status der vom Gott Ergriffenen. Der Partikularismus geht sogar noch weiter: Nicht eine möglichst umfassende Gesamtheit von Dionysos-Verehren stellt sich vor, sondern, beispielshalber, ‹diejenigen, die zu Dionysos Briseus sich halten›,[88] ein exklusiver Club. Am überraschendsten ist, daß kein Wort für eine ‹Mithras-Gemeinde› existiert. Die Modernen können ohne einen entsprechenden Terminus nicht auskommen, sie sprechen von den ‹Mithraisten›, *les mithriaques, the mithraists* oder *mithracists*[89] – nichts davon taucht in griechischen oder lateinischen Quellen auf. Gewiß, die Clubs, die in ihren ‹Höhlen› sich regelmäßig trafen, müssen ein markantes Zusammengehörigkeitsgefühl entwickelt haben; doch die Sprache bleibt umständlich und individualistisch: «Du, der du Mithras als einen Führer erlost hast...»[90] Tertullian berichtet, daß ein ‹Mithraist› – um unseren Terminus zu gebrauchen – vom Grad des *miles* an keinen Kranz tragen durfte, denn «Mithras ist sein Kranz».[91] Dies ist ritueller Ausdruck einer fortdauernden Identität, aber sie wird nicht in der sprachlichen Gestalt eines Glaubensbekenntnisses explizit gemacht; sie deutet sich nur im Verhalten an. Entsprechend vermutet man von einem Bekannten, der keine Eier ißt, er sei Anhänger des Orpheus; wer in Eleusis geweiht ist, ißt keine Seebarben. Dies sind ‹Erkennungszeichen› der archaischen Art, *symbola*.

Etwas anders steht es mit Isis. Hier tritt die Kollektivbezeichnung auf, *Isiakoi, Isiaci*.[92] Sie mag von den Außenstehenden geprägt sein, war doch die ‹Herde der leinentragenden Kahlköpfe› so auffällig in jedem Heiligtum der ägyptischen Götter. Doch ist daraus auch eine Selbstbezeichnung geworden. Der wahre *Isiakos*, schreibt Plutarch, ist nicht durch das Leinengewand und das geschorene Haupthaar bestimmt, sondern durch sein Bemühen um philosophische Durchdringung des im Brauch gegebenen Rituals. Dies ist ein seltenes Beispiel einer religiös-geistigen Selbstdefinition, die sich absetzt von einer nur rituell vermittelten Identität; nicht zufällig kommt sie von einem philosophierenden Schriftsteller, und sie hat denn auch ihr offenbares Vorbild in den Diskussionen um den ‹wahren› Philosophen, besonders den ‹wahren Kyniker›, wo man in ähnlicher Weise Gewand und innere Haltung kontrastieren läßt.[93] Der Terminus *Isiakoi* ist immerhin von Plutarch vorausgesetzt. Er erscheint auch in einem kürzlich publizierten Grabepigramm für einen Isispriester in Prusa: Die *Isiakoi* zeugen für seine vorbildliche Amtsführung, mit der er sich die Seligkeit im Jenseits verdient hat.[94] In sehr viel weltlicherem Kontext erscheint der Terminus in Pompeii, inmitten von Wahlparolen: ‹die Gesamtheit der Isisanhänger schlägt Cn. Helvius Sabinus als Ädil vor›, *Cn. Helvium Sabinum aedilem Isiaci universi rogant*.[95] Hier läßt sich eine religiös verbundene Gruppe auf Politik ein oder läßt sich zumindest von einem Politiker gebrauchen; zielbewußt stellt sich die ‹Gesamtheit› vor, *Isiaci universi* – man hat die vielgestaltige ‹Herde› vor Augen, die Priester, die Collegien, *cultores, sacri*, vielleicht auch *mystae*, schwarze Gewänder, weiße Gewänder, ‹alle› vereint zu gemeinsamer Aktion. Freilich, es handelt sich um eine politische Ad-hoc-Konstruktion, nicht um eine religiöse ‹Bewegung›. Moderne schätzten, es könnte damit doch etwa ein Zehntel der Bevölkerung von Pompeii angesprochen sein.

Was sich aus den Grabmonumenten entnehmen läßt, ist noch kurz zu kommentieren.[96] Es gibt Verweise auf Eleusis, Dionysos, Meter, Isis in Grabinschriften wie in der zugehörigen Ikonographie; sie sind, abgesehen von der ausufernden dionysischen Symbolik, nicht allzu häufig. Fast immer geht es um Priester und ihre Tätigkeit im Leben, um Hierophanten und ihresgleichen, kaum je einfach um ‹Mysten›. So stehen denn auch die Ehrentitel im Vordergrund, die Zeichen der Priesterwürde; es geht um die Art der ‹Ehre›, *time*, die Verwandte und Freunde den Verstorbenen schuldig sind. Die Auszeichnung des Individuums hat Vorrang gegenüber der Aufnahme in eine ‹Gemeinde› von ‹Gläubigen›, die einer besonderen Jenseitserwartung entgegensehen.

Gegenüber den in festen Gemeinden organisierten, theologisch abgesicherten Religionen wie Judentum und Christentum mag man bei den antiken Mysterien in erster Linie ein Defizit diagnostizieren. Sein Komplement sind Aspekte, die auf uns durchaus positiv wirken. Dadurch, daß die Gruppenidentität so locker bleibt, gibt es auch keine scharfen Abgrenzungen gegen andere, konkurrierende Gruppen; man kennt nicht die Begriffe der ‹Häresie›, des ‹Abfalls›, der ‹Exkommunikation›. Die heidnischen Götter, auch die Mysteriengötter, sind nicht eifersüchtig; sie bilden sozusagen eine offene Gesellschaft. Mithras bleibt ein fremder Gott, doch steht er in unproblematischer Verbindung mit so bekannten Göttern wie Helios, Kronos, ja Zeus. Die Befunde in Mithrasheiligtümern reden eine deutliche Sprache, die allerdings der auf systematische Abgrenzungen ausgerichteten Wissenschaft gelegentlich verwirrend erschien. Man kann in Heiligtümern von Isis und Sarapis so gut wie bei Meter oder Mithras auch Statuen anderer Götter aufstellen, weihen und ihnen gegenüber Gelübde tun.[97] So sind aus Mithräen ganze Serien von Götterstatuen zutage gekommen, und Cumont war kaum auf dem rechten Weg, wenn er sie stets vom Avesta aus zu deuten versuchte.[98] Wer sich als Myste mit einem besonderen Gott verbunden hat, wird durch nichts daran gehindert, sich anderen Göttern in ähnlicher Weise anzuschließen. Apuleius läßt einen Isispriester mit Namen Mithras auftreten.[99] Ein Mann, der sich dem Taurobolium unterzogen hat, weiht eine Statue für Dionysos, ein Mithras-*pater* macht Dedikationen für die syrischen Götter, sogar ein *pater patrum* errichtet einen Altar für Meter und Attis. Apollon verschmäht es nicht, Weisungen für die rechte Verehrung von Sarapis und Mithras zu geben, und Osiris schreibt Opfer für Zeus Pankrates und die Große Mutter vor.[100] Besonders alt sind die bekannten Wechselbeziehungen zwischen Isis – Osiris und Demeter – Dionysos. So ist es kaum überraschend, wenn ein Isispriester in Athen zugleich *Iakchagogos* der Eleusinischen Mysterien ist; die Tochter eines Sarapispriesters in Delos wird ‹Korbträgerin› des Dionysos, und eine Isispriesterin richtet ein Dionysosfest aus.[101] Nicht ungewöhnlich ist auch, daß eine Person mehrere verschiedene Priestertümer übernimmt; Verbindungen von ägyptischen

Göttern und Meterkult kommen besonders oft vor. Am Ende steht die Anhäufung von Priestertümern und Mysterienweihen im Kreis des Praetextatus, im Kontext der ‹heidnischen Reaktion› zwischen 360 und 390 n.Chr.[102] Die theoretische Rechtfertigung für all dies war nicht nur in der Überzeugung gegeben, daß die Götter frei von Neid sind – «denn der Neid bleibt außerhalb des göttlichen Chors», wie ein berühmter Satz Platons festhält[103] –, sondern auch in der Vermutung, die wichtigsten Götter müßten doch letztlich identisch sein. Dies hieß nicht, daß die vielen Einzelgötter mit ihren Namen und Beinamen unwichtig seien, sondern daß es Stufungen der Authentizität und Wirksamkeit gebe, wobei man gerade von den Mysterien Fortschritt im orientierenden ‹Wissen› erwartete. Isis rühmte sich, ‹unendlich viele Namen› in der ganzen Welt zu haben, sie ist *myrionymos*. Im Oxyrhynchos-Papyrus 1380 liegt ein Dokument vor, das eine fast endlose Liste solcher Gleichsetzungen enthält.[104]. Wer sich aber an ‹Isis› wendet und die speziellen ägyptischen Formen ihrer Verehrung kennt, hat den direktesten Zugang zur rettenden Gottheit.[105]

Ein anderes ägyptisches Dokument, in zwei Exemplaren erhalten, ist von Reinhold Merkelbach ‹Eid der Isismysten› benannt worden;[106] es handelt sich um eine Schwurformel, die absolute Geheimhaltung «der Mysterien, die ich empfangen werde» garantiert; angerufen wird der Schöpfergott, der «die Erde vom Himmel, die Dunkelheit vom Licht getrennt» hat, und schließlich kommt der Zusatz: «Ich schwöre auch bei den Göttern, die ich verehre.» Dies hat den Interpreten einige Verlegenheit bereitet; sie schlugen, ohne rechten Anhalt zu finden, ägyptische Götter vor, Harpokrates, Anubis, Thoth, die hier gemeint sein könnten. Doch hat eben diese Formel im Schwur ihre alte, auch außerägyptische Tradition: Beide Partner sind gehalten, im Schwur ‹den größten ortsüblichen Eid› zu leisten, weil nur diese, die eigene Form eine wirklich bindende Kraft hat. Darum also der Schwur ‹bei den Göttern, die ich verehre›: Gerade auch der Mysterieneid baut auf dem Fundament der bestehenden religiösen Bindung auf – und steht damit in deutlichstem Kontrast zu einer radikalen ‹Bekehrung› mit dem Gebot ‹zu verbrennen, was du angebetet hast›. Die Persönlichkeit wird in Mysterieninitiationen dieser Art nicht aus den Angeln gehoben und zunichte gemacht, damit radikal Neues Platz greifen kann; vielmehr wird die bestehende Ausrichtung der Frömmigkeit verstärkt, vielleicht vertieft durch intimere Nähe zu Göttern, die vertraut und neu zugleich sein mögen.

Nur einmal erscheint Mithras in anderem Licht. Eunapios berichtet, Nestorios, Eleusinischer Hierophant etwa 355–380 n.Chr., habe geweissagt, sein Nachfolger werde «nicht berechtigt sein, den Hierophantenthron zu berühren, da er anderen Göttern geheiligt sei und unaussprechliche Eide geschworen habe, in keinem anderen Kult die Leitung zu übernehmen; trotzdem werde er dies tun, obwohl er nicht einmal ein Athener sein werde»; und siehe da, sein Nachfolger – der letzte Eleusinische Hierophant – war ein Mithras*pater*.[107] Hier ist also eine Unvereinbarkeit der Mithras-Mysterien mit den Eleusinischen Mysterien behauptet, zumindest was den höchsten Grad betrifft. Nun gibt es allerdings Inkompatibilitäten von Priestertümern auch schon in den alten Kulten: Gewisse Priester dürfen einander nicht begegnen, nicht miteinander sprechen; eigentümlich ist vor allem eine Inschrift des 4.Jh. v.Chr. aus Sardes, die den Verehrern des ‹Zeus› verbietet, an den ‹Mysterien des Sabazios und der Ma› teilzunehmen.[108] Merkwürdig bleibt an der Erzählung über Nestorios, daß hier auf einen angeblichen Exklusivitätseid der Mithrasmysterien Bezug genommen wird, von dem der Mithras-*pater* selbst nichts zu wissen scheint. Man könnte spekulieren, daß die Weissagung des Nestorios eigentlich anders gemeint war und vielmehr die Machtübernahme der Christen auch in Eleusis voraussah, die sich dann doch um eine Generation verzögerte. Auf jeden Fall liegt die Konstatierung einer fehlenden ‹Berechtigung› – *ou themis* – auf der Ebene eher archaischer ‹Vorsicht› im Kult und hat nichts – sollte man sagen: noch nichts? – zu tun mit der Bekämpfung von ‹Götzen›; selbst in der Abgrenzung liegt Anerkennung.

Um zusammenzufassen: Keiner der antiken Mysterienkulte war dazu angetan, ‹Gemeinden› im Sinn des Judentums und des Christentums ins Leben zu rufen. Auch Richard Reitzenstein hat eingeräumt, daß der Begriff der ‹Kirche›, *ekklesia*, in der paganen Religion kein Äquivalent hat; er ist aus der Septuaginta ins Christentum gekommen.[109] Es ist in der Tat eigentümlich, daß der Begriff der ‹Volksversammlung›, der eigentlich dem antiken Polis-System entstammt, zur Bezeichnung eben der Organisation geworden ist, die das Polis-System aus den Angeln zu heben bestimmt war. *Ekklesia* im neuen Sinn bedeutet ein ganz neues Niveau der Engagiertheit, der Organisation des ganzen Lebens weit über das hinaus, was mit einem privaten Club oder einer lokal begrenzten Priesterschaft gegeben ist. Was wir eine neue, alternative Gesellschaftsform nennen, ist im antiken System eine neue Form des ‹Bürger-Seins›, der *politeia*: Philon verwendet eben dieses Wort, um die jüdische Lebensform zu bezeichnen, und Christen sind ihm darin gefolgt.[110] Die Juden hatten sich der Integration in die übliche hellenistische Lebensform – zu der der polytheistische Kult gehörte – verweigert, und mit den Christen entstand nun auch außerhalb der Grenzen von Jahwes einem ‹Volk› ein neuer, alternativer Gesellschaftstyp, ein neues ‹Volk›,[111] das mit der ideologischen Geschlossenheit die Chance zu wirtschaftlicher Autarkie und biologischer Selbstreproduktion verbindet. Man findet in den christlichen Gemeinden von Anfang an Sorge für die Armen und wirtschaftliche Zusammenarbeit weit über Club-Freundschaften hinaus und zugleich den Einbezug der Familie als der Grundeinheit der religiösen Praxis. Kinder ‹in der Furcht des Herrn zu erziehen› wird dabei zur obersten Pflicht der Eltern; so mahnen schon die Apostolischen Väter.[112] Und da die strikte Sexualmoral die herkömmlichen Formen der Geburtenkontrolle – Kindsaussetzung, aber auch Prostitution und Homosexualität – außer Kraft setzt, während Auftrag und Verheißung, ‹die Erde zu füllen›, fortbesteht, wurde die *ekklesia* – oder zumindest, bezeichnenderweise, ihre ‹orthodoxe› Richtung – zu einer sich selbst reproduzierenden und damit wachsenden Gruppe, der nicht mehr Einhalt zu bieten war.

Kein Kult im weiten Spektrum des Polytheismus hat je ein solches System hervorgebracht, wie es allein im Judentum entstanden war,[113] am wenigsten die Mysterien mit ihrer Exklusivität, ihrem Individualismus, ihrer Abhängigkeit von reichen Gönnern. Man hat mit großem Interesse verfolgt, daß Mysterienweihen von Kindern bezeugt sind: In bakchischen Mysterien kommen sie nicht selten vor, und in Eleusis wurde jeweils ein ‹Kind vom Herd› geweiht.[114] Doch dies war eine spezielle Auszeichnung oder auch der Eifer der ums Wohl ihres Kindes besonders besorgten Eltern; es war keine religiöse oder auch nur moralische Pflicht. Der bloße Gedanke an eine Bakchische, Meter-hafte, Isis-hafte Kindererziehung scheint ans Lächerliche zu streifen. Mithras ließ keine Frauen zu: Er steht für den Männerbund in seiner Opposition zum Familienleben. Daß dieses ganz im Zeichen einer spezifisch religiösen Ausrichtung stehen sollte, wurde nicht einmal gedacht. So konnte es auch nicht dazu kommen, daß jedes Kind sich unentrinnbar in einem religiösen System gefangen findet, so daß ein Versuch zum Ausbruch als ‹Abfall› und damit schlimmer als der Tod erscheint.[115]

Daß Mystengruppen sich in Richtung auf ein ‹neues Volk› entwickeln könnten, erscheint nur einmal als Möglichkeit am Horizont: Beim Bacchanalien-Skandal, 186 v.Chr., war dies die Anklage, daß eine ‹Verschwörung› riesigen Ausmaßes die *res publica* zu stürzen im Begriff sei; ‹ein anderes Volk› sei im Entstehen, *alterum iam populum esse*.[116] Was hier als unerhört und darum so erschreckend erscheint, daß ‹ein anderes Volk› den *populus Romanus Quiritium* zu ersetzen droht, scheint in merkwürdiger Weise die Ankündigung eines neuen ‹Bürgertums› – *politeia, civitas* – durch die Christen vorwegzunehmen. Vielleicht macht dies verständlich, warum die Repression so radikal war und so brutal durchgesetzt wurde, mit etwa 6000 Hinrichtungen; es gibt sonst kaum Vergleichbares vor den Christenverfolgungen. Man könnte allenfalls noch die Bewegung des Eunus in Sizilien anführen: Er trat auf als der inspirierte Prophet der Syrischen Göttin, tat Wunder und wurde so zum charismatischen Anführer des großen Sklavenaufstands, der Sizilien 136–132 v.Chr. in Atem hielt.[117] Auch hier kannte die Unterdrückung keine Hemmung; freilich ging es ums Fundament der Sklavenhalter-Gesellschaft, das Religiöse erscheint mehr als kuriose Verbrämung. Viel später feiern die Christen ihren weltweiten Triumph; Augustin rühmt, daß die Christen in der ganzen

Oikumene die Feuer der Liebe entfacht haben, *incendia concitarunt*.[118] Im alten heidnischen System hatten es die Charismatiker wohlweislich vermieden, Brände, und wären es Brände der Liebe, zu entfachen: ‹Bewegung› war zu verhindern, das Ziel war Stabilität.

Der fundamentale Unterschied zwischen antiken Mysterien und den Gemeinden, Sekten, Kirchen des jüdisch-christlichen Typs wird durch das Urteil der Geschichte in unwiderruflicher Weise bestätigt: Jüdische, christliche, dann auch islamische Sekten haben eine immer wieder erstaunliche Fähigkeit zu überleben bewiesen, unter widrigsten Umständen, unterdrückt, in feindseliger Umgebung, über Jahrhunderte, ja Jahrtausende hinweg. So gibt es Samaritaner seit ihrer Trennung von der jüdischen Orthodoxie vor etwa 2400 Jahren, die Mandäer sind wohl so alt wie das Christentum, die Albigenser-Bewegung ist in Europa selbst von der Inquisition nicht ganz ausgerottet worden; die nachreformatorischen Sekten sind kaum übersehbar in ihrer Fülle. Auch die isolierten Kirchen in Äthiopien, Armenien, Georgien haben anderthalb Jahrtausende mit eigener Tradition überstanden. Ganz anders die antiken Mysterien, ob es sich nun um die Götter von Eleusis, um Dionysos, Meter, Isis oder Mithras, den ‹unbesiegten Gott›, handelte: Mit den kaiserlichen Dekreten von 391/2, die alle heidnischen Kulte untersagten, und mit der Zerstörung ihrer Heiligtümer sind diese Mysterien allesamt rasch und schlicht verschwunden. Die gelegentlich erhobenen Ansprüche von Freimaurern oder auch von neueren Hexengruppen, die geheime Tradition der alten Mysterien fortzuführen, sind kaum ernst zu nehmen.[119] Die Mysterien konnten nicht ‹in den Untergrund gehen›, weil ihnen die verpflichtende und dauerhafte Organisation einer ‹Sekte›, geschweige einer eigentlichen ‹Religion› durchaus fehlte. Sie waren innig verquickt mit dem Gesellschaftssystem der Antike, das schließlich unterging. Es blieben ein wenig Erinnerung, viel Polemik und die Neugier nach dem ‹Geheimnis›, das sich nicht wieder erwecken läßt.

III. Die Theologia der Mysterien: Mythos, Allegorie und Platonismus

Von ‹Mysterientheologie› ist seit Reitzenstein viel die Rede gewesen. Jenen Bibliotheken theologischer Literatur allerdings, die Judentum und Christentum seit der Antike begleiten, scheint bei den antiken Mysterien das schiere Nichts gegenüberzustehen. Cumont schrieb, beim großen Schiffbruch der antiken Literatur sei der Verlust der liturgischen Bücher des Heidentums besonders zu bedauern.[1] Doch auch nur im Umriß zu bestimmen, was je vorhanden war, ist alles andere als einfach.

Man hat wiederholt versucht, das Fehlen eigentlicher Mysterientexte durch die Erschließung von indirekten Quellen zu kompensieren, von denen man annahm, sie seien mehr oder weniger direkter Ausfluß der antiken Kulte und ihrer Priesterlehre; auch ‹Mysterienliturgien› suchte man so zurückzugewinnen. Drei Arten von Texten sind herangezogen worden: die gnostisch-hermetische Literatur, die Zauberpapyri und die griechischen Romane. Dies sind nun freilich ganz verschiedene Textsorten, spekulative Offenbarungsliteratur, magische Vorschriften und scheinbar naive Erzählkunst. Die Probleme, die sich stellen, sind denn auch durchaus verschieden; daß keine der Rekonstruktionen der Kritik auf Dauer standhalten kann, läßt sich vorwegnehmend konstatieren.

Die Interpretation von Romanen als Mysterientexte wurde zuerst von Karl Kerényi unternommen und von Reinhold Merkelbach in origineller und scharfsinniger Weise weitergeführt.[2] Den Ausgangspunkt bietet der Eselsroman, der in der Version des Apuleius mit der Einweihung des Helden in die Mysterien der Isis und des Osiris endet; indem man von hier aus Ablauf und Sinn des ganzen Romans überdenkt, läßt sich eine Folge von Themen und Motiven finden, die dann auch in anderen Romanen aufzuspüren ist. Doch war die Kritik kaum bereit, auf diesen Wegen zu folgen. Daß eine Initiationsstruktur den meisten antiken Romanhandlungen zugrunde liegt, sollte man zugeben.[3] Doch gilt dies auch von vielen der geläufigen Mythen und Märchen, von ihren modernen Verwandlungen in Buch und Film zu schweigen. Die antiken Romane schwelgen nicht selten im Ausmalen religiöser Rituale und bieten uns damit einige der lebendigsten Illustrationen von antiker Religion überhaupt; aber es ist schwer zu entscheiden, was bloß literarischer Wirkung dient oder aber einer religiösen Absicht entspringt, was als isoliertes Motiv oder aber als Symbol einer durchgehenden Tiefenstruktur gelten soll. Derjenige Roman, der anerkanntermaßen eine religiöse Dimension in Anspruch

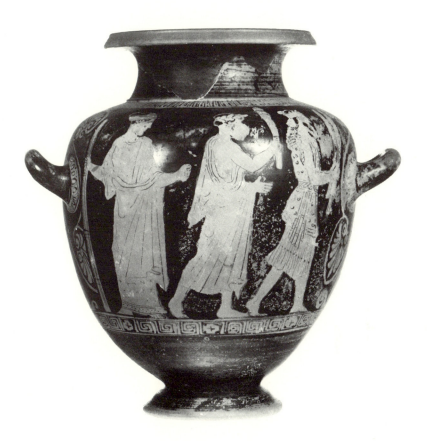

1. ‹Daduchos-Vase›, Eleusis: Ein Priester in reichem Gewand, mit zwei Fackeln (*Daduchos* oder Hierophant) führt einen Mysten, mit Zweigbündel, zur Weihe; weibliche Figur als Personifikation von Eleusis (?).

2. Eleusinische Weihe, Voropfer: Herakles, im Löwenfell, bringt ein Ferkel zu einem niedrigen Altar; ein Priester, in der Linken eine Schale mit Früchten, gießt eine Libation über Opfer und Altar. Vgl. S. 79 f.

3. Eleusinische Weihe, Reinigung: Der verhüllte Initiand sitzt auf einem Schemel, den ein Tierfell bedeckt; unter seinem Fuß ein Widderhorn; eine Priesterin hält über ihn ein verhülltes *Liknon*. Vgl. S. 79 f.

4. Eleusinische Weihe, ‹Schau›: Demeter, Kornähren im Haar, sitzt auf einer *kiste*; sie hält eine Fackel; eine Schlange ringelt sich um die *kiste*, ein Initiand, von rechts herantretend, berührt den Schlangenkopf. Hinter Demeter kommt Kore, mit Fackel. Vgl. S. 79 f.

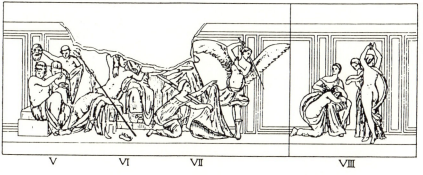

5. Freskofries der *Villa dei Misteri*, Übersicht. I: Eine Frau tritt heran, ein Knabe liest aus einer Buchrolle; sitzende Matrone; Dienerin mit Tablett. II: Sitzende Frau wäscht ihre Hand und deckt ein Tablett auf. III: Silen; Satyr und Satyrfrau, ein Reh säugend. IV: Fliehende Frau, zurückblickend (Markierung der Epiphanie). V: Trinkender Satyrknabe und Maske (mantische Szene?). VI: Dionysos und Ariadne. VII: Knieende Frau enthüllt Phallos im *Liknon*. Geflügelte Dämonin, eine Rute schwingend, abwehrende Geste mit der Linken; VIII: Knieende Frau mit entblößtem Rücken; tanzende Mänade mit *kymbala*; IX: Schmückung einer Frau; zwei Eroten; X: Sitzende Matrone. Vgl. S. 80f.; 88.

6. Bakchische Weihe: Heiligtum mit Säulen und Baum; silenartiger Prieser enthüllt Phallos im *Liknon*; ein Knabe, mit Thyrsosstab, den Kopf verhüllt, wird von einer Frau herangeführt; *cista mystica*; Begleiterin mit Tambourin. Vgl. S. 80.

7. Bakchische Weihe: Kniende Frau enthüllt Phallos im *Liknon*; weibliche (allegorische?) Gestalt flieht mit abwehrender Geste; sitzende Matrone. Vgl. S. 80.

8. Isis-Fest: Im Vordergrund opfernder Priester; zwei Chöre singen unter Leitung eines Ägypters; rechts Flötenspieler; im Hintergrund Tempeltor, von Sphingen und Palmen flankiert; heraus tritt ein Priester mit dem Wassergefäß (‹Osiris›) zwischen einem schwarzen Priester (‹Anubis›) und einer Priesterin mit Sistrum (‹Isis›).

9. Meter und Attis: Die Göttermutter auf dem Thron, mit Tympanon, ihr zu
Füßen ein Löwe; im Vordergrund ein tragbarer Altar mit Feuer, Fackel, phrygische Mütze, Krug und Teller; Lamm und Widder; im Zentrum Fichte mit
Hirtenstab, Flöte, *kymbala*; zwei Korybanten mit Helm und Schild; einer
faßt nach Attis, mit phrygischer Mütze und Syrinx, der auf einem Felsen zu-
sammenbricht; hinter Meter eine Göttin mit Nimbus, *kymbala* schlagend
(Hekate/Selene?).

10. Meter-Prozession: Vier Männer in phrygischer Tracht tragen eine Sänfte, auf der zwischen Statuetten phrygischer Wächter der Thron der Göttermutter steht; auf ihm die *kiste* mit spitzem Deckel.

11. Mithras-Relief von Neuenheim. Hauptszene: Mithras tötet den Stier, der Schwanz verwandelt sich in Ähren; auf Mithras' Mantel der Rabe (zerstört); rechts und links unten Kautes und Kautopates, oben die Büsten von Sonnengott und Mondgöttin; am Boden Schlange, Skorpion, Wein-Krater, Löwe. Rahmen, von links unten an: Perser (?) trägt Weltkugel (?); Kronos schlafend; Kronos übergibt das Szepter an Zeus; Geburt des Mithras aus dem Felsen; Büste eines Windgottes; Mithras mit dem Feuerbohrer; Mithras schießt auf den Felsen, um Regen hervorzubringen; Mithras besteigt den Wagen des Sonnengottes; Mondgöttin im Untergang; Mithras schießt auf den Felsen; Baumgeburt (?); Büste eines Windgottes; der Stier, grasend; Mithras trägt den Stier; Mithras reitet den Stier; Mithras schleppt den Stier in die Höhle. Vgl. S. 62.

12. Mithras-Weihe: Nackter Initiand, knieend, die Augen verbunden, die Arme hinter dem Rücken; hinter ihm Mystagoge (weiße Tunica, rot verziert); von vorn eine Gestalt mit persischer Mütze (rotes Gewand; *pater*?), mit Speer oder Stab. Vgl. S. 87.

nimmt, Heliodors *Aithiopika*, ist einer der spätesten in der Entwicklung des Genos, und es geht in ihm nicht um eigentliche Mysterien, sondern um den Helios-Kult. Die Romane bleiben wichtig wegen der anschaulichen Einzelheiten, die sie bringen, doch liefern sie nicht von sich aus den Schlüssel, der die antiken Mysterien erschließt.

Das Studium der gnostischen und hermetischen Literatur ist mit der Publikation der Nag-Hammadi-Bibliothek auf eine neue Grundlage gestellt worden.[4] Die eigentliche Erschließungsarbeit hat erst begonnen, und es ist noch nicht ganz abzusehen, welches Bild schließlich gewonnen werden wird. Doch ist es kaum zu riskant auszusprechen, daß die These vom heidnischen, vorchristlichen Ursprung der Gnosis schwieriger geworden ist, eben die These also, die Reitzenstein und die ihm folgende ‹religionswissenschaftliche Schule› fasziniert hatte. Was an ‹vorchristlicher Gnosis› übrigbleibt, dürfte auf jeden Fall nicht außerhalb des hellenistischen Judentums stehen. Der erste Traktat des *Corpus Hermeticum*, der *Poimandres*, hat einen christlich-gnostischen Hintergrund, den Reitzenstein übersah, repräsentiert also keineswegs hellenistisch-heidnische Mysterien, wie man gemeint hat.[5] Was immer an Floskeln oder möglichen Fragmenten alter Mysterienlehre in solchen Texten sichtbar wird, ist also durch den Filter eines radikal anderen Religionssystems gegangen. Die Worte *mysteria* und *mystikos* allerdings wuchern in den gnostischen und hermetischen Texten, wobei ihr Bedeutungsgehalt entsprechend verdünnt wird. Vieles davon ist rein literarische Metapher, wie sie von Platon bis Philon sich etabliert hatte;[6] daneben scheint gelegentlich, etwa in dem ‹Mysterium des Brautgemachs›, Sexuelles in einer Direktheit angesprochen, die man sonst allenfalls in den römischen Bacchanalia finden kann.[7] Was Praxis von ‹Gemeinden›, was bloße Phantasie von ‹Lesemysterien› war, bleibt allerdings vorerst noch zu klären. Hier muß genügen, auf den sehr begrenzten Beitrag dieser Literatur zum Thema Mysterienkulte hinzuweisen.

Die Aufgabe, die Zauberpapyri religionsgeschichtlich auszuwerten, wurde zuerst von Albrecht Dieterich in seinen Büchern *Abraxas* und *Eine Mithrasliturgie* mit bemerkenswertem Erfolg und großer Resonanz in Angriff genommen.[8] Die These allerdings, die im Titel ‹Mithrasliturgie› enthalten ist, daß nämlich die phantastische Himmelsreise des Magiers, die dieser Text beschreibt, in den Mithrasmysterien rituell vollzogen wurde, fand sogleich Widerspruch und ist nicht aufrechtzuhalten. Es geht darum, Orakel aus göttlichem Mund für private Zwecke zu gewinnen, nicht um den Kult einer wie immer gearteten Gemeinschaft; der Hintergrund ist eher synkretistisch zu nennen als spezifisch iranisch. Es bleiben viele Deutungsprobleme im einzelnen, es bleibt die Faszination dieses und ähnlicher Texte. Magie und Mysterien haben lange Zeit nebeneinander bestanden, mit vielen Kontakten und gegenseitigen Beeinflussungen, besonders im Bereich der ‹Handwerker des Heiligen›. Selbst die Einkehr der Demeter in Eleusis hat eine kuriose Parallele in einem ägyptischen Zaubertext,[9] und einer der letzten Eleusinischen Hierophanten war ein anerkannter Meister der Theurgie.[10] Doch in den Zauberbüchern, die der ägyptische Sand bewahrt hat, gibt es wenig, was auf Eleusis oder Samothrake, auf Dionysos oder Meter verweist. Weit prominenter ist der Delphische Apollon, sucht man doch den Orakelgott auch auf privaten Wegen zu erreichen, im Vordergrund aber steht vor allem Ägyptisches und Jüdisch-Christliches; mesopotamisch-syrische Elemente scheinen gelegentlich durch. Die schwierige Frage nach dem Verhältnis von Magie und Religion läßt sich hier nicht ausdiskutieren. Ein wesentlicher Unterschied von Mysterienritual und magischem Ritual kann darin gesehen werden, daß der Myste in der Regel in eine Gruppe von Mitfeiernden integriert wird, einen ‹seligen Chor›, während der Magier allein bleibt mit seinen Allmachtträumen, allenfalls eingebunden in eine Traditionskette geheimer Meister; dabei liegt der banale Zweck seiner Tätigkeit gerade in den antiken Zaubertexten klar zutage: Es geht um Vorauswissen der Zukunft und vor allem um Reichtum und sexuellen Genuß. Heilungsmagie tritt merkwürdigerweise in den Hintergrund; sie ist offenbar durch die Verbindung von Asklepioskult und wissenschaftlicher Medizin zurückgedrängt worden. Jedenfalls ist die Überschneidung von Magie und Mysterien nicht so weitgehend, daß man hoffen könnte aus Zauberbüchern Mysterientexte zurückzugewinnen.

Zu fragen ist, ob die Suche nach Mysterientexten nicht aus tieferen Gründen zum Scheitern verurteilt ist. Eine ‹Nag-Hammadi-Bibliothek› der Mysterien wird wohl darum nie gefunden werden, weil es dergleichen nicht gegeben hat. Hat der ‹Schiffbruch›, von dem Cumont schrieb, überhaupt stattgefunden? Die Mysterien waren ‹unsagbar›, *arrheta*: Heißt dies, daß man nicht nur künstliche Geheimhaltung erzwang, um die Neugier um so mehr zu reizen, sondern daß das Entscheidende, Zentrale sprachlich nicht faßbar und ausdrückbar war? Proklos spricht von der ‹unsagbaren Sympathie› der Seele mit dem Ritual;[11] weit älter ist der vielzitierte Satz des Aristoteles, wonach ‹diejenigen, die in Mysterien eingeweiht werden› *(teloumenoi)* nicht mehr ‹lernen› *(mathein)*, sondern ‹erfahren› oder ‹erleiden› sollten *(pathein)*.[12] Doch ist dieser Satz nicht absolut und aus dem Zusammenhang gerissen zu verstehen. Synesios zitiert ihn bei seinem Unternehmen, zu unterscheiden zwischen der primitiven Mystik der ägyptischen Mönche und philosophischer Schau. Jene gelangen sozusagen mit einem Sprung zum Höchsten und finden sich ebenso jäh zurückversetzt in ihr jämmerliches Dasein, während die Philosophie Stufe für Stufe nach oben führt und aufbaut, was Bestand hat. Erst auf der letzten Stufe gelangt das Lernen allerdings an sein Ende, und reine ‹Schau› setzt ein, analog der *epopteia*, die die Mysterien der Mysten bieten, «natürlich nachdem sie die Eignung gewonnen haben», wie Synesios ausdrücklich dazusetzt. ‹Lernen› ist damit auch für Mysterien nicht negiert, sondern vorausgesetzt.

Vom ‹Lernen›, von der ‹Übergabe› *(paradosis)* eines ‹Wissens› im Zusammenhang der Mysterienweihe sprechen viele Zeugnisse, auch von einem ‹vollkommenen Wissen›, das zu gewinnen sei.[13] Die Sprache, *logos*, hatte eine wichtige Rolle zu spielen; das Verbot, ‹die Mysterien auszuplaudern›, wurde darum so ernst genommen, weil die Möglichkeit dazu durchaus bestand. Zu den Mysterien gehörte in der Regel eine ‹heilige Erzählung›, *hieros logos*,[14] und dieser konnte in Buchform vorliegen. Die Mysten sollten eben mehr über die Götter erfahren, als gewöhnlichen Menschen zugänglich war. Für den Stoiker Chrysipp ist der ‹logos über die Götter› das Wesen von *teletai*, weshalb er *telete* als ‹Vollkommenheit› etymologisiert.[15] Variationen eines solchen *logos* findet man bereits bei Parmenides und Empedokles,[16] erst recht in der Diotima-Rede in Platons *Symposion*.[17]

Zum *logos* tritt das Buch: Der Gebrauch von Büchern in Mysterien ist früh schon bezeugt. Aischines hatte als Knabe «die Bücher vorzulesen für seine Mutter, während sie die Weihen durchführte»; eine entsprechende Szene erscheint im Fries der *Villa dei Misteri*.[18] Das Dekret des Ptolemaios Philopator verlangt von den Mysterienpriestern des Dionysos, sie sollten ‹ihren *hieros logos*› in einem versiegelten Exemplar in Alexandreia deponieren – daß jeder Priester über ein solches Buch verfügt, erscheint als selbstverständlich.[19] Als nach der Befreiung Messeniens, nach 371 v.Chr., die Mysterien von Andania wieder eingerichtet wurden, fand man am Ithome-Berg providentiellerweise in der Erde eine Zinnrolle mit dem Text der *telete*; das Dokument wurde danach sorgfältig im Heiligtum verwahrt.[20] Für die *telete* von Lerna gab es einen Text, der auf ein Messingherz geschrieben war und angeblich vom Stifter der Mysterien Philammon selbst stammte;[21] bei der *telete* der Demeter Eleusinia von Pheneos in Arkadien wurde ein Text aus einem Felsbehältnis entnommen und den Mysten vorgelesen.[22] Im Isiskult hat man ägyptische Bücher vorgewiesen.[23] Was Mithras betrifft, zeigen freilich nur die Fresken von Dura-Europos Magier mit Buchrollen in der Hand;[24] nichts spricht dafür, daß Bücher dieser Art nach Pannonien oder Germanien drangen. Die Tatsache, daß metrische Epigramme in Mithräen, einschließlich Santa Prisca in Rom, von höchst bescheidener künstlerischer Qualität sind, weist eher auf eine gewisse Distanz der Mithrasmysten gegenüber der literarischen Elite hin. Wir erfahren nichts über Bücher im Meter-Kult, aber auch nicht in Eleusis: Dort gab es Archive,[25] die Kenntnis der Rituale jedoch beruhte auf Familientradition; eine theologische Bücherei war nicht vonnöten.

Das eigentümlichste Fragment eines hellenistischen Mysterienbuchs liegt vor im sogenannten ‹Gurob-Papyrus› in Dublin. Es könnte geradezu aus der Sammlung des Ptolemaios Philopator stammen. Der fragmentarische Text bringt im Wechsel Götteranrufungen, Gebete, rituelle Anweisungen, kurze Formeln. Der Bezug auf ‹orphischen› Dionysoskult ist evident durch Namen wie Erikepaios und die Aufzählung der Spielsachen des Dionysoskindes.[26] Parallelen sind leichter in der mesopotamischen als in der griechischen Literatur zu finden. Einigermaßen vergleichbar scheint jener Text, den Merkelbach den ‹Eid der Isismysten› genannt hat; doch ist er nach der eigentlichen Eidesformel besonders stark zerstört, die Spuren bleiben rätselhaft.[27] Im übrigen sind wir darauf angewiesen, aus indirekten Testimonien ein Bild von *hieroi logoi* und ihresgleichen zu gewinnen. Livius berichtet von einem römischen Praetor, der während des Hannibal-Krieges des wuchernden Aberglaubens Herr zu werden versuchte, indem er alle einschlägigen Bücher konfiszieren ließ; es handelte sich um Orakelbücher *(libri vaticinii)*, Gebete *(precationes)* und Opfervorschriften *(ars sacrificandi conscripta)*;[28] ‹Theologie› in unserem Sinn taucht nicht auf. Man könnte geneigt sein, *hieros logos* als eine vierte Kategorie hinzuzufügen. An der bekannten Platon-Stelle indessen, die das Treiben der Orakel- und Mysterienpriester karikiert und verurteilt, heißt es, diese kämen ‹mit einem Stoß von Büchern des Musaios und Orpheus› daher, «nach denen sie ihr Opferwesen treiben»;[29] demnach könnte ein *hieros logos* im Stil des Orpheus mit einer *ars sacrificandi* geradezu identisch sein; der Gurob-Papyrus weist in die gleiche Richtung.

Dies jedenfalls ist klar, es gab *logoi* und Bücher mannigfacher Art in den ‹unsagbaren› Mysterien. Dies heißt jedoch noch lange nicht, daß auch nur von ferne an heilige Schriften in der Art von Thorah, Bibel oder Koran zu denken wäre, Bücher, die als göttliche Offenbarung je einer ganzen Religion wie Judentum, Christentum, Islam als Grundlage dienen. Der Status der *logoi* im Kult ist eher einer Passage in Platons *Menon* zu entnehmen: Sokrates führt dort die Lehre der Seelenwanderung ein, indem er behauptet, er habe dies gelernt von «Männern und Frauen, die in göttlichen Dingen weise sind», «Priesterinnen und Priester, denen daran liegt, daß sie über das, was sie praktizieren, Rechenschaft *(logos)* geben können».[30] Andere Priesterinnen und Priester, ist zu schließen, gaben sich diese Mühe nicht, sondern begnügten sich mit den traditionellen Hantierungen, ohne sich um Erklärungen viel zu bekümmern. Auch so funktioniert religiöses Ritual, es kann durchaus magisch-therapeutische Effekte haben, ohne daß eine begrifflich-spekulative Klärung dem vorausgeht – obgleich es einem Platon vor allem darauf ankommt, auf einen *logos*, der sich weitergeben läßt. Dieser aber ist weder unabdingbar noch fixiert; es gab keine Autorität, ihn zu kontrollieren oder zum ‹Dogma› zu erheben.

Eben dies beleuchtet jener Passus des Autors von Derveni,[31] der polemisch mit den ‹Handwerkern des Heiligen› sich auseinandersetzt: Sie nehmen nur das Geld, heißt es, und lassen ihre Klienten ohne ‹Erkenntnis› zurück, und diese sind zu scheu, um nachzufragen, so daß sie mit dem Geld auch die Hoffnung auf ‹Wissen› einbüßen. Der Autor seinerseits möchte eben das ‹Wissen› vermitteln, das für ihn mit der vorsokratischen Weltsicht identisch ist – wobei freilich viele seiner Erklärungen dem heutigen Leser noch bizarrer als die alte Mythologie erscheinen werden. Es gibt also, wie wir lernen, sogar zweierlei *logoi* in bezug auf Mysterien, Erklärungen von ‹Priesterinnen und Priestern›, die über ihr eigenes Tun Rechenschaft geben wollen, und von außen kommende Deutungen, die zu ergänzen unternehmen, was die Praktiker versäumen. So will später Plutarch «den *logos* der Philosophie als Mystagogen wählen», um zum Kern der Isismysterien vorzudringen[32] – was natürlich bedeutet, die eigenen Voraussetzungen bestätigt zu finden. Beide Arten der *logoi*, esoterische und exoterische, traten gewiß auch in Kontakt und konnten aufeinander wirken, wie es ja auch später in eigentlicher Theologie sich immer wieder ereignet hat.

Logoi in Mysterien und über Mysterien entfalteten sich auf drei Ebenen: in der Gestalt des Mythos, der Naturallegorie und der metaphysisch-platonischen Allegorie.[33] Diese Stufen der Deutung entwickelten sich in historischer Abfolge nacheinander, ohne daß die spätere die frühere zerstörte oder ganz außer Kraft setzte; man kann vereinfachend von der homerischen, der vorsokratischen und der platonischen Entwicklungsstufe sprechen. Liegt in dieser Folge ohne Zweifel ein Aufstieg an geistiger Differenzierung und Durchdringung vor, so entspricht dem doch zugleich ein Abstieg in bezug auf die direkte Verbindung mit der Praxis der Kulte, so daß schließlich im Neuplatonismus der *logos* übrigbleiben konnte, ohne daß dem mehr ein Ritual entsprach.

Mythos, als traditionelle Erzählung mit der Grundstruktur einer anthropomorphen Handlungssequenz, ist die älteste und verbreitetste Form, ‹über Götter zu sprechen›, eine *theologia*, die in oraler Kultur verwurzelt ist. Mit Mysterien ist sie besonders innig verwoben. Martin P. Nilsson, der bestrebt war, den Mythos von den Fakten der griechischen Religion so weit wie möglich fern zu halten, hatte doch für Eleusis zugegeben: «In die Demeterreligion greift der Mythos ungewöhnlich tief ein.»[34] Das gleiche jedoch gilt für die Mysterien der Meter, des Dionysos, der Isis: Jede Mysteriengottheit hat einen spezifischen Mythos, der ihr zugehört. Uns sind diese Mythen in der Regel durchaus bekannt; einige Details freilich galten als ‹heilig› und wurden geheimgehalten. Für die Mythen von Demeter und Persephone,[35] aber auch von Isis und Osiris[36] kennen wir mehrere ausführliche Bearbeitungen. Für Meter und Attis dagegen liegt im wesentlichen nur ein Text in mehrfacher Brechung vor, der *hieros logos* von Pessinus, wie ihn der Eumolpide Timotheos in der Zeit des ersten Ptolemäers bekannt machte; Pausanias und Arnobius bieten einander ergänzende Auszüge.[37] Über Dionysos erzählt eine Fülle berühmter Mythen; die moderne Diskussion über Dionysosmysterien freilich steht im Bann eines besonderen Mythos, der Erzählung vom ‹chthonischen› Dionysos, dem Sohn der Persephone, inzestuös gezeugt von Zeus, getötet und zerstückelt von den Titanen, von denen die Menschen herstammen. Mehrere Autoren bringen diesen Mythos explizit mit Mysterien in Zusammenhang,[38] Herodot scheint ihn als geheim zu behandeln und spielt doch mehrfach auf ihn an. Hellenistische Autoren behandeln ihn als ein Stück normaler Mythologie.

Frustrierend ist die Situation bei Mithras: Es gab einen Mithras-Mythos, der immer wieder in der Sequenz der Szenen dokumentiert ist, die die großen Mithrasreliefs umgeben; das zentrale Bild, die Stiertötung, ist offenbar Zentrum und Höhepunkt dieses Mythos. Doch kein Text ist zu finden, der uns die Geschichte im Zusammenhang erzählt. Statius evoziert die Szene des Kampfes mit dem Stier in der Höhle, im übrigen taucht, außer der ‹Felsgeburt›, lediglich das Stichwort ‹Rinderdieb›, *buklopos*, in der Literatur auf.[39] In den Serien der Darstellungen kann man zunächst eine theogonische Sequenz feststellen: Da ist Okeanos, dann Kronos, wie er Zeus das Szepter übergibt, Zeus im Gigantenkampf, schließlich die Geburt des Mithras aus dem Felsen. Dieses Wunder allerdings, die Felsgeburt, tritt in den Mithras-Inschriften und auch in der Literatur wiederholt auf;[40] ganz verschwiegen wird jedoch, wer denn der Vater war. Sodann gibt es eine Abenteuersequenz, die um den Stier kreist: Der Stier wird gefunden, verfolgt, überwunden, geritten, in die Höhle geschleppt, in der bekannten Weise geopfert.[41] Dann sieht man Helios und Mithras beim Opfermahl, und Mithras, wie er den Sonnenwagen besteigt. Einige Szenen bleiben rätselhaft, besonders die eine, in der Helios vor Mithras kniet und von diesem mit einem eigentümlichen Objekt – bald erscheint es als Stierkeule, bald als phrygische Mütze – bedroht wird.[42] Theogonie und Abenteuer sind Grundtypen mythischer Erzählung auch sonst; die Überwältigung des Stiers und die Stiftung des Opfers hat Parallelen in Mythen um Herakles und Hermes den ‹Rinderdieb›.[43] Auch die Verbindung von theogonischem Typ und Abenteuertyp hat altehrwürdige Vorbilder, über Hesiod zurück bis zum babylonischen Weltschöpfungsepos. All diese Überlegungen ersetzen uns aber nicht den Verlust der Texte, in denen der Mithrasmythos einst erzählt war.

Daß auch in den an sich bekannten Mythen einzelne Teile, Motive, Varianten nur den Mysten unter dem Siegel strengster Verschwiegenheit erzählt wurden, davon ist mehrfach die Rede. Meist scheint dabei auf besonders bizarre, grausame oder obszöne Episoden angespielt. So wird auf sexuelle Erfahrungen Demeters in Eleusis verwiesen, von der Geburt eines Kindes ist die Rede,[44] von Kastration auch hier.[45] Der Mythos von der Zerstückelung des Dionysos ist offenbar nicht selten in diese Kategorie eingeordnet worden. Wie immer man Andeutungen ergänzen mag, es wird dabei doch deutlich, daß Motive dieser Art nicht das eigentliche Geheimnis der Mysterien tragen können; falls sie verraten wurden – was durchaus vorgekommen ist –, hat dies den Kult auch nicht zerstört. Nur im Gesamtzusammenhang von mythischen Paradigmen, rituellen Zeichen, Vorbereitungen, Erklärungen und Festerlebnis konnten sie zu ihrer Wirkung kommen und die ‹Sympathie der Seele› zustande bringen, an der die Wirkung der Mysterien hing.

Es gilt weithin als ausgemacht, daß Mysterienmythen einem besonderen Typ zugehören, dem des ‹leidenden Gottes›. Das treffende griechische Wort hierfür ist *pathea*, ‹Leiden›, und in der Tat ist dies, rituell markiert durch Weinen und Trauer zu nächtlicher Zeit, bereits für Herodot der Gehalt von *mysteria*.[46] Persephone wird in die Unterwelt entrafft, Attis entmannt, Dionysos wie Osiris gar zerstückelt; daß im Mysterienfest Trauer in jubelnde Freude umschlägt, charakterisiert das Eleusinische Fest so gut wie die Feste der Meter und der Isis. Demeters Trauer findet ihr Ende, als Persephone zurückkehrt, und «mit Jubel und Schwingen der Fackeln wird das Fest beendet»;[47] beim Mater-Magna-Fest folgt auf den ‹Tag des Blutes› *(dies sanguinis)* der Tag der ‹Heiterkeit›, *Hilaria*;[48] die Trauerrituale im Isiskult enden mit dem Auffinden des Osiris, verkörpert im Wasser des Nils: «wir haben gefunden, wir freuen uns gemeinsam».[49] Firmicus Maternus beschreibt eine Mysterienszene, in der, nach tagelangem Klagen vor einem aufgebahrten Götterbild, endlich Licht gebracht wird und der Priester die Kehlen der Trauernden salbt, indem er flüstert: «Seid guten Mutes, ihr Mysten; da der Gott gerettet ist, wird es auch für euch Errettung von euren Plagen geben»;[50] von welchem Kult die Rede ist, bleibt unklar, doch deutlich ist der Umschlag von der Katastrophe zum Heil, wobei den Mysten geschieht, was zuvor dem Gott geschah.

Wenn dann die Mysten am mythischen Schicksal der Gottheit teilhaben, wird der Mysterienmythos in der Tat in einer ganz ungewöhnlichen Unmittelbarkeit bestimmend, fürs Leben oder zumindest für das Ritual. Wie der chthonische Dionysos von seinem Vater auf einen Thron gesetzt wird, wie er mit den Spielsachen und dem Spiegel verführt wird, diese Erzählung spiegelt offensichtlich ein Initiationsritual, das praktisch durchführbar war; wir wissen freilich nicht, ob und in welcher Weise es noch vollzogen wurde; jene ‹Spielsachen› jedenfalls wurden im Ritus vorgezeigt.[51] In einem arkadischen Kult wird Dionysos selbst *mystes* genannt.[52] Auch Attis wird mit seinen Verehrern im Bilde gleichgesetzt.[53] Plutarch sagt allgemeiner von den Isismysterien, die Leiden der Isis, wie die *teletai* sie vergegenwärtigen, sollten Mitleid lehren und Trost spenden für Frauen und Männer in «ähnlichem Leiden».[54]

Trotzdem ist gegenüber der These einer direkten *imitatio* des Mysteriengottes durch die Mysten Zurückhaltung am Platze. Das großzügige allgemeine Bild vom ‹orientalischen Vegetationsgott›, wie es Frazer entworfen hatte, dem Gott, der periodisch stirbt und wieder auferweckt wird, ist von der neueren Wissenschaft Stück für Stück wieder abgebaut worden.[55] Es gibt kein Zeugnis für eine ‹Auferstehung› des Attis; auch Osiris bleibt bei den Toten; und wenn Persephone jeweils im Jahreslauf wiederkehrt, eine Freude für Götter und Menschen, so spricht nichts dafür, daß Mysten auf diesem Weg ihr folgen können. Es gibt eine Todesdimension in allen Mysterien, was ihnen ihren Ernst verleiht, aber die Verheißung einer ‹Wiedergeburt› oder ‹Auferstehung›, sei es des Gottes, sei es seiner Mysten, taucht kaum auf.[56] Das Heil, das Mysten verheißen wird, führt über das ‹Leiden› der Gottheit offensichtlich hinaus oder geradezu an diesem vorbei.

Andererseits sind Erzählungen von leidenden und sterbenden, ja wiederkehrenden Göttern nicht beschränkt auf den Bereich der eigentlichen Mysterien. Vor allem Adonis wird im Mythos fast zu einem Doppelgänger des Attis, wobei ein religionsgeschichtlicher Zusammenhang beider Figuren untereinander und mit dem sumerischen Dumuzi durchaus plausibel ist; das Adonisfest wird mit Klagen und nächtlichen Riten begangen, und doch hat der Kult nirgends die eigentliche Form von Mysterien, im Sinn von Einweihungen, die auf Bewerbung hin beiden Geschlechtern offen stehen.[57] Ebensowenig gab es Herakles-Mysterien, obgleich doch alle wußten von seinen ‹Mühen›, seinem Tod, seinem Aufstieg in den Olymp, eine Lebensgeschichte, die sich immer wieder als Vorbild persönlicher Lebensführung anbot. Doch es waren die Mysterien von Eleusis, die auf Herakles als einen Proto-Mysten Anspruch erhoben. Weder in Ägypten noch in Babylon gab es Mysterien im griechisch-römischen Stil, obgleich es Mythen gibt um leidende Götter wie Osiris oder auch Marduk.[58] Selbst wenn man geneigt ist zuzugeben, daß der Typ des ‹leidenden Gottes› wichtig ist für Mysterien, in denen, wie es heißt, am Ende mehr zu ‹leiden› als zu ‹lernen› war, so erweist es sich doch als unmöglich, Mithras hier einzuordnen. Dies hat zwar Ugo Bianchi energisch unternommen, indem er den Begriff des ‹leidenden Gottes› erweiterte zu dem des ‹dio in vicenda›,[59] des Gottes in den ‹Wechselfällen› einer mythischen Lebensgeschichte; und in der Tat partizipiert der Myste an dieser, wenn er als ‹Myste des Rinderdiebstahls› angeredet wird.[60] Und doch ist nicht zu sehen, inwiefern Mithras bei alledem einem ‹Wandel› oder ‹Wechsel› mehr ausgesetzt sein sollte als Herakles oder Hermes, oder selbst als Apollon, der mit dem Drachen kämpfte, der Reinigung bedurfte, Knecht bei Admetos war; auch diese Mythen haben durchaus rituelle Bezüge. Die Mithrasmysterien heben sich durch die Ausklammerung von Leiden und Klagen im Göttermythos von den anderen Mysterien ab; sie beweisen eben damit, daß Mysterien ohne den Typ des ‹leidenden Gottes› möglich sind. Die Lehre des Paulus, Sterben mit Christus und Auferstehen mit Christus,[61] bietet ein Modell, das auf die Mysterien nicht voll anwendbar ist und sich von diesen auch nicht herleiten läßt.

Einiges weist auf eine andere Art, Mythen in Mysterien zu benützen, eine Anwendung, die archaischer wirkt: Da geht es nicht um ein Drama von Katastrophe und Rettung, dem zu folgen wäre, sondern um Begründung eines Privilegs durch genealogische Abstammung. Nach dem Text der bakchischen Goldblättchen hat der Myste im Hades dies zu erklären: «ich bin ein Sohn der Erde und des gestirnten Himmels».[62] Dies setzt ein ‹Wissen› um seine Abstammung voraus, das dem gewöhnlichen Menschen nicht zugänglich ist. Eine hellenistische Inschrift am Eingang eines Meter-Heiligtums in Phaistos auf Kreta verkündet, daß die ‹Mutter› «ein großes Wunder vorzeigt für die Reinen, die ihre Abstammung garantieren; denen aber, die sich eindrängen in das Geschlecht der Götter, wirkt sie entgegen».[63] Im siebten platonischen Brief wird die wahre philosophische Freundschaft kontrastiert mit der Kameradschaft, die sich aus Mysterien – denen von Eleusis, offenbar – ergibt; sie hat Kallippos nicht abgehalten, Dion zu ermorden. Dabei wird diese Art der Gemeinschaft überraschenderweise als ‹Verwandtschaft von Seelen und Körpern› bezeichnet, Verwandtschaft miteinander und vermutlich mit Göttern, was demnach in irgendeiner Weise in Eleusis gelehrt wurde.[64] Im pseudoplatonischen *Axiochos* wird der Sterbende, den das philosophische Gespräch trösten soll, als ‹Geschlechtergenosse der Götter› bezeichnet, wiederum in eleusinischem Zusammenhang.[65] Dies sind karge Andeutungen; doch bedenkt man die enorme Rolle, die Familienzugehörigkeit in archaischen Gesellschaften spielt, eine Zugehörigkeit, die durch genealogische Tradition und nicht selten durch genealogische Mythen gestützt war, wird man diese Hinweise ernst nehmen als eine Art von *theologia*, eine Form, mythisch über die Götter und ihre Beziehung zu Menschen zu sprechen, vermutlich unter Einbezug gewisser Riten, war doch Adoption seit je ein besonders wichtiger ritueller Vorgang auch im realen Leben.

Weit zahlreicher sind die Zeugnisse für eine lockere, eher spielerische Inanspruchnahme des Mythos in Mysterien. Da werden Einzelheiten in ritueller Erfahrung lebendig gemacht, ohne daß Absicht und Anspruch bestünde, Fundamente des Glaubens zu errichten oder Systeme aufzubauen. Die Eleusinischen Mysten fasten, gleich Demeter in ihrer Trauer, und sie beenden das Fasten mit dem Erscheinen des ersten Sterns, wie Demeter es hielt. Sie tragen Fackeln, wie Demeter, die sie am Aetna in Sizilien entzündete.[66] Sie setzen sich aber nicht auf den Rand des Brunnens in Eleusis, eben weil dort Demeter trauernd saß.[67] Der homerische Demeterhymnus läßt Demeter eine Folge von Handlungen vollziehen, die zum Initiationsritual gehört haben müssen: Sie setzt sich auf einen Schemel, auf dem ein Widderfell liegt, verhüllt ihr Haupt, schweigt, bis sie schließlich zum Lachen gebracht wird und den Gerstentrank, den *ky-keon*, trinkt.[68] Die Isis-Verehrerinnen trauern gleich der Göttin um Osiris, indem sie ihre Brüste schlagen, und sie freuen sich mit ihr, wenn der Gott gefunden ist.[69] Die kastrierten *galloi* entsprechen offenbar dem mythischen Attis. Da Attis, wie man erzählt, unter einer Fichte starb, wird eine Fichte beim Fest ins Heiligtum gebracht; Wollbinden hängen an dem Baum, weil Meter mit solchen Binden das Blut des Attis zu stillen suchte, und sie streute Blumen über ihn, weshalb denn auch Blumen an der Fichte hängen.[70] Man kann aber auch sagen, die Fichte verkörpere die Nymphe, die Attis verführte, und müsse darum gefällt, ‹getötet› werden, um den Zorn der Meter zu stillen.[71] Auch in den Dionysosmysterien entsprechen, wie man sagt, die Dinge, die da hereingebracht werden, dem Mythos von seiner Zerstückelung;[72] vielleicht gehört dazu auch der Phallos im *liknon*. Die Mysten tragen Kränze von Weißpappel, weil dieser Baum in der Unterwelt wachsen soll, wo der ‹chthonische Dionysos› seinen Platz hat.[73]

Von den Anfängen bis in die Spätantike hinein hat der Mythos ein Beziehungsnetz geliefert, mit Hilfe dessen sich zentrale und auch weniger zentrale Aspekte der Mysterien verbalisieren ließen, in Parallelisierung wie im Kontrast, doch ohne Verpflichtung zu einer widerspruchsfreien Systematik. Dies war eine Art ‹über Götter zu sprechen›, eine Form der *theologia*, die freilich etwas Experimentelles, Spielerisches, fast Zufälliges an sich hat und sich theologischer Wissenschaft durchaus entzieht.

Die zweite Stufe der Deutung, die regelmäßig auf Mysterien angewandt wird, ist die der Naturallegorie. In unserer Sicht sieht Allegorese nach schulmäßiger, verstaubter Rhetorik aus und gar nicht nach dem, was man als ‹mystisch› zu benennen und zu empfinden bereit ist; darum ist dieser Aspekt in der Forschung oft weniger beachtet worden. Allegorese erscheint leicht als rationalistisch-spitzfindiges Exerzitium, das vom Ursprünglichen, Echten gerade im religiösen Bereich weit geschieden ist. Dabei sollte man aber zwei Richtungen allegorischer Arbeit an Texten unterscheiden: Im einen Fall werden abstrakte Begriffe sekundär ins Gewand mythischer Akteure gehüllt, um zu vollführen, was das Denken vorschreibt, von der *Psychomachia* des Prudentius bis zu *The Pilgrim's Progress;* im anderen ist ein traditioneller Text oder auch nur eine traditionelle Erzählung gegeben, die dem ersten Zugriff unverständlich oder inakzeptabel erscheint und nun in eine andere Bedeutungsebene versetzt wird, auf der sich ein einsichtiger Zusammenhang einstellt. Eine solche Methode haben die Griechen an Homer und an ‹Orpheus› entwickelt, später wurde sie vor allem auf das Alte Testament angewandt. Im ersten Fall mag man die Gewänder mit dem Wandel der Mode wegwerfen, ohne daß der Gehalt verlorengeht; im anderen Fall bleibt der Stachel des Rätselhaften durch alle Rationalisierungen hindurch spürbar.

Die Methoden der griechischen Allegorese bei Stoikern, Juden und Christen sind längst gründlich untersucht worden.[74] Für die vorhellenistische Epoche ist mit dem Papyrus von Derveni ein neuer, entscheidend wichtiger Text bekannt geworden. In ihm schon ist es die auf die ‹Natur› *(physis)* bezogene, ‹vorsokratische› Weltsicht, die das sinntragende Beziehungsnetz für die Deutung der Dichtung des ‹Orpheus› liefert, und diese Rolle bleibt der ‹Natur› auch in der stoischen Weiterentwicklung. Bezeichnend, wenn auch wenig beachtet, ist dabei, daß seit dem Hellenismus die Naturallegorese immer wieder ‹mystisch› genannt wird. Am deutlichsten ist zunächst Demetrios in seinem Buch ‹Über Stil›:[75] «Alles, was aus Andeutungen erraten werden muß, ist um so erschreckender...; was klar und offen ist, wird üblicherweise verachtet, wie nackte Menschen. Deswegen werden auch die Mysterien in Form von Allegorien erzählt, um Entsetzen und Schauder zu erregen, wie auch im Dunkel und in der Nacht; es gleicht aber auch die Allegorie dem Dunkel und der Nacht...» Ähnlich drückt sich später Macrobius aus: Man weiß, «daß der Natur feindlich die nackte, offene Zurschaustellung ihrer selbst ist... So werden die Mysterien selbst in den dunklen Gängen der Bilder verdeckt, so daß nicht einmal den Mysten die Natur dieser Dinge sich nackt präsentiert, sondern nur den höchsten Männern als den Mitwissern des wahren Geheimnisses dank hermeneutischer Führung durch die Wahrheit; die übrigen seien zufrieden, in der Weise zu verehren, daß die Bilder das Geheimnis vor der Alltäglichkeit schützen.»[76] Dies spielt deutlich an auf das Wort Heraklits, wonach «die Natur wünscht, verborgen zu werden»;[77] aus ihm war längst vor Macrobius das Motto der Naturallegorese geworden. Philon in seinen Allegoresen verweist wiederholt darauf. Man konnte dies auch gegen die Mysterien kehren: Wenn man die Mysteriengeheimnisse «entfaltet und aufs Vernünftige zurückführt, erkennt man mehr die Natur der Dinge als die der Götter», behauptet der Epikureer in Ciceros *De natura deorum*,[78] und ein christlicher Autor fügt spottend hinzu: «wozu aber mußte man verheimlichen, was allen bekannt ist?»[79] In der Tat, dies war schwer zu begründen, hatte man doch in Wirklichkeit den umgekehrten Weg eingeschlagen und dem Geheimkult den Naturbezug erst unterstellt. Um einem normalen, ja schon ‹aufgeklärten› Publikum verständlich zu machen, worum es in merkwürdigen, Schauder und Verwunderung erregenden Ritualen und bizarren Mythen denn eigentlich ging, war es beruhigend, bei der ‹Natur› anzukommen, in der Offenbares und Wunderbares sich offensichtlich durchdringen. Die Mysterien bedurften dieser Verdeutlichung in besonderem Maße, mehr als die vertrauten öffentlichen Kulthandlungen. Wenn die ‹Natur› dadurch in ‹mystischem› Glanz erschien, kam dies der Philosophie durchaus gelegen.

Dies hatte zur Folge, daß alsbald alle Allegorese in religiösem Kontext als ‹mystisch› bezeichnet werden konnte. Dies gilt insbesondere für Philon, der sich gern in der Rolle des Mystagogen sieht: «diejenigen, die uneingeweiht sind in die Allegorie und die Natur, die sich zu verbergen liebt», will er zur tiefen und eigentlichen Bedeutung der Schrift führen.[80] Einer langen Passage gibt Philon ganz die Form eines Mysterien-*Logos*: «Weihen lehren wir, göttliche, für die Mysten, die der heiligsten Weihen würdig sind»;[81] Ansatzpunkt ist, bezeichnenderweise, die erstmalige Erwähnung der fleischlichen ‹Erkenntnis› in der Bibel. Die hierfür einzusetzende tiefere Deutungsebene ist für Philon allerdings nicht die ‹Natur› im griechischen Sinn, sondern ein System der ‹Tugenden›, die, wie er meint, Gott selber ‹zeugt›. Es gibt keinen anderen Abschnitt bei Philon, der so mit Mysterienmetaphorik gesättigt ist wie diese Ausführungen. Im übrigen ist es kaum ein Zufall, daß das Wort *mysterion* in den Evangelien ein einziges Mal, und zwar gerade im Bereich der Allegorie, vorkommt, im Gleichnis vom Sämann: «Euch ist das Mysterion des Gottesreiches gegeben», so wird die Auflösung der Parabel eingeleitet;[82] dabei ist, in Umkehrung der Situation bei griechischen Mysterien, die Rede vom Naturvorgang des Säens das Verhüllende, das Wirken des göttlichen Logos dagegen der geheime Kern. Auch Plotin gebraucht das Wort *mystikos* nur einmal, wiederum im Zusammenhang der Allegorie, wiederum an einen sexuellen Anstoß anknüpfend: Es geht um den tieferen Sinn der phallischen Hermen.[83]

Betrachten wir, von der ausufernden Mysterienmetaphorik zurückblickend, das Phänomen der Mysterien selbst, so ist zweierlei festzuhalten: daß die Mysterien offenbar von sich aus offen waren für Naturallegorie und daß eine solche Deutung keineswegs nur von geschäftigen Außenseitern in die Mysterien hineingetragen wurde, sondern von den eigentlichen Traditionsträgern aufgenommen und weitergeführt wurde, von «Priesterinnen und Priestern, denen daran liegt, daß sie über das, was sie praktizieren, Rechenschaft geben können», um Platons Formulierung[84] zu wiederholen. Was Eleusis anlangt, erkannte man in Demeter mit Selbstverständlichkeit die ‹Mutter Erde›, ihre Tochter Persephone war dann das Korn oder, in verfeinertem Sinn, der «Lebenshauch, der sich durch die Feldfrüchte bewegt und in ihnen getötet wird».[85] Man sagte auch, daß die Toten in den Leib der Allmutter zurückkehren; ‹Demetreioi› konnte man sie in Athen darum nennen. Wenn goldene Ähren mit den Toten begraben werden, scheint aus der Allegorie rituell bestätigter Glaube geworden zu sein.[86] Die geschnittene Getreideähre, die der Hierophant im geheimen Fest feierlich vorzeigt, verkörpert in sinnenfälliger Weise den lebendigen Kreislauf der ‹Natur› durch Töten und Tod hindurch.[87] Dies galt den ‹Epopten›; im äußeren Kreise konnte man auch über die Entwicklung der Kultur sprechen, die die eigentliche Botschaft der Mysterienfeier sei, die Erfindung des Ackerbaus bis hin zur Ernte und zum Rösten und Mahlen des Getreides.[88]

Auch die anatolische Muttergöttin wurde allgemein als die ‹Mutter Erde› verstanden und insofern mit Demeter identifiziert, in ‹mystischem›, d.h. allegorischem Sinn. Auf diesem Weg gelang es, bizarre Einzelheiten ihres Kults mit neuem Sinn zu erfüllen: Die Kastration der *galloi* entspricht dem Schneiden der Ähren; wenn sie am *dies sanguinis* sich mit Schwertern und Messern verwunden, zeigt dies die alljährliche Verwundung der Erde durchs Pflügen an; wenn danach die Mater Magna zum Bad im Fluß Almo gebracht wird, bedeutet dies, daß die Erde jetzt der Feuchtigkeit bedarf. Diese Erklärungen, die Tertullian anführt,[89] kommen offenbar von den *galloi* und ihren Verehrern selbst, für die auch Tollheit doch Methode haben muß. Die Gleichsetzung des Attis mit der geschnittenen Getreideähre erscheint in einem Hymnus, mit dem Attis selbst angerufen wird: Die Allegorese ist zur Liturgie geworden.[90] Auch Firmicus Maternus bestätigt, daß die Meter-Priester die *physica ratio* ihrer Rituale hervorheben.[91] Die Kornähren erscheinen auch auf Votivreliefs des Meterkults, Symbole einer lebendigen religiösen Praxis.[92] Dabei war jedem Menschen der Antike bewußt, wie sehr alles Gedeihen von der Fruchtbarkeit der Erde abhängt; so konnte die Allegorese des Mysterienrituals zugleich ein ausgesprochen magisches Verständnis hervorrufen oder stützen, als seien die Vegetationsperioden eben durch das Ritual zu sichern und zu beeinflussen.

Dionysos seinerseits wird allenthalben mit Trauben und Wein assoziiert oder gar gleichgesetzt; dies ist alles andere als ein Geheimnis. Wenn dann freilich alle Details des Zerstückelungsmythos Schritt für Schritt mit der Weinbereitung in Parallele gesetzt werden, ist dies ein methodisches Vorgehen von ‹Naturerklärern› *(physiologountes)*, die, insofern sie auf Dinge anspielen, die ‹in den Mysterien hereingebracht› und vorgezeigt werden, sich als Mysten zu erkennen geben.[93] Ein Buch über allegorische Homererklärung stellt fest, die Identität von Apollon und dem Sonnengott sei bekannt aus den ‹mystischen *logoi* in den geheimen *teletai* der Götter›;[94] welche Mysterien der Autor im Sinn hat, bleibt uns unklar; allegorische Spekulation hat immerhin sowohl Apollon als auch Dionysos mit Helios gleichgesetzt.[95]

Nicht weniger entwickelt ist die Naturallegorese im Kult der Isis und des Osiris. Normalerweise wird der ganze Kult, nicht nur allfällige ‹Mysterien›, in seiner hellenisierten Form darauf zurückgeführt. Auch die authentische ägyptische Tradition hat Osiris zum Nil in Beziehung gesetzt, dem lebenspendenden Wasser, das dahinzuschwinden droht und dann mit der sommerlichen Flut gewaltig wiederkehrt. Ein Gefäß mit Nilwasser wurde im Kult vorgezeigt, wurde in Prozessionen mitgeführt, und eine Art künstlicher Nilflut wurde in den Heiligtümern in Szene gesetzt.[96] Darum hat, laut Plutarch,[97] die einfachste ‹philosophierende› Deutung Isis als Erde aufgefaßt – war sie doch schon längst, noch vor

Herodot, mit Demeter identifiziert worden –, Osiris als den Nil und den feindlichen Typhon dann als das Meer, in das hinein der Nil vielfach zerteilt sich ergießt und untergeht. Noch im Roman des Heliodor treten die nämlichen Gleichsetzungen auf: Dies wird den Mysten mitgeteilt, sagt er, vor den Laien aber geheimgehalten durch jene ‹Naturphilosophen und Theologen›, die in Ägypten Priester sind.[98] In etwas verfeinerter Form findet sich das gleiche in einem Text des Porphyrios, der wahrscheinlich aus Chairemon stammt, einem ägyptischen Priester der Nero-Zeit;[99] hier fassen wir einmal mit Namen einen dieser allegorisierenden Priester, die die ägyptische Religion einem aufgeklärten Publikum nahezubringen suchten. Nach Chairemon ist Isis die fruchtbringende Macht in der Erde und im Mond, Osiris die befruchtende Kraft des Nils. Plutarch seinerseits läßt Osiris die zeugende Kraft der Feuchtigkeit überhaupt sein, während Isis die Macht bleibt, die in der Erde waltet; er weist diese fortgeschrittenere Deutung ausdrücklich den ‹Priestern› zu.[100] Der Umschlag von Trauer zu Jubel in den Festen entspricht dann dem Wechsel der Jahreszeiten, «der Gewißheit der immer wiederkehrenden Feldfrüchte, der lebendigen Elemente, des in sich selbst zurücklaufenden Jahres».[101] Man konnte aber Osiris auch direkt als das Getreide auffassen, das zerstreut und wieder gesammelt wird.[102] Offensichtlich sind die Erklärungen wandelbar und sekundär gegenüber der unveränderlichen rituellen Tradition; doch eben die Möglichkeit des ‹natürlichen› Verständnisses im geheimnisvollen Schwebezustand zwischen Unausgesprochenem und Rationalem konnte faszinieren und in einem besonderen, wenn auch sekundären Sinn als ‹mystisch› erscheinen.

Mithras wurde früh schon mit dem Sonnengott gleichgesetzt; *deo Soli invicto Mithrae* oder einfach *Soli invicto* sind regelmäßig die Inschriften des Mithraskultes gewidmet.[103] In der Ikonographie der Mithrasmonumente jedoch sind Mithras und Helios unterschieden – Helios unterwirft sich Mithras, beide sitzen gemeinsam zu Tisch, Mithras besteigt den Wagen des Helios –; zugleich ist in diesen Bildwerken der Bezug zur Natur, zum Kosmos durchgehend in sehr bewußter Weise festgehalten. Während bei Meter, Demeter, Dionysos und selbst bei Isis die Naturdeutung immer als ein sekundärer Überbau erscheint, der einer älteren Struktur von Ritual und anthropomorphem Mythos aufgezwungen wird, scheint in den Mithrasmysterien die hellenistische Kosmologie schon in den Fundamenten theologisch verankert zu sein. Die ‹Höhle› stellt den Kosmos dar, überwölbt vom Tierkreis des Himmels; die sieben Planeten finden sich, die die sieben Grade der Einweihung beherrschen; das zentrale Stieropfer erscheint in kosmischem Rahmen, zwischen der untergehenden Mondgöttin und dem aufgehenden Sonnengott.[104] Man hat den Sonnenlauf durch die Jahreszeiten in die Zeremonien auch direkt einbezogen: Mehrere Mithräen haben Öffnungen, durch die an bestimmten Tagen ein Sonnenstrahl direkt das Kultrelief, ja das Haupt des Gottes, treffen mußte.[105] Doch die Gleichsetzung des Stiers mit dem Mond erscheint wiederum als sekundär und nur partiell sinnvoll; sie erschöpft jedenfalls nicht die Bedeutung dieses Opfers. Indem der Schwanz des Stieres sich in Ähren verwandelt, wird der Ackerbau im Opfer begründet.[106] Mithras ist auch ein Gärtner, der sich um fruchttragende Bäume kümmert und Wasser aus dem Felsen fließen läßt – doch fehlt es an Texten, die diese Szenen der Bildfolgen erklären könnten. In all diesen naturhaft-kosmischen Bezügen gibt es indessen auch wieder einige offenbare Lücken und Widersprüche, die darauf weisen, daß auch hier die ‹natürliche› Deutung nicht Grundlage, sondern Epiphänomen einer an sich autonomen Ritualtradition ist. So ist die scheinbar so wichtige Zuordnung der sieben Grade zu den sieben Planeten nicht fest, sondern wird verschieden angegeben, in Abhängigkeit von konkurrierenden astronomischen Systemen;[107] zugleich spielt Helios gerade in den mythischen Szenen eine so einzigartige Rolle, daß er hier nicht, wie im wissenschaftlichen Weltbild, als einer der ‹sieben Planeten› aufgefaßt sein kann. Gelegentlich werden auch Sonne und Mond neben die ‹sieben Sterne› gestellt, als ob sie nicht selbst in diese Gruppe gehörten. Das vorwissenschaftliche Weltbild scheint noch immer durch.

Ein Ableger der hellenistischen Wissenschaft von besonderer Art ist die Astrologie. Diese hat auf die Mithrasmysterien offenbar Einfluß ausgeübt – während in den anderen Mysterien keine Spur davon feststellbar ist. Eine Inschrift im zentralen Mithräum von Rom, bei Santa Prisca, enthält astrologische Daten;[108] ein literarischer Text erklärt die Rolle des Löwen im Mithraskult mit der Beziehung der Sonne zum entsprechenden Tierkreiszeichen: Dies sei die ‹esoterische Philosophie› dieses Kultes[109] – womit zugegeben ist, daß dies nicht die allgemein bekannte Deutung ist, aber doch Insiderwissen in Anspruch genommen wird. Einige Spezialisten haben versucht, sehr viel weiter zu kommen und möglichst alle Einzelheiten des Mithraskultes von der Astrologie herzuleiten.[110] Hier dürfte Skepsis am Platze sein. Astrologie kann zu solcher Raffinesse gebracht werden, daß sie fast zu allem paßt; im gleichen Maße sinkt ihr erklärender Wert. Immerhin liegt hier ein ‹Code› vor, der partiell sinnstiftend verwendet werden konnte und kann – nochmals ein Versuch, auch von ‹Priestern› unternommen, einen *logos* zu finden und Rechenschaft zu geben über das, was vorging.

Eine neue, dritte Ebene der Deutung von Mysterien wird uns mit Plutarchs Buch *Über Isis und Osiris* faßbar: Er macht, bewußt über die Naturdeutung hinausgehend, die metaphysische Seinslehre im Gefolge Platons zum Beziehungssystem, das das Dunkel der Mysterien aufhellen soll. Indem Plutarch den Mythos von Isis und Osiris erzählt und analysiert, läßt er zunächst die geläufigen Formen der Naturallegorese Revue passieren, die er ausdrücklich den Priestern der ägyptischen Kulte zuschreibt,[111] um sie als unzulänglich zu kritisieren und damit zu einer höheren Ebene vorzudringen: Unmöglich können die höchsten, göttlichen Prinzipien des Alls körperlicher Natur sein; weder Wasser noch Erde sind göttlich an sich, sondern allenfalls durchwaltet von göttlichen Kräften. ‹Teletai und Opfer› von Nichtgriechen und Griechen,[112] versichert Plutarch, weisen auf einen grundlegenden, metaphysischen Dualismus. Dem guten, einheitstiftenden Prinzip stehe ein Prinzip der Zerteilung und Vernichtung entgegen; sie beide wirken im Wechsel auf die Materie, die passiv und ‹empfangend› ist: Dies ist Isis, die weibliche Gottheit, leidend und doch Leben gebärend zwischen Osiris und Typhon. Die ältere Naturallegorese erscheint demgegenüber als grob und vordergründig.[113]

Zahlreiche platonisierende Schriftsteller nach Plutarch haben in ähnlicher Weise sich auf ‹die Mysterien› berufen, um ihre eigenen Lehren zu beleuchten und zu bestätigen; dialektische Beweisführung konnte so zusätzlich eine religiöse Dimension gewinnen. Dies ging so weit, daß Numenios einmal im Traum sich sagen ließ, er habe durch philosophische Lehre das Geheimnis von Eleusis verletzt und an die Öffentlichkeit gebracht.[114] Das Interesse drückte sich auch in persönlichen Beziehungen aus: Plutarchos, der Stifter der letzten ‹Akademie› in Athen, war Sohn oder Enkel des Hierophanten Nestorios, Proklos kannte dessen Tochter.[115] Wie eine platonisierende Deutung der Eleusinischen Mysterien aussehen konnte, ist für uns nur zu erahnen; offenbar traten statt des Schicksals der Persephone, das längst auf die ‹Natur› des Getreides festgelegt war, die Vorgänge beim großen nächtlichen Fest in den Vordergrund. Der Gnostiker bei Hippolytos bringt die vom Hierophanten im Telesterion gezeigte Ähre mit der Kastration des Attis zusammen;[116] es handelt sich nicht um eine private Phantasie, spielt doch auch Mesomedes in seinem Isishymnos auf Ähnliches an.[117] Der Weg der Zeugung wird zum Halt gebracht, die Umwendung zum höheren Ursprung eingeleitet: Diese gnostische Deutung ist im Grund platonisch.

Eben diese Lehre gilt um so mehr für den Attis der Metermysterien; hier finden sich der Gnostiker bei Hippolytos und dann Kaiser Julian und Sallustios in einer merkwürdigen Faszination durch das Kastrationsmotiv. Das abstoßendste Ritual wird zum Symbol der sublimen Entfaltung des Seins, von der Emanation zum Regreß. Das Jenseitige, Eine, das Geist und Seele hervorbringt, fährt fort auch die materielle Welt zeugend hervorzubringen, bis Einhalt und Umkehr notwendig werden, sollte es sich nicht ins Unendliche verströmen. Dieser entscheidende Punkt ist im Abschneiden des Zeugungsgliedes dargestellt.[118] Es kommt hier nicht darauf an, solche Phantasien einer Psychoanalyse zu unterwerfen; den Verlust an Lebenskraft eines ‹sterbenden Heidentums› darin gespiegelt zu sehen, ist ebenso verführerisch wie problematisch. Doch ein geistesgeschichtliches Phänomen bleibt festzuhalten, das aus der Tradition metaphysischer Allegorese von Mysterienriten mit einer gewissen Konsequenz hervorgegangen ist.

Auch der bizarre Dionysosmythos, die Zerstückelung des Gottes durch die Titanen, war in ähnlicher Weise platonisch bearbeitet worden. Einen Ansatzpunkt lieferte Platons *Timaios* in den berühmten Formulierungen über die Entstehung der Weltseele aus einem ‹ungeteilten› und einem ‹geteilten› Prinzip, die mit dem ‹Sein› gemischt werden;[119] dabei ist auch von einem *krater* die Rede, dem Mischkrug des Dionysos. Daß eben auf diese ‹Teilung› der belebenden Weltseele die Zerstückelung des Dionysos ziele, wird bei Plutarch und bei Plotin gesagt[120] und von Proklos bis Damaskios im einzelnen weiter ausgeführt.[121] Der Dionysos des Mythos deutet demnach das göttliche Prinzip an, das in die Vielheit der Körper in dieser unserer Welt aufgespalten ist und doch bestimmt ist, ‹gesammelt› zu werden und zur Einheit des Ursprungs zurückzukehren.

Auch auf die Mithrasmysterien hat platonische Philosophie gewirkt; es genüge hier, auf die Spezialstudien von Robert Turcan und Reinhold Merkelbach zu verweisen.[122] Daß die ‹Höhle›, wo sich die Mysten versammeln, und ebenso jene mythische Höhle, in der Mithras den Stier getötet hat, ein Bild für unseren Kosmos ist, macht schon die Ikonographie durch das Tierkreis-Gewölbe evident, es wird aber auch ausdrücklich von dem bei Porphyrios zitierten Eubulos, der über Mithrasmysterien schrieb, ausgesprochen.[123] Ein Nachhall von Platons Höhlengleichnis ist nicht zu überhören. Mithras, heißt es bei Eubulos auch, ist der Schöpfer der Welt, der *demiourgos*. Einzelheiten über sein Schöpfungswerk freilich sind uns nicht überliefert. Es bleibt auch unklar, inwieweit Mithras eine Erlösung aus dieser Welt, der ‹Höhle›, den Mysten verhieß oder vielmehr heroisch-sieghaftes Durchhalten in eben dieser Welt garantierte.[124]

Dies freilich zeigt der Text des Porphyrios eindeutig: Wenn Eubulos und Pallas in ihren Werken über die Mithrasmysterien als ‹wahre und genaue› Botschaft dieses Kultes die Seelenwanderungslehre fanden, so gingen sie damit hinaus über die ‹allgemeine Richtung› der Lehre, wie sie den Mysten mitgeteilt wurde.[125] Dies gibt Anlaß, über die Rolle einer ‹Seelenlehre› in den Mysterien allgemein zu reflektieren. Der Befund ist paradox: Während doch in vermeintlichen ‹Erlösungsreligionen› eine Lehre über die Seele im Zentrum stehen müßte, jene ‹Seele› als Zentrum des Selbst, die von den Widrigkeiten der körperlichen Existenz zu erlösen wäre, sind die Zeugnisse darüber stumm, ob es nun um Eleusis,[126] Dionysos,[127] Meter, Isis oder Mithras geht. Die antiken Mysterien sind zwar personbezogen, nicht aber von eigentlich spirituellem Charakter.

Die Lehre von der Seelenwanderung allerdings ist, im Vergleich zu den *logoi*, wie sie bisher in den Blick traten, von grundsätzlich anderem Niveau. Sie ist ja nicht *theologia*, sondern im Kern eine Anthropologie, die bei aller Phantastik doch allgemeine Geltung beansprucht, auf vergangene Erfahrungen verweist und künftige Erfahrungen vorwegnimmt. Sie verlangt, als theoretische und existentielle Wahrheit ernst genommen zu werden, im Gegensatz zu dem provisorisch-spielerischen Charakter der meisten Mytheninterpretationen.

Die Seelenwanderungslehre taucht in Griechenland gegen Ende des 6.Jh. unvermittelt auf, in Verbindung mit dem Namen des Pythagoras oder auch des Orpheus.[128] Daß sie in Mysterien *(teletai)* übermittelt wurde und dort ‹heftigen Glauben› fand, sagt Platon ausdrücklich.[129] Dazu fügen sich die Texte Pindars, des ältesten und poetisch eindrücklichsten Zeugen für die Lehre von der Seelenwanderung.[130] Die bakchischen Goldblättchen scheinen die Seelenwanderung vorauszusetzen, ohne sie ausdrücklich zu nennen.[131] Dazu kommen die berühmten und bewußt verrätselten Anspielungen Platons auf den Leib als ‹Grabmal› der Seele, die bestraft werde für ungenannte Verbrechen und auf die von Gott verordnete Befreiung zu warten hat; hier werden die ‹Leute um Orpheus› genannt und auch die ‹Priester von Mysterien›.[132]

Dabei ist das eigentlich Auffällige, daß diese Zeugnisse sich auf das 5./ 4.Jh. v.Chr. konzentrieren und danach kaum mehr ihresgleichen finden. Dies allein zeigt bereits, daß die Seelenwanderungslehre nicht etwa der grundlegende ‹Glaube› der Mysterienkulte war. Eher bleibt es bei der Feststellung, daß hier ein «fremder Blutstropfen»[133] nach Griechenland gelangte, der in einigen Formen dionysischer Mysterien und in zugehörigen Büchern des ‹Orpheus› zur Wirkung kam – was durch Pindar, Empedokles und Platon für die griechische Literatur festgeschrieben wurde –. Daraus ergab sich aber doch nur eine eingegrenzte, vorübergehende Synthese von Mysterienpraxis und spiritueller Spekulation; denn keine der beiden Seiten war auf die andere im Ernste angewiesen. Die Seelenwanderung lebte als eine interessante, diskussionswürdige und phantasieanregende Theorie bei den Platonikern und dann bei Gnostikern und Christen weiter; in den Mysterien blieb ihre Rolle fakultativ, als einer unter vielen nebeneinander bestehenden *logoi.* Wenn hier die Chance zum Dogma lag, blieb sie ihrerseits auf experimentellem Niveau. Alle *theologia* in diesem Bereich bleibt mit späterer, insbesondere jüdisch-christlicher Theologie inkommensurabel.

IV. Verwandelnde Erfahrung

‹Vergeßt die ehrwürdigen Mysterien›, riet die Verzweiflung der Eltern beim Tod des Kindes; sie hatten auf den praktischen Effekt der Mysterien gerechnet. «Erwecke in den Mysten die Erinnerung an die heilige Weihe», beten die orphischen Mysten zu Mnemosyne, der Göttin der Erinnerung,[1] offensichtlich in anderer Erwartung: Die Weihe sollte ein Erlebnis sein, das auf das ganze weitere Leben ausstrahlt, Erfahrung, die die Existenz verwandelt. Daß die Teilnahme an den Mysterien eine besondere Art von Erleben sei, daß ein *pathos* in der Seele des Initianden bewirkt werde, wird in den antiken Texten mehrfach hervorgehoben. Bedenkt man, daß Introspektion in der Antike an sich wenig entfaltet war, ist dies um so bedeutsamer. Schon Aristoteles sprach in pointierter Antithese davon, daß es in den Mysterien schließlich und endlich nicht mehr auf ‹Lernen› *(mathein)* ankomme, sondern darauf, ‹zu erleiden *(pathein)* und in einen Zustand versetzt zu werden *(diatethenai)*›.[2]

Ausführlicher spricht Dion von Prusa hiervon in einem Vergleich: «Wenn jemand einen Menschen, einen Griechen oder Nichtgriechen, zur Einweihung in einen abgeschiedenen Weiheraum brächte, überwältigend in seiner Größe und Schönheit, wobei er dann vielerlei Arten mystischer Schau sähe und viele Laute dieser Art hörte, wobei Dunkelheit und Licht im Wechsel ihm erscheinen würden und ungezähltes anderes ihm begegnete, und wenn man dann noch, wie man es beim sogenannten Inthronisierungsritus macht, die Einzuweihenden sich setzen läßt und im Kreise um sie tanzt – wäre es denkbar, daß bei einem solchen Menschen nichts in seiner Seele vorginge, daß er nicht zu der Vermutung käme, daß das, was da geschieht, mit Überlegung und Planung aufgrund höherer Weisheit vollzogen wird, selbst wenn er noch so sehr einer der fernen Barbaren wäre, deren Namen man nicht kennt, und kein Erklärer oder Dolmetscher zugegen wäre – sofern er eine menschliche Seele hat?» Der Vergleich zielt auf den Kosmos, der uns umgibt, den Tanz der Gestirne um die Erde und die sonstigen Wunder der Natur, die über die Künste der Mysterien hinausgehen und doch vom stumpfen Menschen als selbstverständlich hingenommen werden. Schon Kleanthes hatte in solcher Weise den Kosmos mit einer großen Mysterienhalle verglichen; da er in Athen lehrte, hatte er sicher das Eleusinische Telesterion vor Augen. Nicht ganz so sicher ist dies bei Dion; er gibt aber auf jeden Fall eine Vorstellung davon, was bei einem Mysterienfest zu erleben war und wie eben dieses Erlebnis als Ziel und Zweck gesehen werden konnte: ‹etwas muß in der

Seele vorgehen›, wobei aus der anfänglichen Verwirrung die Vermutung einer tieferen Sinnfülle erwächst.[3] Will man dies religiös umschreiben, muß von der Begegnung mit dem Göttlichen die Rede sein. Der Kaiser Mark Aurel nennt drei Bereiche, in denen die Fürsorge der Götter zu erlebnishafter Evidenz werde: Träume, Heilungen, und eben die Mysterien.[4] Der skeptische Psychologe wird immerhin von einer ‹Bewußtseinsveränderung› sprechen, einem Erlebnis von etwas ‹Anderem›, das aus der Alltäglichkeit herausreißt. «Ich kam heraus aus dem Telesterion, befremdet über mich selbst», so versucht noch ein später Rhetor das Erlebnis von Eleusis zu fassen.[5]

Sehr viel weiter einzudringen wird sachlicher Wissenschaft kaum gelingen. Das Mysteriengeheimnis ist im allgemeinen demonstrativ bewahrt worden; wir sind allenfalls in jener Situation, die Dion in einem anderen Vergleich beschreibt, «Diener der Mysterien, die draußen vor der Tür bleiben: sie schmücken die Vorhallen und die Altäre, die offen aufgestellt sind...., nie aber treten sie ins Innere ein... natürlich merken sie ein weniges von dem, was im Innern vorgeht; da wird ein mystischer Ruf herausgerufen, ein Feuer wird über der Mauer sichtbar...» und doch bleiben sie ausgeschlossen, sie werden nicht zu Mysten.[6] Doch selbst wenn wir einen vollständigen Bericht hätten, ja Videoaufnahmen, wie moderne Ethnologen sie vorlegen können, bliebe wohl genug des Befremdenden, ja Unverständlichen. Es führt kein Weg von der bloßen Beobachtung zur Erfahrung unmittelbarer Teilhabe. Kann man darüber sprechen, ohne sich all dem zu unterziehen, was dazugehört, Fasten, Reinigungen, Erschöpfung, Erschrecken, Erregung?[7] In der Tat wurde ja das Geheimnis von Eleusis gelegentlich verletzt, in provokanter Weise etwa durch Diagoras von Melos, den Atheisten, der ‹allen› davon erzählte – er machte die Mysterien damit ‹gemein›, heißt es,[8] er hat sie nicht zerstört: Das Geheimnis erwies sich auf offener Straße als kaum mehr wissenswert. Später hat ein Gnostiker von der Sekte der Naassener sich über das Gebot der Geheimhaltung hinweggesetzt; von ihm haben wir zwei Momentaufnahmen des nächtlichen Festes: «Wenn die Athener Einweihung feiern im Eleusinischen Fest, zeigen sie den Epopten das große, wunderbare, vollkommenste, das epoptische Geheimnis des Ortes, im Schweigen eine geschnittene Ähre»; und: «Der Hierophant selbst, wenn er bei Nacht in Eleusis unter einem großen Feuer die großen, unsagbaren Mysterien vollzieht, ruft aus und läßt erschallen: einen heiligen Sohn hat die Herrin geboren, Brimo den Brimos.»[9] Die Angabe ist singulär, sie ist wohl authentisch, und löst doch eher Enttäuschung aus. Losgelöst vom Kontext der Vorbereitungen, der Einstimmung, Konzentration, Erregbarkeit bleibt auch dies eine Chiffre, der man nachsinnen kann, ohne die Authentizität der Erfahrung zu erreichen.

Die übrigen Zeugnisse sind fast durchweg metaphorischen Charakters.

Mysteriensprache wird verwendet, um andersartige geistige oder seelische Prozesse zu veranschaulichen oder zu überhöhen. Platon war darin vorangegangen, und auch Rhetoren wußten die Wirkungen des ‹Unsagbaren› zu nutzen. Immerhin mag es gelingen, Aussagen dieser Art gleichsam als Spiegel zu gebrauchen, um einen ‹Blick über die Mauer› zu erhaschen.

Am eindrucksvollsten ist ein Text Plutarchs, der es wagt, das mutmaßliche Erlebnis des eigenen Sterbens mit einer Mysterien-Initiation zu vergleichen: «Dann erlebt die Seele etwas von der Art wie diejenigen, die in große Mysterien eingeweiht werden...: Umherirren zuerst, ermüdende Umläufe, ängstliches Gehen im Dunkel, das kein Ziel findet; dann unmittelbar vor dem Ende all das Furchtbare, Schauder, Zittern, Schweiß und Staunen. Dann kommt ein wunderbares Licht entgegen, reine Räume, Wiesen nehmen uns auf, es gibt Stimmen, Tänze, Feierlichkeit heiliger Worte und heiliger Erscheinungen: inmitten von ihnen ist der Vollendete, Geweihte frei und gelöst geworden, er geht umher, bekränzt, und feiert das Fest in Gemeinschaft mit heiligen, reinen Menschen, und er sieht herab auf die ungeweihte, ungereinigte Menge, die in Schlamm und Nebel unter seine Füße getreten wird...»[10] Die Wahrscheinlichkeit spricht dafür, daß Plutarch mit ‹großen Mysterien› Eleusis meint; doch das reale Telesterion ist aus dem Blick geraten, die Fakten des Rituals verschmelzen mit platonischen Reminiszenzen und freier Spekulation. ‹Heilige Schau› und ‹heilige Stimmen› tauchen auf, wie bei Kleanthes und Dion, doch in besonderer Weise werden Erschöpfung und Erschrecken thematisiert, die dem wunderbaren Licht vorangehen.

Der einflußreichste Text über Mysterienerfahrung stammt aus Platons *Phaidros*; immer wieder zitiert und nachgeahmt, bei Philon etwa und dann zumal bei Dionysios dem Areopagiten, ist er zum Grundtext der Mystik überhaupt geworden. Schon im *Symposion* hatte Platon die Offenbarung des wahren Seins, die Eros vermitteln kann, in der Sprache der Mysterien beschrieben; wenn dabei so deutlich eine ‹erste Einweihung› *(myein)* von der ‹vollkommenen, epoptischen Weihe› unterschieden wird, ist der Bezug zu Eleusis evident.[11] Der *Phaidros* bringt das unvergeßliche Bild von der Wagenfahrt der Seele, über den Himmel hin im Gefolge der Götter, um auf der Höhe der Kuppel den Blick ins Jenseitige zu tun, der der Seele ihre Kraft gibt. Eine vielleicht getrübte Erinnerung daran verbleibt zumindest einigen Seelen; sie kann fast schlagartig wiedererweckt werden durch die Begegnung mit dem Schönen in dieser Welt. Dann geraten diese Seelen außer sich und kennen sich selbst nicht mehr, sie wissen wieder, «wie damals glänzende Schönheit zu sehen war, als sie im seligen Chor selige Bilder und Gesichte im Gefolge des Gottes schauten und geweiht wurden in die Weihen, die man die seligsten nennen darf, eine Weihe, die wir feierten, selbst vollkommen..., in vollkommene, einfache, unbewegte, selige Erscheinungen eingeweiht und sie schauend – als Mysten und Epopten – im reinen Glanz, selbst rein und noch nicht geprägt von dem, was wir jetzt mit uns herumtragen und Körper nennen».[12] Die visionäre Magie der Formulierungen geht in der Übersetzung verloren; dem Philologen bleibt festzustellen, daß Einzelheiten offensichtlich von Eleusis genommen sind, vor allem die Doppelung von Mysten und Epopten; auch der tanzende Chor, die heilige Schau, die unvergeßliche Seligkeit ist in anderen Texten wie denen von Plutarch und Dion belegt. Die ‹heiligen Rufe› fehlen bei Platon, da zur ‹Idee› nun einmal das ‹Sehen› gehört; angespielt wird immerhin auch auf das ‹Erschreckende›, *deimata*, das der Verehrung des Göttlichen vorausgeht.

Alle diese Texte gehen über Anspielungen nicht hinaus, sie haben nicht den Status des Dokumentarischen; doch indem sie die Phantasie anregen und zur Einfühlung einladen, weisen sie wenigstens die Richtung zu einem Verständnis der Mysterien. Auffallend, wie das Erlebnis immer wieder in Antithesen beschrieben wird, die Finsternis und das Licht, das Entsetzen und die Seligkeit. Diese Ambivalenz kommt auch in weiteren Zeugnissen zur Sprache: Eleusis sei «zugleich das Schauerlichste und das Lichteste von allem, was für Menschen göttlich ist», schreibt Aelius Aristides.[13] Wenn die Eleusinischen Gottheiten im Traum erscheinen, bedeutet dies für Eingeweihte ein außerordentliches Glück für die Zukunft, «den Ungeweihten aber bringen sie zuerst eine bestimmte Art von Schrecken und Gefahr, dann aber bringen sie trotzdem auch das Gute zur Vollendung», heißt es im Traumbuch des Artemidor.[14] Plutarch spricht im Vergleich davon, daß man bei einer Weihe (*telete*) «die ersten Reinigungen und Verstörungen auszuhalten hat und dabei hofft, daß etwas Süßes, Strahlendes aus der augenblicklichen Angst und Verwirrung hervorgehen wird»; ja es gibt eine eigene Art von «Freude, wie sie die Initianden bei der Mysterienweihe in besonderer Weise empfinden, gemischt mit Verstörung und Bedrücktheit und doch im Bund mit seliger Hoffnung».[15] Immer gehört zur Charakteristik der Mysterien, von Anfang an und oft bezeugt, die Seligpreisung der Geweihten, der *makarismos*;[16] er wird laut, indem der Myste in einen ‹Chor› der Mitfeiernden aufgenommen wird, die die gleichen ambivalenten Erfahrungen hinter sich gebracht haben. Man kann sich vorstellen, wie die Erleichterung zu einem Hochgefühl der Stimmung aufsteigt. Nicht nachvollziehbar bleibt uns, inwiefern das Glücksgefühl stets mit einer bestimmten Art des ‹Sehens› zusammengebracht wird.[17]

Über Einzelheiten der Mysterieninitiationen haben wir nur bruchstückhafte Informationen; der Reiz des Fragmentarischen lockt die Phantasie, ohne daß ein Gesamtbild sich einstellen kann. Was Eleusis betrifft, gibt es nicht weniger als fünf Gruppen von Zeugnissen, die sich nicht ohne weiteres zusammenfügen: Die Topographie des archäologisch wohlerschlossenen Heiligtums;[18] rituelle Anspielungen im Mythos von Demeters Einkehr, vor allem im homerischen Demeterhymnus;[19] ein Relieffries mit Initiationsszenen, erhalten in mehrerer Nachbildungen;[20] das *synthema*, ‹Erkennungszeichen der Eleusinischen Mysterien›, das Clemens von Alexandrien anführt;[21] schließlich die zwei Angaben des Naasseners über die ‹geschnittene Ähre› und die Geburt des Kindes.

Diese nun gehören offenbar nicht zur vorbereitenden Initiation, sondern zum abschließenden nächtlichen Fest. Sie sind insofern einzigartig, und wichtig ist auch, daß sie nicht ganz isoliert sind: Bestätigt werden sie durch den Isishymnus des Mesomedes, eines Dichters der Hadrian-Zeit.[22] Dieser Text nennt, zum Preis der Isis-Demeter, andeutend «das Feuer des Hades, die unterirdische Hochzeit, die Geburtswehen der Pflanzen» – soweit geht es offenbar um Persephone –, «Sehnsucht der Aphrodite, die Geburt des kleinen Kindes, ein vollkommenes, unsagbares Feuer, die Kureten der Rhea, den Ährenschnitt des Kronos, Städte für den Wagenlenker – alles wird durch die Weihehallen (*anaktora*) hindurch für Isis getanzt». Das Wort *anaktoron* sichert die Beziehung auf Eleusis, und dann findet man ein ganzes Szenarium des Festes entfaltet, mit der Geburt des Kindes, dem großen Feuer, dem Schneiden der Ähre – nicht ohne Kastrationsmotiv – und schließlich dem Wagenlenker Triptolemos, der die Gabe von Eleusis durch die Lande verteilt. Man kann wohl die hier entfaltete Sequenz als Leitfaden für die Rekonstruktion des nächtlichen Mysterienfestes nehmen; wie viel auch dabei noch im Dunkel bleibt, bedarf kaum der Hervorhebung.

Das *synthema* seinerseits faßt offenbar die Stufen der Einweihung zusammen, freilich in einer Weise, die dem Ungeweihten so gut wie nichts verrät: «Ich fastete, ich trank den *kykeon*, ich nahm aus der *kiste*, ich werkte und legte dann zurück in den *kalathos* und aus dem *kalathos* in die *kiste*.» Ein Hantieren also mit zwei geflochtenen Körben, dem Deckelkorb *kiste* und dem offenen Korb *kalathos*, wie er bei Wollarbeit, aber auch bei Persephones Blumenpflücken Verwendung findet, nach dem Trinken des Gerstengetränks *kykeon*, womit schon im homerischen Demeterhymnus die Göttin ihr Fasten beendet. Das vielumrätselte ‹Werken› wird offenbar durch eine Bemerkung des Theophrast erklärt, wonach die Menschen «die Werkzeuge zum Bereiten des Getreides», d.h. Mörser und Mörserkeule, «als Geheimnis verbargen und ihnen als etwas Heiligem entgegentraten»; der Initiand hatte demnach Getreidekörner, aus der *kiste* genommen, in einem Mörser zu zerstoßen. Der praktische Sinn der Handlung – Bereitung des *kykeon* – läßt sich mit vielerlei symbolischen Deutungen verbinden, doch fehlt es an direkter Bestätigung.

Der Relieffries enthält drei Szenen, Voropfer, Reinigung und die Begegnung mit den Göttinnen. Die ersten beiden geben offenbar rituelle Vorgänge in realistischen Einzelheiten wieder, insbesondere wie der In-

itiand mit verhülltem Haupt auf einem Widderfell sitzt, während mit
Fackel und Getreideschwinge hantiert wird; die dritte Szene spielt mit einer höheren, mythisch-göttlichen Ebene: Demeter wendet sich der an-
kommenden Kore zu. Doch sitzt sie eben auf der *kiste*, ein Zweigbündel,
Requisit ritueller Realität, kennzeichnet den vor ihr stehenden Mysten;
eine Schlange ringelt sich um die *kiste*, die der Myste ohne Furcht berührt; er ist ‹frei und gelöst› – mehr an Detail aber verrät die mythische
Überhöhung nicht.

In der Topographie des Heiligtums fällt die Pluton-Grotte auf, an der
der Weg von den Propyläen zum Telesterion vorbeiführt; kein literarischer Text spricht von ihr, Ungeweihte wußten nichts von ihrer Existenz,
doch ist sie durch Weihungen identifiziert. Hier gibt es Öffnungen im
Boden, Stufen, hier ließen sich die ‹ängstlichen Umläufe im Dunkeln› ins-
zenieren; doch ist dies nur eine Möglichkeit, der die Phantasie nachsinnen kann. Insgesamt bleibt als Hauptproblem, daß wir keinen Anhalt haben auch nur zu vermuten, wie die mancherlei am einzelnen vorgenom-
menen Riten, vom Voropfer bis zum ‹Werken›, unter sich nach Zeit und
Ort und mit dem gemeinsamen Hauptfest im Telesterion korreliert waren.

Für die Mysterien des Dionysos zeugt in der späteren Zeit eine faszi-
nierende Ikonographie, die mit dem großartigen Fries der *Villa dei Misteri* in Pompei einsetzt. Er stammt aus der Caesar-Zeit.[23] Etwas später,
aus augusteischer Zeit, sind die Stuckreliefs des Farnesina-Hauses in
Rom.[24] In beiden Fällen handelt es sich offenbar um Räume eines privaten Kultes. Dies gilt auch für das Dionysosmosaik aus Djemila-Cuicul in
Algerien.[25] Dazu kommen Architekturreliefs[26] und einige Szenen auf
dionysischen Sarkophagen.[27] Das auffallendste Emblem ist ein großer,
erigierter Phallos in einer Getreideschwinge (*liknon*), verhüllt mit einem
Tuch, der entweder – wie in der *Villa* – von einer knieenden Frau enthüllt
wird[28] oder von einem Silen vor bzw. über einem seinerseits verhüllten
Knaben.[29] Offensichtlich wird hier ‹Mystisches› aufgedeckt, ‹Heiliges gezeigt›: eine ‹hierophantische› Szene. Man kann versuchen, diese interpre-
tierend zu umschreiben, als Begegnung mit einer göttlichen Lebensmacht
oder auch einfach mit der Sexualität in einem Szenarium der Pubertäts-
weihe. In diesem Sinn konnte man das Märchen von Amor und Psyche
heranziehen, als mythische Sequenz, die eben die Begegnung der ‹Seele›
mit Eros zum Inhalt hat:[30] Die dramatische Peripetie ereignet sich, als
Psyche beim Schein ihrer Lampe das erste Mal ihren Partner unverhüllt
erblickt; die Krise führt in eine Periode des Leidens und der Buße, bis
schließlich die vollkommene Erfüllung sich einstellt.

Als Sequenz ist jedenfalls der große Fries der *Villa* zu lesen, überlagert
freilich vom Prinzip der Zentralkomposition, wonach der Gott das Zentrum der Stirnseite des Raumes einzunehmen hat. Die Handlung setzt ein

mit der eintretenden Frau, sie führt über Reinigung und ein vorübergehendes Idyll im Satyrbereich zur geheimnisvollen Epiphanie, die in zwei Szenen beidseits der zentralen Gottesgestalt vor sich geht: Links hantieren Satyrknaben mit Wein und Maske – geht es um einen Spiegeltrick, geht es um Mantik?[31] –, rechts wird der Phallos enthüllt. Beides bleibt dem uneingeweihten Betrachter rätselhaft. Es folgt die ebenso dunkelfaszinierende Flagellationsszene und dann ein freier, wilder, ‹bakchischer› Tanz – eine Antithese offenbar von Schrecken und Seligkeit. Es sind keine Texte gefunden worden, die einen direkten Schlüssel zur Deutung enthielten; es sind auch keine direkten Vorgänger des *Villa*-Frieses im ganzen bekannt.[32] Offenbar handelt es sich um eine relativ neue Form der dionysischen Mysterien, die damit mehr als 100 Jahre nach der Katastrophe der *Bacchanalia* von neuem gerade in Italien Eingang fanden. Das *liknon* mit dem Phallos freilich taucht schon früher auf, etwa in der Darstellung eines dionysischen Thiasos auf einer apulischen Vase;[33] nicht selten erscheint es auf Gemälden und Reliefs auf einem Pfeiler in die Landschaft gestellt.[34] Hier scheint ihm nichts Geheimnisvolles, »Mystisches« anzuhaften, wie denn Phallosprozessionen zu den alten und öffentlichen Formen des Dionysoskultes gehören. Für sich genommen war ein Phallos kaum geheimnisvoller als eine geschnittene Ähre; es ist nicht das Requisit, was Mysterien konstituiert.

Eine ältere Gruppe von Zeugnissen über dionysische Weihen rückt die ‹Reinigung› und einen damit einhergehenden Wandel der Persönlichkeit in den Vordergrund. Die Invektiven des Demosthenes gegen Aischines lassen ein nächtliches Szenario erkennen, zu dem das Anlegen eines Rehfells und das Aufstellen eines Wein-Kraters gehören; der Initiand hat sich niederzusetzen, wird mit einer Masse aus Lehm und Getreidehülsen – wohl besonders im Gesicht – überkleistert; aus dem Dunkel taucht die Priesterin als erschreckender Dämon auf; dann wird der Initiand sehr real gereinigt, er darf sich erheben, er ruft: «Ich entkam dem Unheil, ich fand das Bessere», und die anderen kreischen dazu hell auf, mit jenem Kultruf (*ololyge*), mit dem Frauen auf die Gegenwart eines Gottes reagieren. Dann folgt bei Tageslicht die Integration der Geweihten in den *thiasos*, der durch die Straßen zieht; man trägt Kränze von Fenchel und Weißpappel, tanzt zum Klang rhythmischer Rufe, *kiste* und *liknon* werden einhergetragen, manche haben lebende, sich ringelnde Schlangen dabei: Der Geweihte hat den Schrecken überwunden.[35] Man kann dazu den Mythos stellen, wonach Dionysos selbst, von Hera in Raserei versetzt, von Rhea ‹gereinigt› wurde.[36] Diese Szene ist im Rahmen eines Reliefzyklus auf dem Altar des Dionysos von Kos in der 2.Hälfte des 2.Jh. v.Chr. dargestellt.[37] Den rituellen und seelischen Vorgang zugleich beschreibt Platon in einem kunstvollen Gleichnis: Wenn eine Seele durch ‹große *tele*› umgestimmt wird, macht man sie erst durch ‹Reinigung› leer von all den Mächten, die in ihr zuvor ihr Wesen trieben, und dann zieht ein jubelnder, bekränzter ‹Chor› ein, der die neuen Mächte mit sich führt, die von nun an herrschen sollen.[38] Platon verwendet das Bild, um die katastrophale Verführung der «demokratischen» Seele zu beschreiben; was er voraussetzt, entspricht durchaus den Verfahren im Kreis des Aischines.

Für die Mysterienweihe der Isis tritt für uns ein einziger Text ein, der berühmte Abschnitt im 11. Buch der *Metamorphosen* des Apuleius. Es ist die einzige einläßliche Schilderung der Erfahrung einer Initiation im Ich-Stil. Freilich handelt es sich um Dichtung im Rahmen eines parodistischen Romans, und die entscheidenden Sätze sind spielerisch-ironisch, mehr verhüllend als enthüllend: «Du wirst mit einiger Spannung fragen, eifriger Leser, was daraufhin gesagt und getan wurde. Ich würde es sagen, wenn es zu sagen erlaubt wäre… Doch will ich dich nicht in der Spannung eines vielleicht religiösen Wunsches mit langer Unruhe quälen» – so leitet der Autor seinen Bericht ein, um fortzufahren: «Ich trat in den Grenzbereich des Todes, ich setzte den Fuß auf die Schwelle der Persephone, durch alle Elemente fahrend kehrte ich zurück, mitten in der Nacht sah ich die Sonne, von weißem Lichte zuckend, die Götter der Unterwelt und die Götter des Himmels traf ich von Angesicht zu Angesicht, betete sie aus nächster Nähe an.»[39] Dies geschah zur Nachtzeit; am folgenden Tag – dies ist öffentlich und bedarf nicht metaphorischer Umhüllung – wird der nunmehr Geweihte einer bewundernden Menge vorgestellt, auf einem Podium inmitten der Tempelanlage, in einem komplizierten zwölffachen Gewand, eine Fackel in der Hand, bekrönt mit einem Kranz, der die Strahlen der Sonne erkennen läßt.[40] Dies ist klar in realem wie in symbolischem Betracht; die nächtliche Zeremonie bleibt, was das tatsächliche Ritual betrifft, von der Metaphorik der Deutung verhüllt. Man könnte an eine phantastische Maschinerie denken, um wie auf einer Geisterbahn oder wie in einer Aufführung der ‹Zauberflöte› Himmel, Unterwelt und alle Elemente vorzuführen; man hat auch für Eleusis an Entsprechendes gedacht, ehe die Ausgrabungen den nackten, geschlossenen Boden unter dem Telesterion ans Licht brachten.[41] Vielleicht ist es richtiger, auch bei Isis eher an schlichte rituelle Symbolik zu denken, wie sie einige Texte nahelegen: Es gibt ‹Reinigung› durch die Elemente, durch Erde, Wasser, Luft und Feuer, wie Servius ausführt.[42] Als ‹Reinigung durch Luft› gilt dabei die Verwendung des *liknon*, das im realen Gebrauch das Getreide von den Hülsen ‹reinigt›. ‹Reinigung durch Feuer› wird mit Fackeln vorgenommen; das ‹zuckende Licht› in der Nacht könnte dem ‹großen Feuer› auf dem Eleusinischen Herd in der Mysteriennacht entsprechen. Wie die ‹Schwelle des Todes› erreicht wurde, bleibt der Phantasie überlassen, die um Vorschläge freilich nicht verlegen ist.[43] Im übrigen wollte Apuleius der Neugier ein Schnippchen schlagen, und dies ist ihm gelungen.

Für die Meter-Mysterien gibt es eine ältere Schicht von Zeugnissen, die sich auf die Korybanten-Weihe konzentrieren: Der Initiand wird auf einen Thron gesetzt, um den in besessenem Tanz die Korybanten wirbeln. Im Dionysos-Mythos erscheint eine entsprechende Szene, die auch bildlich dargestellt wird.[44] Aus der Spätantike gibt es wiederum ein *synthema*, das der Eleusinischen Formel offenbar nachgebildet ist: «Vom *tympanon* aß ich, aus dem *kymbalon* trank ich, ich trug das Kultgefäß *kernos*, ich tauchte unter den Bettvorhang (*pastos*)»; ein Zeuge setzt hinzu: «Ich bin ein Myste des Attis geworden.»[45] Pauken und Metallbecken sind die allgegenwärtigen Embleme des Meterkultes mit seinem ‹enthusiastischen› Tanzrhythmus, doch scheinen sie hier in merkwürdiger Weise gebraucht zu werden; *pastos* wird meist mit Hochzeit verbunden. Etwas ganz anderes ist das Taurobolium. Wie christliche Autoren im Detail beschreiben,[46] kauert der Initiand in einer balkenbedeckten Grube, und auf ihn ergießen sich die 50 Liter Blut eines Stiers, der gerade über ihm abgestochen wird. Gewiß ein unvergeßliches Erlebnis, wenn auch kaum ‹selig› zu nennen; doch wird der Geweihte, wie er aus der Grube auftaucht, von den anderen ‹angebetet›: Er hat einen höheren Status erreicht, er fühlt sich befreit und von neuem Leben erfüllt, gerade im Kontrast zum Schrecklichen, das vorausging. Auch hier gilt: «Ich entkam dem Unheil, ich fand das Bessere»; das Erlebnis wird dabei in diesem Fall besonders mit dem Glauben an eine magische Wirkung der *telete* verbunden.[47]

Mithras steht wiederum in eigenem Kreis. Die Initiationsriten sind in seinen Mysterien wichtiger und komplizierter als irgend sonst, sie werden vervielfacht, so daß sieben Grade von Mysten gebildet werden, *korax* der ‹Rabe›, *nymphus* die ‹Bienenpuppe›,[48] *miles* der ‹Soldat›, *leo* der ‹Löwe›, *Persa* der ‹Perser›, *heliodromus* der ‹Sonnenläufer›, und *pater* der ‹Vater›. Zu jeder Stufe muß ein besonderes Weiheritual gehört haben, mit Vorbereitungen, dramatischen Höhepunkten, Integration in die neue Gemeinschaft.[49] Doch Literatur und Ikonographie liefern nur überaus spärliche Anhaltspunkte für eine Rekonstruktion: einige schlecht erhaltene Fresken im Mithräum von Capua Vetere,[50] einige umstrittene Behauptungen christlicher Autoren, die aufs Problem der Initiationstorturen führen;[51] auch die Korrelation mit den sieben Planeten ist nicht eindeutig und hilft darum kaum weiter.

Als Grundidee von Initiationsritualen überhaupt gilt im allgemeinen Tod und Wiedergeburt.[52] Die antiken Mysterien sollten, qua Initiation, in dieses Schema sich einordnen lassen, um so mehr als sie immer wieder ans Christentum nahe herangerückt worden sind. Es ließe sich daraus zugleich herleiten, wieso die Mysterienweihe als geeignet gilt, die Angst vor dem Tod zu überwinden: Der Schrecken ist vorweggenommen, der neue Status ist von bleibender Gültigkeit. Doch ähnlich wie beim Mythos vom ‹leidenden Gott› sind auch fürs Ritual einer ‹Wiedergeburt› die Zeugnisse teils zu vage, teils zu vielgestaltig, um einer einfachen und zugleich umfassenden Theorie Vorschub zu leisten.

Am deutlichsten und oft angeführt sind die Formulierungen über die Isisweihe bei Apuleius: Die Weihe werde feierlich vermittelt, sagt der Priester, «nach Art eines freiwilligen Todes und einer auf Bitten hin gewährten Rettung»;[53] der Ausdruck «ich setzte den Fuß auf die Schwelle der Persephone» in der folgenden Schilderung paßt dazu. Im Osirismythos stirbt der Gott, indem ihn Seth dazu bringt, sich in einen prächtigen Sarg zu legen, der jäh verschlossen wird.[54] So etwas ließe sich eindrucksvoll im Ritual ausspielen, doch fehlt es an direkter Bestätigung.[55] Der Tag nach der Weihe gilt jedenfalls als neuer ‹Geburtstag›.[56] Vorausgesetzt ist, daß – wie oft bezeugt – eben Isis die Macht hat, das Schicksal zu ändern und ein neues Leben zu schenken.[57] Das Ritual hat, auf welchem Wege immer, dies zur erlebnishaften Gewißheit gemacht. Die spezifische Verheißung der Isis zu verallgemeinern und auf Mysterien überhaupt zu übertragen, besteht kein Anlaß.

Auch eine Inschrift im Mithräum von Santa Prisca in Rom deutet an, daß der Tag der Initiation ein neuer Geburtstag ist, auch mit astrologischen Implikationen,[58] und einige Taurobolium-Inschriften verweisen auf den ‹Geburtstag›.[59] Von besonderen Riten verlautet nichts. Man würde die ‹Geburt› besonders einer göttlichen ‹Mutter› zutrauen; Platon deutet im Staat einen eigentümlich bildhaften Ritus an: Er läßt die Seelen auf dem Weg zur Wiederverkörperung «durch den Thron» der großen thronenden Göttin Ananke hindurchgehen. Was wir von der Korybanten-Weihe kennen, ist aber davon völlig verschieden. Auch das Auftauchen des Mysten vom Taurobolium, bluttriefend aus der Höhlung, ließe sich als Geburt deuten;[60] Bestätigung fehlt.

Am wenigsten ist für ‹Wiedergeburt› in Eleusis zu gewinnen. Alfred Körte freilich glaubte, im *synthema* einen Hinweis auf eine symbolische Geburt gefunden zu haben, indem er, in Kombination mit einer Bemerkung des Theodoret, die Berührung eines in der *kiste* verborgenen Mutterschoßes postulierte;[61] nachdem man auf den Text Theophrasts über das Geheimnis des Getreide-Zerstoßens aufmerksam geworden ist, fällt Körtes Vermutung dahin. Der Naassener spricht von der Geburt eines Kindes beim Eleusinischen Fest,[62] und schon bei Sophokles steht ein eigentümlicher Hinweis auf ‹Ammendienst› im Bereich der Herrinnen von Eleusis.[63] Doch scheint das Paradox vom Leben im Tod, vom Leben aus dem Tod nicht eindimensional und eindeutig verkündet und zelebriert, sondern in mehreren parallelen Bildern oder ‹Codes› eher verhüllt und andeutend enthalten zu sein: Persephone, die vom Totengott geraubt wird und doch wiederkehrt, zur Freude der Götter und Menschen; die Getreideähre, die abgeschnitten und doch das Leben im Saatgut bewahrt; das

Kind im Feuer, das durch die Vernichtung unsterblich werden soll; Andeutungen von ‹Verwandtschaft› und Adoption – es wäre im Grund Verarmung, dies alles auf ein Ritual und eine Deutung zu reduzieren, die ‹Wiedergeburt› des Initianden.

Der Mythos vom «chthonischen» Dionysos, der auf den Thron gesetzt, von Kureten umtanzt, von Titanen weggelockt, getötet, zerstückelt wird, um schließlich in neuer Gestalt wieder geboren zu werden, enthält lauter Charakteristica eines Initiations-Szenarios; fest steht, daß die ‹Spielzeuge des Dionysos›, Ball, Kreisel, Würfel, Spiegel, im Ritual verwendet wurden; vielleicht waren von dieser Art auch die ‹Zeichen›, die Mysten zuhause verwahrten als Unterpfand ihrer Weihe.[64] Es bleibt indessen eine nicht verifizierbare Vermutung, daß der Mythos – in einer frühen Form der Mysterien? – genau in dieser Abfolge und mit diesen Einzelheiten rituell ausgespielt wurde. Bemerkenswert ist der Hinweis, daß die Mysten Weißpappel-Kränze tragen, ‹weil dieser Baum im Hades wachse›:[65] Sie bleiben mit dem Reich der Schatten verbunden. Man mag die Grotten, ‹Höhlen›, in denen oft die Dionysischen Feiern stattfinden,[66] auch durchaus als eine Form der ‹Unterwelt› empfunden haben, auch wenn sie nie so ausgestaltet wurden wie die Stätten des Mithraskultes. Bei den *Bacchalia*, heißt es, seien Menschen von Maschinen in dunkle Höhlen gerissen worden, wie von Göttern entrafft; die Anklage sprach von rituellem Mord.[67] Hier gab es offenbar Absonderlichkeiten, die nicht als Maßstab für das sonst Übliche gelten können. Von ‹Wiedergeburt› ist auch hier nicht die Rede.

All diese skeptischen Erwägungen scheinen überholt durch die neuen Texte aus Thessalien, in denen nun in der Tat von der neuen ‹Geburt› des Verstorbenen die Rede ist; eben darin zeigen sie jedoch den Kontrast zur christlichen Begrifflichkeit. «Jetzt bist du gestorben, und jetzt bist du geboren worden, dreimal Seliger, an diesem Tag. Sage der Persephone, daß Bakchios selbst dich gelöst hat...»[68] Hier wird der reale Tod als eine Geburt gefaßt, Beginn einer neuen Existenz; das Ende ist mit dem Anfang verknüpft, wie es schon Pindar ausgesprochen hat.[69] Die bakchische Weihe garantiert, daß diese neue Existenzform eine selige sein wird, Fortsetzung des Weihefestes (*telea*) im Jenseits. Doch ist davon keine Rede, daß schon der Lebende nach der Initiation als ‹wiedergeboren› gelten könnte; so ist denn auch kein Ritual des ‹Sterbens› vorausgesetzt. Die rituellen Hinweise allerdings – «Stier sprangst du in die Milch, Widder fielst du in die Milch» bleiben uns rätselhaft, wie es jene *synthemata* ja auch sein wollen.

Eine paradox-geheimnisvolle Antithese von Tod und Leben ist in den Mysterien immer wieder aufzuweisen; dazu gehören auch die Zeichen von Nacht und Tag, Dunkel und Licht, Unten und Oben; es gibt aber keinen Text, der so ausführlich und vollklingend von der ‹Wiedergeburt› spricht wie Paulus oder das Johannesevangelium.[70] Daß die Konzeption des Neuen Testaments von heidnischer Mysterienlehre direkt abhängig sei, ist philologisch-historisch bislang unbeweisbar; um so weniger sollte man sie zum eigentlichen Schlüssel für Ritual und Verkündigung der älteren Mysterien machen.

Festzuhalten bleibt noch, daß es kaum Zeugnisse gibt für eine ‹Taufe› in den vorchristlichen Mysterien, so oft in der Forschung auch davon die Rede ist. Selbstverständlich gibt es Formen der ‹Reinigung›, bei denen Besprengen oder Waschen mit Wasser obenan steht, in Mysterien wie in anderen Kulten. Taufe im eigentlichen Sinn, Eintauchen in ein fließendes oder stehendes Wasser als ‹Bad der Wiedergeburt›, als Beginn eines neuen Lebens, geht darüber jedoch markant hinaus. Was die *Baptai* in Korinth im 5.Jh. v.Chr. praktizierten, ist unklar, beruhen die wenigen Angaben, die wir haben, doch im wesentlichen auf der fragwürdigen Basis einer Komödie des Eupolis.[71] Ein fragmentiertes Weihrelief von Eleusis ist immer wieder abgebildet worden als der augenfällige Beweis für eine ‹Taufe in Eleusis›;[72] doch macht es die ikonographische Analyse zur Gewißheit, daß eine der üblichen Prozessionen zur Gottheit dargestellt war, wovon nur der an der Spitze gehende Knabe erhalten ist, der unter die Opferschale in der Hand der Göttin gestellt erscheint. Die Wasserbassins in Isisheiligtümern wurden ebenfalls für eine ‹Taufe› in Anspruch genommen; doch lassen sie sich als Vorrichtungen für die rituell veranstaltete Nilflut befriedigend erklären.[73] So bleiben nur einige Bemerkungen Tertullians über ein ‹Bad› (*lavacrum*) im Kult von Isis und Mithras.[74] Von der anderen Seite her ist allerdings evident, daß einige Einzelheiten in der Ausgestaltung des christlichen Taufrituals an die paganen Mysterien erinnern: Es geht um persönlichen Entschluß und Bewerbung, wobei nicht selten das ‹Zaudern› (*oknos*) im Wege steht; es gibt die Zeit der Vorbereitung und der individuellen Belehrung; das Hauptfest spielt sich in der Nacht ab, vorzugsweise am Vorabend eines Kirchenfestes wie Ostern; Milch und Honig wird den Neophyten gereicht; besonders merkwürdig erscheint das ‹Treten auf Ziegenfelle› zum Zeichen der Abkehr vom Alten[75] – der Eleusinische Myste sitzt auf einem Widderfell, tritt mit dem Fuß auf das Horn. Wahrscheinlich liegen hier nicht nur Zufallsparallelen im allgemeinen Kontext von Initiationen vor, sondern direkte Entlehnungen oder auch distanzierende Bezugnahmen; ist doch gegenüber dem, was Johannes der Täufer am Jordan anbot, das Ritual offenbar bereichert worden. Für rückgreifende Rekonstruktionen des Paganen ergeben sich allerdings auch hier keine festen Anhaltspunkte. Im übrigen ist ein weiterer Ritus der Ehrung, Heilung, Integration, der im Judentum eine große Rolle spielt, in den griechischen Mysterien praktisch unbekannt: die Salbung.[76]

Geheimnisse reizen die Neugier, und die wiederholte Versicherung der Ungewißheit vermag kaum zu befriedigen. Drei Fragen vor allem scheinen angesichts der Mysterien immer wieder aufzutreten: Gab es Quälereien, Initiationstorturen? Gab es sexuelle ‹Orgien›? Wurden Drogen verwendet? So zu fragen, ist ohne Zweifel legitim; die Antworten freilich werden weder einheitlich noch ganz eindeutig ausfallen.

Demütigungen, Schmerzen, ja ernsthafte Verwundungen kommen bei Initiationsritualen weltweit vor, von ‹primitiven› Völkern bis hin zu Studentenverbindungen. Es geht darum, die bestehende Persönlichkeitsstruktur aufzubrechen, sie für Neues dauerhaft empfänglich zu machen – wie es in seiner Weise auch der alte griechische Begriff der ‹Reinigung› ausdrückt –. Zeugnisse dieser Art gibt es für die Mithrasmysterien: Gregor von Nazianz verweist darauf in einigen hingeworfenen Bemerkungen, die sein Scholiast dann weiter ausführt;[77] ein Pseudo-Augustintext kommt dazu.[78] Franz Cumont wollte diesen Angaben jeden Glauben versagen.[79] «50 Tage Fasten, 50 Tage Geißelung, 20 Tage im Schnee», wie der Scholiast behauptet, macht den Eindruck arger Übertreibung; und wo wollte man Schnee in Rom und Ostia hernehmen, von Dura-Europos und Afrika zu schweigen? Ein Rhetor wie Himerios, kaum ein gestählter Recke, konnte offenbar ohne Schwierigkeiten und in Eile sich einer Mithrasweihe unterziehen, um bei Kaiser Julian gut anzukommen.[80] Eigentümlich immerhin, daß im Mithras-Yašt des Avesta von Tagen des Waschens und der ‹Geißelung› zur Vorbereitung einer Mithraszeremonie die Rede ist.[81] Sehr viel originellere Angaben macht Pseudo-Augustin: Die Kandidaten, heißt es, hören mit verbundenen Augen das Flügelschlagen von Raben, das Brüllen von Löwen; «einigen» – sicher bei der Einweihung in einen bestimmten Grad – werden die Hände mit Hühnerdärmen gefesselt, und so läßt man sie in ein Wasserbassin stolpern; dann tritt ein Mann dazu, der die Fesseln mit einem Schwert durchschneidet: er ist der ‹Befreier› (liberator); es gebe auch noch Unanständigeres. Nun stellen Fresken im Mithräum von Capua Vetere, die freilich nur schlecht erhalten sind, offenbar Szenen dieser Art dar;[82] sie liefern damit die authentische Bestätigung zumindest für diesen Text. Es muß auch gefährliches Hantieren mit Feuer gegeben haben. Einige der löwenköpfigen Statuen sind so konstruiert, daß sie, dank einer Aushöhlung im Stein, durch den Mund Feuer speien konnten;[83] ein Epigramm aus dem Mithräum von Santa Prisca nennt die «Weihrauch brennenden Löwen, durch die wir Weihrauch spenden, durch die wir selbst verbrannt werden».[84] Noch andere Formen angedrohter Tötung dürften vorgekommen sein. Ein kurioses Eisengerät aus dem Mithräum von Riegel ist als eine Art Theaterschwert erklärt worden, mit dem man einen Menschen wie von einer Lanze durch und durch gestochen darstellen konnte.[85] Von Kaiser Commodus heißt es, er habe den Mithraskult mit ‹wirklichem Mord› befleckt; dies scheint symbolische Tötung als normal vorauszusetzen. Gerüchte über Menschenopfer erhielten gelegentlich durch Funde von Menschenschädeln Nahrung.[86] Vieles wird hier im Dunkel bleiben. Der Religionshistoriker mag immerhin mit Befriedigung notieren, daß die Mithrasmysterien insoweit der allgemeinen Phänomenologie der Initiationsriten durchaus entsprechen. Eben damit allerdings setzt Mithras sich wiederum ab von den eigentlichen griechischen Mysterien.

In diesen scheinen vielmehr Formen der Demütigung und Verursachung von Schmerzen in fast schon auffälliger Weise zu fehlen. «Niemand jammert, während er in Mysterien eingeweiht wird.»[87] An Stelle dessen tritt die vorangehende ‹Reinigung› – die ihrerseits freilich durchaus peinliche Verfahren enthalten kann, wie etwa das Verschmieren mit Lehm, wenn nicht gar Schläge.[88] Und seelischer ‹Terror› fehlte keineswegs: «all das Furchtbare, Schauder, Zittern, Schweiß – und Staunen», um nochmals Plutarch zu zitieren.[89] Wer sich der Mater Magna weihte, als *archigallus* offenbar, erhielt ein ‹Siegel› mit heißen Nadeln eingebrannt; so Prudentius.[90] Von Brandmarkung in Dionysos-Mysterien ist in Verbindung mit Ptolemaios IV. Philopator die Rede, ein Sonderfall offenbar, von gegnerischer Propaganda aufgebauscht.[91]

Es bleibt das eigentümliche Bild der *Villa dei Misteri*, das eindeutig einen Schlag mit der Rute auf den entblößten Rücken einer knienden Frau darstellt.[92] Ihr Haar ist aufgelöst, sie schließt die Augen, während eine sitzende Helferin ihren Kopf im Schoß hält und ihr zugleich das Gewand vom Rücken streift. Hoch schwingt hinter ihr eine finstere Gestalt die Rute. Dies alles wäre durchaus realistisch zu nehmen, wäre die Finstere, Strafende nicht durch Flügel als Wesen aus einer anderen Welt gekennzeichnet; dies weist eher auf ein allegorisches Verständnis. Es gibt einige Hinweise auf Prügel in bakchischem Zusammenhang, von Plautus bis zu späten Sarkophagen;[93] dort findet man mehrfach, wie Pan oder ein Satyrjunge mit einer Sandale gezüchtigt wird, doch Situation und Ikonographie haben mit dem Bild der *Villa* kaum etwas gemeinsam. Andererseits ist vom Peitschenschlag des Wahnsinns schon in der attischen Tragödie die Rede, und dementsprechend erscheint die Göttin des Wahnsinns, Lyssa, mit einer Geißel in der apulischen Vasenmalerei.[94] Horaz meint, daß auch Aphrodite mit ihrer ‹hohen Peitsche› ein sprödes Mädchen gefügig machen könnte.[95] Vor allem aber gehört ‹Wahnsinn› dem Dionysos. So ließe sich die Flagellationsszene in Symbolik auflösen: Am Höhepunkt der Weihe wird, ‹mit einem Schlag›, der göttliche Wahnsinn die Initiandin erfassen und sie, gleich den anderen, als wahre Bakchantin in den rasenden Tanz treiben. Eine reale Ritualhandlung ist dadurch allerdings keineswegs ausgeschlossen; ‹Reinigung›, *katharsis*, kann durchaus auch in Schlägen bestehen.[96] Auch hier ist es der Kunst gelungen, die Wirklichkeit der Mysterien darstellend zu verhüllen.

88

Der moderne Gebrauch des Wortes ‹Orgien› läßt erkennen, in welche Richtung der Verdacht des Puritaners gegenüber nächtlichen *orgia* zielt. Kein Zweifel, daß Sexualität in den Mysterien eine zentrale Funktion hatte. Nach Diodor spielte ‹Priapos Ithyphallos› in fast allen Mysterien seine Rolle, wobei er freilich «mit Gelächter und lustigem Spiel hereingebracht wurde».[97] Dies war kaum der tiefe Kern des Mysteriums, war doch die Prozession mit einem großen Phallos geradezu die öffentlichste Begehung des Dionysoskultes, der ‹Großen Dionysien› in Athen.[98] Sofern Mysterien etwas mit Pubertätsweihen zu tun haben, ist zu bedenken, daß dort die Begegnung mit der Sexualität normal, ja notwendig ist; der Wandel vom Kind zum Erwachsenen ist das biologisch-archetypische Modell für eine notwendig sich vollziehende Statusveränderung. Es ist möglich, daß gerade Dionysosmysterien hiervon noch geprägt waren. Nur verheiratete Frauen, heißt es einmal, nicht Jungfrauen können *bakchai* im vollen Sinn sein.[99] Plutarch verweist in der Trostschrift an die eigene Gattin auf ihre gemeinsame Einweihung in Dionysosmysterien.[100] Auch die Fresken der *Villa dei Misteri* sind in solchem Sinn interpretiert worden, als Vorbereitung einer Hochzeit im Rahmen der römischen *Matronalia*.[101] So hätte auch der verhüllt-enthüllte Phallos seine notwendige Position. Die apulischen Vasen des 4.Jh., die größtenteils für den Grabkult hergestellt wurden und mit ihrer dionysischen Bilderwelt offenbar Dionysosmysterien reflektieren, zeigen immer wieder die Begegnung von Mann und Frau in einer bakchisch-kultischen Landschaft; man hat an eine ‹elysische Hochzeit› gedacht und von ‹Eschatogamie› gesprochen,[102] doch fehlt jeder deutliche Hinweis auf den Hades; man kann hier ebenso gut Bilder von Initiationsritualen finden, oder aber jene Einheit von Ritual und Jenseitsfest, die im Eleusinischen wie im bakchischen Bereich bezeugt ist.[103]

Allzu direkt und grob wirkt demgegenüber, was Livius den *Bacchanalia* zuschreibt: So deutlich wie es einem Augusteer nur möglich ist, gibt er zu verstehen, daß die Initianden homosexuell vergewaltigt wurden; *simillimi feminis mares*.[104] Man warnt im allgemeinen, solchen Verleumdungen Glauben zu schenken; an Parallelen im ethnologisch erfaßten Bereich der Initiationen fehlt es allerdings keineswegs.[105] Man könnte entsprechende Assoziationen knüpfen an die Tatsache, daß Eros in den späten apulischen Vasenbildern, gegen 300 v.Chr., in auffälliger Weise mit weiblich gerundeten Formen, geradezu androgyn erscheint. Doch angenommen, homosexuelle Praktiken hätten in der Tat in geschlossenen ‹bakchischen› Zirkeln in Unteritalien überhand genommen, so hat gerade diese Form keinen dauerhaften Bestand gehabt. Was nach der Katastrophe der *Bacchanalia* wiederkehrt, ist Symbolik, eindeutig sexuelle Symbolik, gewiß, aber von einer Art, die die körperliche Unberührtheit der Mysten garantiert. Das Exzessive bleibt aufgehoben in der Phantasie. Nicht die unerhörte ‹Orgie›, sondern das symbolische Ritual ist es, das Dauer verbürgt.

Eine besondere Form der Initiation mit deutlich sexuellen Konnotationen ist für die Sabazios-Mysterien bezeugt: Man ließ unter dem Gewand des Initianden eine – metallene – Schlange hindurchgleiten. Dies wird ‹der Gott durch den Schoß› genannt.[106] Man ist sich einig, daß dies eine sexuelle Vereinigung mit der Gottheit bedeutet: Im Mythos wird Persephone von Zeus in Schlangengestalt begattet; die Legende hat die Vereinigung mit der Schlange in dionysischen Orgien auf Olympias, die Mutter Alexanders des Großen, übertragen.[107] Zu beachten ist indessen der doppelte Symbolismus, der dem Ritus seine Direktheit nimmt: Für den Phallos tritt die Schlange ein, für das lebendige Tier das metallene Bild. Zum erregenden Erlebnis wird ein solches Ritual allemal werden, wobei aber in diesem Fall mehr noch als sexuelle Assoziationen die Schlangenangst zur Wirkung kommen mußte: Im flackernden Licht eines nächtlichen Festes konnte der Kandidat doch kaum erkennen, ob eine echte oder eine künstliche Schlange im Spiele war. Auch hier ist nicht das Sexuelle das eigentliche Geheimnis.

Die Eleusinischen Mysterien waren durch ihre ‹Reinheit› ausgezeichnet.[108] Sexuelle Begegnungen sind hiermit dennoch nicht ausgeschlossen, wurde doch der Eleusinische Iakchos ohne weiteres mit Dionysos gleichgesetzt. Doch finden wir in Eleusis nichts von phallischer Symbolik, und was immer an ‹unsagbaren Hantierungen› vorkam, blieb verschwiegen.[109] Noch mehr scheint in den Mithrasmysterien kriegerische Männlichkeit alles Sexuell-Weibliche zu verdrängen. «Mithras haßt Frauen», hieß es.[110] Eine merkwürdige Aufmerksamkeit gilt nichtsdestoweniger in den bekannten Kultreliefs den Genitalien des sterbenden Stieres: Samen, der sich ergießt, wird in einem Krater aufgefangen, ein Skorpion greift nach den Hoden, der Schwanz verwandelt sich in Getreideähren – Metamorphose der Zeugung noch im Tode. Doch haben wir keinen zugehörigen Text. In den Metermysterien wird die Kastration zum zentralen *fascinosum*; man hat den Eindruck, Besessenheit von Sexualität im Negativbild zu finden. Eigentümlich und unerklärt ist der ‹Brautvorhang›, von dem das *synthema* der Attismysterien spricht.[111]

Sonderbar ist in diesem Betracht das Bild, das der Isiskult bietet. Auch hier findet man keinerlei deutliche Sexualsymbole, sondern rasierte Häupter, Leinengewänder, Prozessionen, Gebete, Weihrauch, Sistrumklänge, alles was nach ‹gereinigter›, fast steriler Religiosität aussieht; wenn das heilige Wasser des Nils mit dem Zeugungsglied des Osiris zu tun hat, so hat sich alles Herausfordernd-Obszöne aufgelöst. Und doch ist Isis zugleich Aphrodite, und besonders auch Hetären waren ihrem Kult zugetan. Es kam sogar dazu, daß eine Römerin aus vornehmer Familie, eine gewisse Paulina, sich in den Isistempel einladen ließ, um die

Nacht mit Anubis zu verbringen; unter der Maske des Schakals hatte sich der Ritter Decius Mundus sein durchaus diesseitiges Vergnügen verschafft.[112] Der Skandal wurde aufgedeckt, Kaiser Tiberius verbannte – zum letzten Mal – die Isispriester aus Rom. Und doch kann man nicht allzu viele Folgerungen daraus ziehen, sind doch vergleichbare Skandale in Sekten, auch in christlichen Sekten, immer wieder vorgekommen, ohne daß etwa christliche Theologie davon betroffen wäre. Vielfach und sicher bezeugt ist die strenge sexuelle Abstinenz, die dem Isisfest voranzugehen hatte;[113] sie verweist e contrario auf ein verborgenes Zentrum. Eine Inschrift aus Prusa rühmt den Isispriester, der für die Göttin «das leinenbespannte Bett, unsagbar für die Profanen, bereitet hat»; das für ‹Bett› gebrauchte Wort, demnion, läßt nicht an ein Speisesofa denken.[114] Die ‹unsagbare› Götterhochzeit findet im zugehörigen Osirismythos durchaus ihren Platz.

Vor allem im Gefolge von Platons *Symposion* ist es in der griechischen Literatur zur Routine geworden, von den ‹Mysterien des Eros› zu sprechen. So ist in den späteren Romanen und verwandten Werken ein Liebhaber immer gern bereit, die Partnerin in die Mysterien eben dieses Gottes einzuführen.[115] Umgekehrt ergab sich daraus auch die Chance, durch Verwendung von Mysteriensprache obszöne Anspielungen zu machen:[116] Was anders konnte hinter nächtlichen Geheimnissen stecken? Petronius liefert schließlich eine breite parodistische Schilderung von Priapus-Mysterien im Haus der Quartilla, wo weniges unausgesprochen bleibt – abgesehen vom fragmentarischen Zustand des Textes –.[117] Den Gnostikern warfen ihre Gegner vor, sie feierten ‹Mysterien›, die die fleischliche ‹Erkenntnis› mit einschlössen.[118] Falls dies zutraf, läge wiederum ein abwegiges und eben darum kurzlebiges Experiment vor. Gewiß, sexuelle Enthaltung gehört zur Vorbereitung auf praktisch alle Mysterien,[119] wie auch auf viele der anderen, gewöhnlichen Kulte. Dies mußte die Aufmerksamkeit und Erwartung steuern; doch ist das Sexuelle bei alledem eher eines der Mittel, die Grenzen der Alltagserfahrung zu sprengen, nicht aber das eigentliche Ziel.

Der schnelle Weg zur Bewußtseinserweiterung führt über die Droge. Dem Gebrauch von Drogen in religiösem Zusammenhang ist man in den jüngsten Jahrzehnten mit besonderem Eifer nachgegangen, und es dürfte viele geben, die nicht davon zu überzeugen sind, daß es Mysterien ohne Drogen je geben konnte. Selbst Karl Kerényi hat mit dem Gedanken gespielt, daß das Gewürz im Eleusinischen *kykeon*, eine Minzenart (*glechon*), ein leichtes Halluzinogen gewesen sein könnte.[120] Andere suchten nach dem göttlichen Pilz;[121] der noch am ehesten einleuchtende Vorschlag fand die entscheidende Substanz im Mutterkorn, von dem – warum nicht? – das Getreide der Rharischen Ebene bei Eleusis verseucht gewesen sei. Bewußtseinstrübungen durch Mutterkorn-Vergiftungen waren bekannt; zu den wasserlöslichen Bestandteilen, die moderne Chemie nachweist, gehören auch Spuren von LSD.[122] Man mag sich immer noch verwundern, wie es den Priestern von Eleusis gelingen konnte, die geheimnisvolle Substanz in solchen Mengen zu gewinnen, daß Tausende zu seligen Visionen kamen. Vor allem aber wird eine Mutterkorn-Vergiftung als ausgesprochen unangenehm und alles andere als ‹selig› beschrieben. Besser noch könnte man für Verwendung von Opium in Eleusis argumentieren; sind doch Mohnkapseln, zusammen mit den Getreideähren, stets Demeters Attribut. Die subminoische Mohngöttin von Gazi in Kreta ist als Opiumgöttin entlarvt worden,[123] eine mutmaßliche Opiumpfeife ist in einem Heiligtum in Kition zutage gekommen.[124] Ovid läßt Demeter das Eleusinische Kind, das bei ihm Triptolemos heißt, mit Mohnsaft in Schlaf versetzen.[125] So scheinen alle Elemente gegeben – bis auf das quantitative Problem auch hier, wie Tausende von Mysten zu bedienen waren, zumal nichts auf ‹Rauchen› weist. Es könnte immerhin verlockend erscheinen, von Eleusis einen Weg zurück bis zum indoiranischen Somakult zu finden, der es anfangs doch wohl mit einer Droge zu tun hatte; doch sichere Zwischenglieder tauchen nicht auf.

Wichtiger ist wohl die Feststellung, daß der Gebrauch der Drogen, wie gerade die Erfahrungen unserer Zeit zeigen, nicht personale Gemeinschaft hervorbringt, sondern in die Isolation treibt. Wenn Carlos Castaneda, mit welchem Grad von Authentizität auch immer, etwas wie Drogen-Mysterien beschrieben hat,[126] so fällt vor allem die lange und schwierige Lehrzeit auf, die zu durchlaufen ist in der ‹Lehre des Don Juan›; dies entspricht typologisch der Sukzession charismatischer ‹Meister› bei den ‹Handwerkern des Sakralen›, aber nicht der Erfahrung antiker Mysterien, die auf Bewerbung hin in einigen Tagen ‹übernommen› werden konnten; eine Woche war genug für Eleusis, in Samothrake ging es offenbar noch rascher. Auch waren die Stufen des Eleusinischen Telesterions kaum geeignet für eine Zeremonie, wie sie R.G.Wasson beschreibt:[127] Von der Droge erfüllt in einem Schlafsack zu liegen, während ein Schamane unentwegt sein Lied singt. Ein König, der seiner Favoritin bei den Eleusinischen Mysterien einen Gefallen tun wollte, verschaffte ihr einen Sitzplatz ganz nahe beim Hierophanten, nicht jedoch einen Schlafsack.[128] Die Drogen-Hypothese scheint schließlich und endlich eher zu illustrieren, was die antiken Mysterien nicht gewesen sind.

Bei allem Interesse für das Ungewöhnliche und Bizarre sollte nicht zu kurz kommen, daß zu den Mysterien, wie auch zu den übrigen antiken Kulten, vor allem eine Form gemeinsamer ‹Seligkeit› durchaus irdischer Natur gehörte: das reichliche Opfermahl. Dem strengen Beobachter erscheint dies wiederum suspekt, als sei das Religiöse nur Vorwand für fleischliche Genüsse; Nilsson sprach von den ‹Pseudomysterien der

Spätantike›.[129] Seit je steht der Krater mit Wein im Mittelpunkt der dionysischen *orgia*,[130] und an Opferfleisch zum Mahl war kein Mangel. Aber auch in Eleusis gab es, offenbar am Tag nach der Mysteriennacht, große Rinderopfer, wobei die Epheben ihre Kraft probten, indem sie die Tiere zur Opferung ‹hochzuheben› hatten;[131] das Opferfleisch wurde dann an die Mysten verteilt. Einseitiger noch ist die Fleischnahrung für den inneren Kreis der Meter-Anhänger: Die *galloi* dürfen die Früchte des Feldes nicht genießen und fordern um so eifriger die gewöhnlichen Menschen auf, durch Tieropfer die ‹Mutter› gnädig zu stimmen;[132] so mußte ein *kriobolion* und mehr noch ein Taurobolium für sie in der Tat ein seliger Tag sein. Als der Kult der Mater Magna nach Rom kam, bildeten sich sogleich *collegia* von Verehrern, die sich zum gemeinsamen Mahle trafen.[133] Auch bei Isis und Sarapis gehören die *deipna* zu den besonders gut bezeugten Bräuchen; man baute dafür besondere Räume, *oikoi*, im Heiligtum, mit Speisesofas, *klinai*, mit speziellen Zurüstungen für das gemeinsame Essen und Trinken.[134] In den ausgegrabenen Mithräen haben mannigfache Tierknochenfunde Aufschluß gegeben über die reichlichen Mahlzeiten, die dort stattgefunden hatten; daß die den Hauptraum stets füllenden *klinai* fürs Niederknien im Gebet dienten, war allerdings Cumonts allzu fromme Vermutung.[135] Zur Mithras-Ikonographie gehört die Szene, wie Mithras und Helios gemeinsam tafeln, an einem Tisch, der mit der Haut des getöteten Stiers gedeckt ist; einmal ist dargestellt, wie die niederen Grade, ‹Rabe› bis ‹Löwe›, sie dabei bedienen.[136] Die Opfermahlzeiten sind immer reale, froh genossene Feste mit einer Speisenfülle, die mit der Ärmlichkeit des Alltagslebens kontrastiert. Nirgends findet man die Reduktion des Essens und Trinkens auf bloße Symbolik, wie dann im Christentum – was mit der Reduktion des Aufwandes allerdings allein eine Massenbewegung möglich machte. Mysterien blieben auf dem Niveau der exklusiven Clubs, bei denen nur Vermögende die Mitgliedschaft sich leisten können.

Aus der Perspektive des Christentums stellt sich freilich wiederum die Frage, inwieweit in den Mysterien das christliche Ritual doch vorgeprägt ist, in diesem Fall die Feier des Abendmahls. Es geht um das Problem eines ‹sakramentalen› Essens. Justin berichtet, unter ausdrücklichem Verweis auf die christliche Praxis, daß in den Mithrasmysterien ein Brot und ein Wasserkrug auf den Tisch gestellt werden – teuflische Nachahmung des Christlichen in seiner Perspektive –.[137] Stellenwert und Funktion dieser Einzelheit im Komplex der siebenfachen Initiationen sind für uns nicht abzuschätzen. In Eleusis spielte das Trinken des *kykeon*, einer Art Suppe aus geschroteter Gerste, eine zentrale Rolle; damit endete das vorbereitende Fasten, wie Demeter es selbst – so der homerische Hymnus – vorgemacht hat.[138] Man konnte darin, mit einem gewissen kulturgeschichtlichen Recht, auch die Urnahrung nach Erfindung des Ackerbaus sehen; in der Übertreibung des Mythos wird daraus die Beendigung eines vorher unter den Menschen herrschenden Kannibalismus. Bei welcher Gelegenheit im Lauf der langen Zeremonien dieses ‹Trinken› seinen Platz hatte, ist uns indessen unbekannt. In Dionysischen Mysterien wurde die ‹Seligkeit›, *makaria*, in Gestalt eines Kuchens den Mysten dargereicht,[139] wie man auch bei Asklepios, statt des *kykeon*, die ‹Gesundheit›, *hygieia*, gleich direkt trinken konnte.[140] Vom Christentum her hat die Idee, ‹den Gott zu essen›, am meisten fasziniert.[141] Sie taucht aber, genau besehen, nur ein einziges Mal auf, im Kontext des berüchtigten Dionysosmythos: Die Titanen, heißt es, die Ahnen der Menschheit, hätten vom Fleisch des getöteten, zerstückelten, gekochten und gerösteten Gottes gekostet. Ein Scholion zu Clemens von Alexandria verbindet dies mit der rituellen Omophagie, dem ‹Essen rohen Fleisches› im Dionysoskult; doch das Problem, daß Rohes und Gekochtes sich nicht so leicht gleichsetzen lassen, war schon vor Lévi-Strauss aufgefallen.[142] Eine Art sakramentales Weintrinken läßt sich dem Ritual der attischen Anthesterien unterstellen, im Zusammenhang mit Mythen von Tod und Zerstückelung, doch geht es hier um ein öffentliches Fest, wenn auch sehr altertümlicher Art, nicht um Mysterien.[143] Ein oft wiederkehrendes Motiv in Gerüchten, die sich um ‹unsagbare› Geheimkulte ranken, ist der Verdacht des Kannibalismus, als des ärgsten Verbrechens, das eine Gruppe von abseitigen Individuen unverbrüchlich verbinden soll. Dieser Verdacht ist gegen Juden und gegen Christen gewendet worden, er galt auch gegen Heiligtümer des Mithras und der Ma Bellona;[144] literarisch wird er in dem Roman des Lollianos in Szene gesetzt.[145] Selbst wenn irgend etwas von alledem in Fakten begründet war, von einem ‹Essen des Gottes› ist selbst in diesen Zusammenhängen nicht die Rede.

Die eigentliche Grundlage des gemeinsamen Festessens, sogar in seinen symbolischen und phantastischen Formen, ist doch offenbar weit allgemeiner, altertümlicher und schlichter. Seit je hat man Tiere zum Essen getötet und dabei die unausweichliche Antinomie von Töten und Essen, von Tod und Leben rituell ausgespielt, in Antithesen von Verzicht und Erfüllung, Trauer und Jubel, Suchen und Finden; das Leben setzt den Tod voraus und erhebt sich gerade aus diesem.[146] An diesem allgemeinen Rhythmus haben auch die Mysterien teil. Unter den Inschriften aus dem Mithräum von Santa Prisca ist eine, die alsbald berühmt geworden ist, ein Hexameter, von dem ein Wort freilich nicht mehr sicher zu lesen ist: «Und du rettetest uns ... durch vergossenes Blut», *et nos servasti ... sanguine fuso*.[147] Daß das fehlende Wort *aeternali* laute, ‹ewiges Blut›, wurde vorgeschlagen, gelesen und wieder aufgegeben. Auch ohne Ergänzung bleibt die Aussage, daß Töten, Blutvergießen ‹unsere Rettung› sei. Gedacht ist ohne Zweifel an die Tötung des Stiers durch den Gott, sein demiurgisches Opfer. Auf mehreren Ebenen läßt sich dies als sinnvoll begreifen: ‹Rettung› war es für den frühen Menschen, durch gemeinsame Großtierjagd sich neuen Umweltbedingungen anzupassen; so konnte er sich über alle Kontinente ausbreiten. ‹Rettung› war es abermals für den Menschen, die Jagd durch Getreideanbau zu ersetzen oder wenigstens zu ergänzen und so regelmäßiges Nahrungsangebot zu sichern; so wächst die Getreideähre aus dem getöteten Stier. ‹Rettung› auch in einem weiteren, künftigen Sinn wird von solchem Fundament aus erhofft, im Vertrauen auf den Gott, der Taten tut und weiterhelfen wird. Dies erscheint als primitiv und fundamental zugleich; es bedarf kaum der Spiritualisierung.

Trotzdem bleibt bestehen, daß eine besondere Art des Erlebens, über die allgemeine Opferstruktur hinaus, von den Mysterien erwartet und versprochen wurde. Für zwei große Mysteriengottheiten, Dionysos und Meter, ist die Veränderung des Bewußtseins im ‹Wahnsinn› oder ‹Enthusiasmos› der eigentliche, charakteristische Machterweis. Seit der Frühzeit werden diese beiden Kulte denn auch einander angeglichen und miteinander verbunden.[148] ‹Wahnsinn›, *mania*, konstituiert *bakcheia* im vollen Sinn;[149] die Anhänger der Phrygischen Mutter werden *entheoi* oder *theophoretoi*, ‹von der Gottheit getragen›, sobald sie eine bestimmte Art der Musik hören.[150] Dies aber gilt nicht von Mysterienriten überhaupt. Umgekehrt scheint das Sprichwort, es gebe ‹viele Narthex-Träger, aber wenige Bakchen›,[151] eben darauf zu deuten, daß die wahre Ekstase, das ‹Ergriffensein vom Gott›[152] nicht allen zuteil wird, sondern wenigen, auserlesenen in einer nicht zu manipulierenden Weise. Es gibt etwas wie eine ‹mediumistische› Begabung. Aber auch die gewöhnliche Droge des Dionysosdienstes, der Wein, genügt nicht, wahre *bakcheia* hervorzurufen: Zum Betrunkenen kann jeder werden, nicht aber zum *bakchos*.

Freilich es gibt Techniken, auch das Erlebnis zu steuern und hervorzurufen. Philon schreibt über die jüdischen Therapeuten:[153] «Gleich den Bakchanten und Korybanten in ihrer Verzückung lassen sie sich von Gott erfüllen, bis sie sehen, wonach sie verlangen» – ‹Suche nach Vision› also mit einer gewissen Ekstase-Technik, die entsprechend auch Bakchanten und Korybanten zugetraut wird. Plutarch erklärt mit Überzeugung, daß *daimones* an den Mysterienfeiern beteiligt sind.[154] Von der Ekstase im Meter-Kult existiert sogar die klinische Beschreibung eines Arztes: Die *galloi* «lassen sich erwecken durch Flötenmusik und Wonnegefühl, oder durch Betrunkenheit, oder durch Anfeuerung von seiten der Anwesenden» – eine interessante Bemerkung über das Zusammenspiel von Besessenheit und Publikum –; «gotterfüllt ist diese Art des Wahnsinns; und wenn sie vom Wahnsinn wieder abgekommen sind, sind sie guten Mutes, frei von Sorgen, als die der Gottheit Geweihten».[155] Schlichter ist die Beschreibung, die der Musikschriftsteller Aristides Quintilianus von den bakchischen Weihen gibt, anknüpfend an den *katharsis*-Begriff des Aristoteles: «So sagt man, daß auch die bakchischen Weihen und ihresgleichen einen gewissen vernünftigen Sinn haben, damit nämlich die depressiven Angstgefühle (*ptoiesis*) der weniger Gebildeten, wie sie sich aus Lebensweise und Schicksal ergeben, durch die Melodien und Tänze in diesen Ritualen zugleich mit Spiel und Scherz reinigend beseitigt werden können»;[156] eine durchaus modern anmutende Form der Psychotherapie, wobei allerdings der herablassende Hinweis auf die ‹Ungebildeten› zugleich den Mysterienweihen ihren sozialen Ort zuweist. Noch weiter ins Banale zielt die Erklärung des Livius für Ekstase und Wunder, wie sie die Feiernden bei den *Bacchanalia* erlebten: «durch Mangel an Schlaf, Wein, Lärmen und Rufen die ganze Nacht hindurch betäubt»,[157] so sieht der Rationalist die Reize, die dem unerhörten Erleben zugrundeliegen. Ein eigentliches Mysteriengeheimnis bliebe dann nicht mehr übrig.

So wichtig Ekstase und Ekstasetechnik in einigen Mysterien sich erweisen, sie scheinen doch in anderen ganz zu fehlen, so etwa in Eleusis,[158] auch bei Isis und bei Mithras. Nach ‹Mystik› im eigentlichen Sinn zu suchen, wird, ähnlich wie die Drogen-Hypothese, allenfalls partiell zum Ziele führen. Es bleibt ein bemerkenswerter Text des Proklos, des Vorstehers der platonischen Akademie in Athen im 5.Jh. n.Chr. Eleusis war etwa 15 Jahre vor seiner Geburt zerstört worden, und alle heidnischen Opfer waren damals verboten; doch war er mit der Tochter des Nestorios, des vorletzten Hierophanten von Eleusis, bekannt, sie war für ihn die Trägerin ehrwürdigster Traditionen.[159] Insofern kommt seinen aus der Distanz geschriebenen Bemerkungen über die ‹Weihen› (*teletai*) eine gewisse Authentizität zu. Proklos schreibt: «Die Weihen bewirken eine erlebnishafte Resonanz (*sympatheia*) der Seele mit dem Ritual, in einer Weise, die uns undurchsichtig, die göttlich ist, so daß einige der Einzuweihenden in Panik geraten, von göttlichem Entsetzen erfüllt werden, andere aber sich den heiligen Zeichen hingeben, aus ihrer eigenen Identität heraustreten und bei den Göttern sich zuhause fühlen, im Zustand des *enthusiasmos*.»[160] Gerade daß die Reaktionen der Mysten, wie sie hier beschrieben werden, nicht einheitlich sind, daß nur einem Teil die rechte Teilhabe gelingt, während andere im Entsetzen verharren, spricht dafür, daß dieser Schilderung letztlich Beobachtungen zugrundeliegen, nicht bloße Spekulationen. Zu bemerken war demnach eine *sympatheia* von Seele und Ritual, die nicht immer eintrat und doch, wenn sie zustandekam, in die Tiefe drang und die Erfahrung der Wirklichkeit veränderte: «Ich trat aus dem Telesterion, befremdet von mir selbst.»[161] Wir können solche Erfahrung nicht zurückgewinnen und nicht rekonstruieren; daß sie möglich war, ist anzuerkennen. «Mit der Seele im *thiasos* zu feiern», *thiaseuesthai psychan*, so formuliert schon Euripides in den *Bacchen* das ‹selige› Erlebnis.[162]

Die Mysterien waren zu gebrechlich, um als eigene ‹Religionen› zu überleben; handelte es sich doch um individuelle Optionen im vielgestaltigen Bereich des Polytheismus, mit dem zusammen sie denn auch untergingen. Es bleibt der eigentümliche Reiz des Fragmentarischen, des Ergänzens und Erahnens angesichts der gerade in ihrer Schlichtheit so anrührenden Symbole: Dunkelheit und Licht, die *kiste*, das *liknon*, die Ähre und der Wein. Alle *logoi* bewegten sich nur tastend in diesem Bereich, ohne sich zu einem Gebäude von Dogmen zu versteifen. Es genügte, die Hoffnung festzuhalten und mitzuteilen, daß ein Durchbruch möglich sei, daß Türen sich öffnen würden für den, der ernstlich danach suchte: die Chance eines Ausbruchs aus einer banalen, deprimierenden und oft absurden Realität, Entwurf von neuem und dauerhaftem Sinn auf Grund eines alten Rituals, dessen Rhythmus von Tod und Leben die Seele in ein eigentümliches Erleben von *sympatheia* aufzunehmen imstande war.

Anmerkungen

Einleitung

1. Reitzenstein 1927 (1.Aufl. 1910), Cumont 1931 (1.franz. Aufl. 1907). Aus den Arbeiten Reitzensteins entwickelte sich eine «religionsgeschichtliche Schule», die insbesondere Einflüssen iranischer Religion auf Gnosis und Christentum nachging, vgl. Colpe 1961. Zur Wirkung Reitzensteins auf die neutestamentliche Wissenschaft vgl. Dibelius 1917; Bultmann 1963 (1.Aufl. 1949); Schneider 1954 und – postum herausgegeben, ohne Belege – 1979; J. Leipoldt, Von den Mysterien zur Kirche (Leipzig 1961), der das frühe Christentum als eine »Mysterienreligion» (81) bezeichnet. Das Werk von J. Pascher, Η ΒΑΣΙΛΙΚΗ ΟΔΟΣ: Der Königsweg zu Wiedergeburt und Vergottung bei Philon von Alexandreia (Paderborn 1931) ließ das Bild einer jüdischen Mysterienreligion entstehen; ähnlich, doch vorsichtiger E.R. Goodenough, By Light, Light: The Mystic Gospel of Hellenistic Judaism (New Haven 1935); zur Kritik Riedweg 1987, 92–96. Unabhängig von Reitzenstein, gestützt vor allem auf Cumont, ging Loisy 1930 (1.Aufl. 1919) den Einflüssen der Mysterien aufs Christentum nach. Kritisch und zurückhaltend blieb A.D. Nock, vgl. z.B. Nock 1952. Eine vorsichtige Bilanz zieht Köster 1980, der aber doch vom «Zeitalter der Mysterienreligionen» (209) spricht und geneigt ist, das Christentum dazuzurechnen (206); ältere Übersichten: Prümm 1960; Nilsson 1961; umfassende Bibliographie bei Metzger 1984.
2. Der erste Band der Serie (Leiden: Brill) erschien 1961, der 100. 1984; die Reihe wird fortgesetzt. Sie enthält u.a. CCCA (50), Bianchi 1979 (80), Bianchi-Vermaseren 1982 (92). Voraus ging CIMRM 1956/60.
3. Vgl. Hinnells 1975, Duchesne-Guillemin 1978; Journal of Mithraic Studies 1–3 (1976–1980).
4. Vor allem Band II 17,3/4 (1984): Beck, Johnson, Leclant, Malaise, Metzger, Thomas.
5. Vgl. Sabbatucci 1979; Bianchi 1979, 1980; Cosi 1976, 1982; Casadio 1982, 1983; Sfameni Gasparro 1979, 1981, 1985; Lévêque 1982; zur Kritik an Cumonts Auffassung der Mithrasmysterien vgl. Gordon 1975; Beck 1984.
6. Reitzenstein 1927, 94–108 suchte, gegen Eduard Meyer und andere, zu erweisen, daß die Mysterienreligionen hellenistisch und nicht erst spätantik seien; dabei schloß er aber die alten griechischen Mysterien von der Betrachtung aus (3 Anm.; 133). Giversen 1975 behandelt Gnosis und «Mysterienreligionen» zusammen, ohne auf Eleusis oder Dionysos Bezug zu nehmen.
7. Reitzenstein 1927, 2: «Ich bezeichne dabei mit dem Worte ‹Hellenistisch› Religionsformen, in denen orientalische und griechische Elemente sich mischen»; 3 Anm.: «die dem Orient entlehnten, also hellenistischen Mysterienvorstellungen...».
8. Vgl. Wilamowitz 1932, 368–387; Schneider 1939. Die mannigfachen Phänomene mesopotamischer und ägyptischer Religion, die gelegentlich von modernen Forschern ‹Mysterien› genannt wurden, sind hier nicht zu diskutieren; zur

Kritik an Reitzensteins Konstruktion eines «Iranischen Erlösungsmysteriums» Colpe 1961, 1975; zu Isis vgl. Kap.II bei Anm.65/66. M. Adriani, Misteri e iniziazione in oriente (Florenz 1978) ist lediglich eine popularisierende Darstellung der sogenannten Mysterienreligionen.

9. Reitzenstein 1927, 9: «Um Unsterblichkeit, also im allerweitesten Sinne um ‹Erlösung›, handelt es sich bei dem eigentlich religiösen Teil dieser Mysterien immer.»

10. So bereits Iustin, Apol.1.54; 1,66,4; Dial.c.Tryph.70; 78; Tert. Cor.15, Bapt.5, Praescr.haer.40; dann etwa Firmicus Err.22,1; 27; Ambrosiaster PL 35, 2279; Aug. In Ioh.tract.7,1,6, PL 35,1440 etc. Cosi 1976, 66. Lukian nennt das Christentum eine «neue Teleté», Mort.Per.11, Origenes selbst nennt, indem er die Sprache des Gegners übernimmt, das Christentum τὰς παρ᾽ ἡμῖν τελετάς, Cels. 3,59.

11. Am deutlichsten Irenaeus, Haer.1,21,3 (1,14,2 p.185 Harvey): «Sie bereiten ein Brautgemach und feiern Mysterien». Clemens von Alexandria sagt wiederholt, daß die Gnostiker die sexuelle Vereinigung als Mysterium feiern, Strom.3,27,1;5; vgl. 3,10,1; 3,30,1. Homosexualität ist im ‹Geheimen Evangelium des Markus› angedeutet, Smith 1973, 115–117; 185; 452. Vgl. R.M. Grant, The Mysteries of Marriage in the Gospel of Philip, Vig.Christ.15 (1961) 129–140; siehe auch Kap.IV bei Anm.118.

12. Dazu Von Soden 1911; Prümm 1937; allgemein Rahner 1945; Nock 1952; Hamilton 1977; Wiens 1980; Riedweg 1987.

13. «On peut dire que, si le christianisme eût été arrêté dans sa croissance par quelque maladie mortelle, le monde eût été mithriaste», Marc Aurèle et la fin du monde antique (Paris 1882) 579 = Oeuvres complètes (Paris 1947) V 1107; zitiert u.a. bei Cumont 1923, 188.

14. Vgl. Sanders 1980–82, Meyer-Sanders 1982.

15. Wenn Isis zu Lucius sagt: *te obsequio religionis nostrae dedica* (Apul. met.11,15), ist doch keine Abschwörungsformel damit verbunden; *religio* ist richtiger mit ‹Kult› als mit ‹Religion› zu übersetzen.

16. Vgl. GR 282–5; Cole 1984. Außerdem seien die Mysterien im Kabirion bei Theben (GR 281 f.) genannt; Mysterien des Zeus von Panamara in Karien: Oppermann 1924; die Belege jetzt bei M.C. Sahin, Die Inschriften von Stratonikeia, Köln 1981/82. Vielerorts sind Mysterien der Demeter – ohne direkten Zusammenhang mit Eleusis – bezeugt; dazu Sfameni Gasparro 1986.

17. Das ältere Standardwerk von Foucart 1914 ist durch die Ausgrabungen überholt. Hierzu Mylonas 1961; eindringlicher Versuch eines tieferen Verständnisses bei Kerényi 1967; grundlegend für Geschichte und Prosopographie des Kultes ist Clinton 1974. Vgl. auch HN 174–327, GR 285–90. Phantasieprodukte bietet D. Lauenstein, Die Mysterien von Eleusis, Stuttgart 1987.

18. Nilsson 1957 behält seine Bedeutung, auch wenn sich das Material für die vorhellenistische Zeit – das Nilsson z.T. ignorierte – inzwischen wesentlich vermehrt hat; eine grundlegende Studie war Quandt 1912; siehe auch Festugière 1972, 13–63 (urspr. 1935); neue Gesamtdarstellung des kaiserzeitlichen Kultes durch Merkelbach 1988. Zum Fund von Hipponion und seinen Konsequenzen GR 293–295; Casadio 1982, 1983. Die noch neueren Texte aus Thessalien: Tsantsanoglou-Parassoglou 1987.

19. Vgl. Kap.II Anm.11.

20. GR 286–301; vgl. Kap.III bei Anm.128.

21. Wissowa 1912, 317.

22. Das ältere Standardwerk ist Graillot 1912; die Sammlung der Dokumente in CCCA ist noch nicht abgeschlossen; sorgfältiger Überblick bei Thomas 1984; vgl. auch Vermaseren 1977; zur historischen Entwicklung S&H 102–122, GR 177–179. Zum Text der Inschrift *matar kubileya* C. Brixhe, Die Sprache 25 (1979) 40–45.

23. Vgl. Sfameni Gasparro 1985.

24. Rutter 1968; Duthoy 1969; S&H 201 f.; vgl. Kap.IV Anm.46.

25. Das Material zu den ‹ägyptischen Göttern› ist unübersehbar; Bibliographie bei Leclant-Clerc 1972, 1974, 1985; zur Ausbreitung in der Mittelmeerwelt bes. Dunand 1973, ferner Vidman 1970, Malaise 1972, 1984, Leclant 1984; neuere Darstellungen: Witt 1971; Le Corsu 1977; Solmsen 1979.

26. Wohl bereits bei Hekataios; Hdt. 2,42,2; 2.59.2; 2,144,2; 1,156,5.

27. Zu Sarapis Fraser 1972, 246/276; Hornbostel 1973; Kater/Sibbes 1973.

28. Verwiesen sei auf den Kommentar von Griffiths 1976.

29. Grundlegend war Cumont 1896/1899; Cumont 1923 ist praktisch ein Exzerpt daraus. Das archäologische Material wurde von Vermaseren in CIMRM neu vorgelegt, dazu als Zusammenfassung Vermaseren 1963. Akten dreier Kongresse in den Siebzigerjahren sind publiziert von Hinnells 1975, Duchesne-Guillemin 1978, Bianchi 1979. Eine exzellente Zusammenfassung gibt Turcan 1981a; sorgfältige Literaturübersicht bei Beck 1984; Versuch einer neuen Synthese: Merkelbach 1984, vgl. Beck Phoenix 41 (1987) 296–316. Zum Namen Mithra A. Meillet Journal Asiatique X 10 (1907) 143–159; P. Thieme, Mitra und Aryaman, Transactions of the Connecticut Academy of Arts and Sciences 41 (1957) 1–96; Merkelbach 1984, 4 f. Zu dem hurritischen Beleg für Mithra P. Thieme Kleine Schriften 1 (Wiesbaden 1971) 396–412; M. Mayrhofer, Die Indo-Arier im alten Vorderasien (Wiesbaden 1966); Die Arier im Vorderen Orient – ein Mythos? (Wien 1974); zu theophoren Namen wie Mitradata Cumont 1896, II 75–85; R. Schmitt in Duchesne-Guillemin 1978, 395–455.

30. Marc.4,11 und Paulus-Briefe, vgl. Bornkamm in: Kittels Theologisches Wörterbuch zum Neuen Testament IV 823–831; Smith 1973, 178–188. Vgl. allgemein zum Problem religiöser Geheimnisse K.W. Bolle, Secrecy in Religions (Leiden 1987); Ph. Dujardin, Le Secret (Paris 1987).

31. Zur *kiste* in Eleusis Pringsheim 1905, 49–64; zum *synthema* Kap.IV Anm.21; in Verbindung mit Dionysos Demosth.18,260, Theokr.26,7, ‹Kistophoren›-Münzen von Pergamon (F.S. Kleiner, S.P Noe, The Early Cistophoric Coinage, New York 1977), vgl. auch A. Henrichs ZPE 4 (1969) 230 f.; in Verbindung mit Attis, Catull 64,259; hier Abb.10; in Verbindung mit Isis, Kap.II bei Anm.62; nicht im Rahmen der Mithrasmysterien.

32. Vgl. L. Bouyer, ‹Mystisch› – Zur Geschichte eines Wortes, in: J. Sudbrack (ed.), Das Mysterium und die Mystik, Würzburg 1974, 57–75; Casadio 1982, 210–212; A.M. Haas, Was ist Mystik? In: K. Ruh (ed.), Abendländische Mystik im Mittelalter, Stuttgart 1984, 319–341.

33. *initiatei* als Übersetzung von μύσται in einer zweisprachigen Inschrift aus Samothrake, späthellenistisch: J.R. MacCredie Hesperia 48 (1979) 16 f. = SEG 29,799; *initiantur* mit Bezug auf Eleusis in einem Dramenfragment (Ennius?) bei Cic. nat.1,119 = Tragicorum Romanorum Fragmenta, incert. XXVI, p.279 Ribbeck; *Samothracum initia* Varro Ling.Lat.5,58; vgl. Cic.Leg.2,36 (Eleusis); Tusc.1,29; Liv.31,14,7 (Eleusis), 39,9,4 (Bacchanalia); *initiare* Liv.39,9,4 (Bacchanalia).

34. Grundlegend war van Gennep 1909; vgl. allgemein Eliade 1958, Bleeker 1965; ‹Status-Dramatisierung› nach F.W. Young, Initiation Ceremonies: A Cross-cultural Study of Status Dramatization (Indianapolis 1965); V. Popp, ed., Zeremonien der Statusänderung und des Rollenwechsels (Frankfurt 1969); vgl. auch Berner 1972.

35. Nach Theophrast Char.16,12 läßt sich der Abergläubische jeden Monat neu von den Orpheotelesten weihen; dies ist lächerliche Übertreibung realer Gegebenheiten. Zum Taurobolion Kap.I Anm.27; zur wiederholten Weihe des Lucius-Apuleius Kap.I bei Anm.24/25; Kap.II bei Anm.80. In Eleusis und Samothrake führt die wiederholte Teilnahme zum Grad des ἐπόπτης, der das Ritual ‹überschaut› statt ihm unterworfen zu sein. Vgl. auch Dodds 1951, 75 f.; Nock 1972, 796. Die Wiederholbarkeit ist grundlegend für Platons metaphorische Umsetzung Phdr. 249c.

36. PY Un 2,1, vgl. L. Baumbach Glotta 49 (1971) 174; M. Gérard-Rousseau, Les mentions religieuses dans les tablettes mycéniennes (Rom 1968) 146 f. Die übliche Verbindung mit μύειν ‹Augen/Lippen schließen› könnte bloße Volksetymologie sein.

37. GR 44 f.

38. Mylonas 1961, 29–54; daß die mykenischen Reste keinen Kult beweisen, stellt P. Darque BCH 105 (1981) 593–605 fest. Zum geometrischen Umbau der mykenischen Relikte J. Travlos Annuario 61 (1983) 323–338.

39. A. Leukart in: Flexion und Wortbildung. Akten der V. Fachtagung der Indogermanischen Gesellschaft (Wiesbaden 1975) 175–191.

40. Myk. *tereta* (= τελεστάς) bewies, daß die Wurzel *kwel*- ausscheidet, vgl. Chantraine 1103; F.M.J. Waanders, The History of ΤΕΛΟΣ and ΤΕΛΕΩ in Ancient Greek (Amsterdam 1983).

41. Zijderveld 1934; Kern RE V A 393–397; Dowden 1980, 415 f.; Coche de la Ferté 1980, 233–241; Casadio 1983, 124–126. Ath.40d definiert τελεταί als τὰς ἔτι μείζους καὶ μετά τινος μυστικῆς παραδόσεως ἑορτάς.

42. Hdt. 4,79,1; τελεῖν τῶι Διονύσωι LSAM 48,18 und im Edikt des Philopator, Kap.II Anm.10. Galli als τελούμενοι τῆι θεῶι Et.M.220,25; ἐπὶ Δήμητραν τετέληνται LSCG 96,22; Βακχεῖα τελεσθῆναι Aristoph.Ran.357. Τελεῖν wird auch für die Weihe eines Königs (Plut.Artox.3,1) und eines Priesters (GR 98 Anm.46) verwendet.

43. Vgl. Burg 1939; A. Henrichs ZPE 4 (1969) 226–229; erstmals im Homerischen Demeterhymnus belegt, 273, 476; τὰ μυστῶν ὄργια Eur.Heracl.613 (Eleusis); Δήμητρος καὶ Κόρης μυστήρια καὶ ὄργια Ps.Thessalos Presb. (Hippocr. ed. Littré IX 420); Ἐλευσίνια ἢ Σαμοθράικια ὄργια Galen De usu part.7,14, XVII 1,366 K.

44. Ἄρρητος τελετή (Eleusis) in einem Epigramm vom Eleusinion, 5.Jh., IG I³ 953 = Hansen Nr.317; ἄρρητος Κόρη Eur.Hel.1307, Fr.63; ἄρρητα ὄργια Eur. Bacch. 470–472; ἄρρητα ἱερά Aristoph.Nub.302; μυστήρια ἀπόρρητα Eur.Rhe.943, Aristoph.Eccl.442; τὰ ἀπόρρητα τῆς κατὰ τὰ μυστήρια τελετῆς IG II/III² 1110 = SIG 873 (Brief des Commodus); τελεταὶ ἀπόρρητοι (Mithras) Plut.Pomp.24,7.

45. GR 251–254.

46. Plut.Pericl.13,7.

47. Heraklit B 14 = 87 Marcovich; zu Hipponion und Thessalien, o.Anm.18; τελεῖν o.Anm.42; Dionysos als Herr der τελεστικὴ μανία Plat.Phdr.265b;

τῆς τελετῆς καὶ τῶν Διονυσιακῶν μυστηρίων Diod.1,23,2; μυστήρια καὶ τελετὰς καὶ βακχείας Diod.3,63,2; μυστήρια in Pergamon, Inschriften von Pergamon 248 = OGI 331,38; 55; Ohlemutz 1940, 109–116; in Kyme, Epigraphica Anatolica 1 (1983) 34,13; τελεταί Eur.Bacch.22 u.a.m. Der Terminus τελεταί kommt bereits in der Lykurgos-Erzählung vor, die dem Eumelos zugeschrieben wird, Fr.11 Bernabé = Schol.A Il.6,131, aber es handelt sich um alles andere als ein wörtliches Zitat.

48. IG XIV 1018 = CIL VI 509 = CCCA III 236 = Duthoy 1969 Nr.24, vgl. CCCA III 237; *tauroboli... dux mystici sacri* CCCA III 243 = Duthoy Nr.24; τελεταί IG XIV 1019 = CCCA III 238 = Duthoy Nr.31, vgl. 28; γέγονα μύστης Ἄττεως Firm.Err.18,1; μυστήρια von Sabazios, Agdistis und Ma in Sardes, SEG 29, 1205, Kap.II Anm.108; Μητρὸς Μεγάλης μυστήρια Hippol. Ref.5,9,10; μύσται Anth.Pal.6,51; τελετή, τελούμενοι in Amorgos, LSCG 103 B 11 f.; τελεστῆρες in Troizen, IG IV 757 = CCCA II 479; τελετὴ Μητρός Paus.2,3,4; Schol. Pind.Pyth.3,137b hat τελεταί, 140 μυστήρια; κοινὸν τῶν μυστῶν in Argos, IG IV 1, 659 = CCCA II 469; τελεσθείς, μυστικός, συμμύστης von der Weihe eines Gallos in einem satirischen Roman, Pap.Ox.3010, ZPE 11 (1973) 93 f. Vgl. Sfameni Gasparro 1985, 21–25.

49. Met.11,22; 24; 27; μυστήρια der Isis auch Artemid.2,39, Hippol.Ref.5,7,22; μύστης SIRIS 295; 390; vgl. Kap.II Anm.61.

50. Iustin.Mart. Apol.1,66,9; Pallas Περὶ τῶν τοῦ Μίθρα μυστηρίων Porph. Abst.2,56, vgl. 4,16; μυούμενοι Porph.Antr.15; *initiantur* Tert.Cor.15; ἡ τοῦ Μίθρα τελετή Orig.Cels.6,22, ib. Περσικὰ μυστήρια; μύστα βοοκλοπίης in einer Formel Firm.Err.5; αἱ Περσικαὶ αἱ τοῦ Μίθρα τελεταί Prokl. In remp. II 345,4 Kroll.

51. Met.11,17.

52. Liv.39,11,1.

53. Hdt.8,65,4; 4,79,1; vgl. M.West ZPE 45 (1982) 25.

54. Eur.Bacch.474.

55. Gemälde des Polygnot in Delphi, Paus.10,29,1 f.; älter ist die Lekythos in Palermo, C.H. Haspels, Attic Black-Figured Lekythoi (Paris 1936) 66 T.19,5; vgl. Plut.tranq.an.473c; Graf 1974, 188–194. Eine Bußinschrift aus Kleinasien (MAMA 4, 1933, Nr.281) erklärt, der Weihende sei bestraft worden, «weil er nicht kommen und am Mysterion teilnehmen wollte, als er gerufen wurde».

56. Tert.Apol.8,7 – er beschreibt hier sarkastisch, wie sich die Heiden den angeblichen ‹Kannibalismus› der Christen vorstellen müßten, benützt aber eben darum die Termini des üblichen Verfahrens, wobei *pater* auf Mithras weisen kann. Vgl. *petitor* CIMRM 41; Francis 1975, 439.

57. Vgl. B. Snell, Die Entdeckung des Geistes (Göttingen 1975[4], erste Aufl. 1946). Zu mykenischen ‹Mysterien› o.Anm.38. Hdt. 2,171 läßt das Thesmophorienfest als τελετή in vordorischer Zeit nach Arkadien kommen – ein sehr interessantes Zeugnis, das doch nichts über Mysterien im hier gebrauchten Sinn aussagt.

58. Plat.Leg.815d, 909d–910cd; Cic.Leg.2,21; Philo Spec.1,319–323; vgl. die Maecenas-Rede bei Dio Cass.52,36.

59. Eigentümlich die Angabe in Schol.Demosth.19,182, 495b Dilts, eine Mysterienpriesterin (des Dionysos-Sabazios?) sei hingerichtet worden, weil ihre Weihen als ein Hohn auf die eigentlichen Mysteria erschienen (die Parallelüberlieferung spricht von Liebesmagie); nach Intervention des Orakels

(Nr.609 Parke-Wormell; vgl. GGR I 630) sei dann der Mutter des Aischines ihr Kult gestattet worden.

60. Diese Definition fällt im eigentlichen zusammen mit dem Terminus *misterico* in der Typologie Bianchis (bei Bleeker 1965, 154–171; Bianchi 1976, 1–8; 1979, 5–9; 1980, 11; vgl. Cosi 1976, 54; Sfameni Gasparro 1981, 377; 1985, 6). Bianchi kontrastiert damit *mistico* im Sinn einer *esperienza di interferenza* zwischen Gott, Welt und Ich, was eine Ausweitung des üblichen Begriffs der «Mystik» (o.Anm.32) bedeutet, und unterscheidet davon weiter als *misteriosofico* die spekulativen Ausarbeitungen durch Orphiker und Platon, vgl. Kapitel III. – Nicht selten wird angenommen, daß in der Kaiserzeit μυστήρια in einem verflachten, verallgemeinerten Sinn für alle möglichen Feste rein ‹äußerlichen› Charakters gebraucht werde, Nilsson 1950; Merkelbach 1988 pass.; mir scheint das persönliche, geheime Weiheritual noch immer mitgemeint zu sein, auch wenn rhetorisch-metaphorische Ausweitung ebenso möglich ist wie schiere Ungenauigkeit des Ausdrucks.

I. Persönliche Bedürfnisse – in dieser und in jener Welt

1. Der Begriff ‹Personal Religion› ist titelgebend für das Buch von Festugière 1954, das jedoch die Votivreligion nicht behandelt.

2. Plat.Leg.909e. Der Begriff ‹Votivreligion› erscheint im Titel des Buchs von Q.F. Maule und H.R.W. Smith, Votive Religion at Caere: Prolegomena (Berkeley 1959). Grundlegend, zwar überholt doch unersetzt, ist fürs antike Material Rouse 1902; wertvolle Materialsammlung bei van Straten 1981, vgl. auch GR 68–70. Zur christlichen Praxis vgl. etwa L. Kriss-Rettenbeck, Ex Voto. Zeichen, Bild und Abbildung im christlichen Votivbrauchtum (Zürich 1972). Begriffe wie ‹persönliche Religion› oder ‹Votivreligion› bezeichnen eine Klasse von Phänomenen innerhalb einer ‹Religion›, in diesem Fall der antiken Religion, nicht eine selbständige, von anderen abgesetzte ‹Religion›; in diesem Sinne wäre auch der Begriff ‹Mysterienreligion› verwendbar, wäre er nicht im anderen Sinn usurpiert.

3. Vgl. W. Eisenhut RE Suppl.XIV 964–973 s.v. *votum*.

4. D. Wachsmuth, ΠΟΜΠΙΜΟΣ Ο ΔΑΙΜΩΝ (Diss. Berlin 1965).

5. Hansen Nr. 227 = IG I³ 728.

6. Visionen nennt Plat.Leg.910a; zu Weihungen κατ’ ὄναρ F.T. van Straten BABesch 51 (1976) 1–38.

7. Diagoras Melius ed. M. Winiarczyk, Teubner 1981, T 36–37 = Cic.nat.3,89, Diog.Laert.6,59.

8. Der Begriff der πίστις ist besonders im Bereich der Isis bezeugt: Pap. Ox.1380,152 ὁρῶσί σε οἱ κατὰ τὸ πιστὸν ἐπικαλούμενοι; *plena fiducia* Apol.met.11,28; *crede et noli deficere* SIRIS 390. Asklepios von Epidauros bestraft einen Zweifler, indem er ihn ‹Apistos› nennt, SIG 1168,29–33; vgl. A. Henrichs HSCP 82 (1978) 210f.; F. Chapouthier, De la bonne foi dans la dévotion antique, REG 45 (1932) 391–396.

9. Vgl. z.B. J.D. Frank, Die Heiler (Stuttgart 1981).

10. Nock 1933, 7.

11. Oben Anm.3.

12. Einige Beispiele: Durch Isis «aus vielen großen Gefahren gerettet»: SIRIS p.68

= CE 72, vgl. *salus* SIRIS 198, 406, 538; ägyptische Götter überhaupt als σωτῆϱες: Artemidor 2,39; Weihung an Meter *matri deum salutari* CCCA III 201; *conservatoribus suis* CCCA III 229; Rettung aus Gefangenschaft: E. Schwertheim in Studien zur Religion und Kultur Kleinasiens. Festschrift F.K. Dörner (Leiden 1978) 811; σωτηϱία durch Mithras CIMRM 171; «aus dem Wasser gerettet» CIMRM 568. Vgl. zu diesem Komplex bes. Piccaluga 1982.

13. Z.B. CIMRM 568; CCCA VII 69; Orph.hymn.75,5; Lukian De merc.cond.1 (Isis).

14. SIRIS 5, 106, 107, 269, 308; *pro salute coniugis pientissimi* CCCA IV 219; *pro salute amici karissimi* CIMRM 1873 vgl. 144, 804, 819, 916, 567, 658 etc.

15. SIRIS 404, 405, 535, 552, 560, 702; *pro amore patriae* SIRIS 779. – CCCA III 9, 401; in Verbindung mit dem Taurobolion CCCA III 405–407, 417, CCCA IV 172; vgl. dazu Cosi 1976, 68; viele Belege im Mithraskult, CIMRM 53, 54, 142, 146 etc.

16. Diod.1,25,4, vgl. Diog.Laert.5,76 über Demetrios von Phaleron; ἰατϱεῖα IDélos 2116, 2117, 2120; Isis Hygieia SIRIS p.71 = CE 124 = IDélos 2060; SIRIS 16 (vom Asklepieion in Athen); zu Asklepios-Sarapis SIRIS 7 mit Anmerkungen; zur Inkubation Dunand 1973 II 102 f.; Gliedmaßen als Votive: Dunand 1973 I 63; 170; van Straten 1981, 105–151.

17. Tib.1,3,23–32.

18. Im Isiskult: Ov.Pont.1,1,52–56; Iuv.6,535–541; Hommel 1983; ältere Behandlung durch F.S. Steinleitner, Die Beicht im Zusammenhange mit der sakralen Rechtspflege in der Antike (Diss. München 1913); neues Material aus Anatolien: P. Herrmann Epigraphica Anatolica 3 (1984) 1–17.

19. Ael.Arist.45,18; SIRIS 389, vgl. 513; Steuerermäßigung SIRIS 574.

20. Z.B. CIMRM 423 *spelaeum*, 1242 f. *aram*, 1948 *signum*.

21. εὔχεσθαι ἀγνῶς CIMRM 2307.

22. CIMRM 423; zum Begriff der συνδέξιοι Firm.err.5,2; Bidez-Cumont 1938 II 153 f.; Merkelbach 1984, 107.

23. Nock 1933, 138–155 «The Conversion of Lucius», wobei er (155) ausdrücklich die Parallele zieht mit «a man received by the Catholic church»; wieso er sogar die paulinische Formel vom «Leben in der Welt, doch nicht von der Welt» auf Lucius anwendet, ist nicht ganz einzusehen.

24. Met.11,28,5 *nec minus etiam victum uberiorem subministrabat...*, vgl. 30,2; zu *Madaurensem* 11,27,8 womit der Autor die Maske zu lüften scheint, vgl. R.Th. van der Paardt Mnemosyne IV 34 (1981) 96–106.

25. Met.11,30,4 *incunctanter gloriosa in foro redderem patrocinia nec extimescerem malevoloroum disseminationes.*

26. Apul.Met.11,21,6; vgl. J. Bergman in H. Ringgren (ed.), Fatalistic Beliefs (Stockholm 1967), 37 f.; Griffiths 1976, 166 nimmt Anstoß an *novae*. Tibeter pflegen nach einer schweren Krankheit einen neuen Namen anzunehmen (Mitteilung von Peter Lindegger).

27. CIL VI 504 = CIMRM 514 = CCCA III 233 = Duthoy 1969 Nr.17; *iterato viginti annis expletis taurobolii sui* CIL VI 512 = CCCA III 244 = SIRIS 447 = Duthoy Nr.25 (Rom, 390 n.Chr.); vgl. CIL X 1596 = CCCA IV 11 = Duthoy Nr.50.

28. CCCA III 239 = Duthoy Nr.33.

29. Zum Hintergrund der Orphischen Hymnen R. Keydell RE XVIII 1330–1332. Gesundheit und Reichtum 15,10 f.; 17,10; 40,20; Rettung zu Land und zur See

75,5; ‹lustvolles Leben› vom Sonnengott zu gewähren 8,20; Hestia soll die Mysten «stets blühend, mit vielem Reichtum, in guter Stimmung und rein» bewahren, 84,4.

30. Ein Relief aus hadrianischer Zeit (Athen Nat.Mus.nr.1390) verbindet die allegorischen Figuren der ‹Weihe› *(telete)* mit ‹Gedeihen› *(euthenia)* und ‹Zusätzlichem Erwerb› *(epiktesis);* vgl. RML III 2124; Preisendanz RML V 327–329, Kern RE V A 396 f.; E. Kunze in E. Langlotz, Aphrodite in den Gärten (Sitzungsber. Heidelberg 1953/4, 2) 49 Anm.32; S. Karusu Röm.Mitt.76 (1969) 256 T.83,2. Die Inschriften gelten heutzutage allgemein als sekundär, vgl. LIMC s.v. Artemis 640; Epiktesis; Euthenia.

31. Plat. Phdr.244 f., 265 b; leg.815c; ‹Wahnsinn von ungereinigten Übeltaten› leg.854b. Bei Sophokles Ant.1144 und OT 203 ff. wird Dionysos angerufen, Befleckung und Seuche zu vertreiben. Vgl. Linforth 1946b; OE 66 f.

32. Arist.Pol.1341b32–1342a18, seit J. Bernays, Grundzüge der verlorenen Abhandlung des Aristoteles über die Wirkung der Tragödie (Breslau 1857) mit Poet.1449b24–28 kombiniert. Bernays allerdings verabscheute ‹Scharlatane› und suchte die ‹Reinigung› ‹rein medizinisch› zu fassen. Doch weisen die Termini ‹besessen› (κατοκώχιμοι) und ‹heilige Melodien› (ἱερὰ μέλη) 1342a8 f. eindeutig auf die Korybanten, über die Platon am genauesten berichtet, Ion 534a, Euthyd.277d; vgl. Linforth 1946a; Dodds 1951, 77–80; Jeanmaire 1951, 131–138; Cosi 1983, 134 f.

33. Aristoph.Vesp.118–124 (τελεταί 121); K.J. Reckford, Catharsis and Dream-Interpretation in Aristophanes' Wasps, TAPA 107 (1977) 283–312.

34. Demosth.18,259–260; 19,199;249;281; Arist.Pol.1342a14 f. Vgl. H. Wankel, Demosthenes, Rede für Ktesiphon über den Kranz (Heidelberg 1976) 1132–1149 und ZPE 34 (1979) 79 f. Aeschines wurde 390 geboren, die erwähnten Tätigkeiten fallen also in die Jahre um 380/375. Es handelt sich um die genaueste Beschreibung einer τελετή in der klassischen Epoche. Fragmente eines antiken Kommentars zur Stelle, mit vielen interessanten Details zu Dionysosmysterien, finden sich bei Harpokration s.v. ἀπομάττων, Ἄττης, ἔνθρυπτα, εὐοῖ, κιττοφόρος, λεύκη, λικνοφόρος, νεβρίζων, νεήλατα, παρεῖαι ὄφεις, στρεπτούς.

35. Schol.Apoll.Rhod.1,916b; vgl. Einl.Anm.16.

36. LSCG 5 = IG I³ 7; LSCG 7; vgl. Graf 1974, 159; 180 f. Der Knabe mit Füllhorn im Kreis eleusinischer Gottheiten wurde gemeinhin als Plutos bezeichnet, z.B. Metzger 1965 T.16; Kerényi 1967, 96–98, die Beischrift auf einer apulischen Vase im J.Paul Getty-Museum aber identifiziert ihn als Eniautos (vgl. Kallixeinos FGrHist 627 F 2 p.168,29).

37. Votivrelief des Eukrates, Athen, Nat.Mus.A 11386, Kerényi 1967, 96–98; van Straten 1981, Abb.56; Anth.Pal.9,298.

38. Hom.h.Dem. 219–274, vgl. Richardson 1974 bes. 231–238, 242 f. Zur Datierung des Hymnos Gnomon 49 (1977) 442 f.

39. ‹Metternich-Stele› verso 48 ff., C.E. Sander-Hansen, Die Texte der Metternich-Stele (Kopenhagen 1956) 35–43; übersetzt auch bei G. Roeder, Urkunden zur Religion des alten Ägypten (Jena 1915) 87–89; ein Paralleltext bei A. Klasens, A Magical Statue Base (socle Bétage) in the Museum of Antiquities at Leiden (Leiden 1952) 52 f., 64–78. Die Metternich-Stele wird in die 30.Dynastie, 4.Jh. v.Chr., datiert; die einzelnen Zaubersprüche sind älter.

40. Ägyptische Parallelen bei Klasens (vor.Anm.) 75; ein griechischer Text zum

‹brennenden Horos› PGM 20 (II² 145, 265), vgl. L. Koenen, Chronique d'E-gypte 37 (1962) 167–174; der Text verweist mit dem Wort μυστοδόκος eindeu-tig auf Mysterien, vielleicht auf das Kind in Eleusis.

41. Die Erzählung vom Kind im Feuer wird auf Isis in Byblos übertragen, Plut. Is.357bc, wohl aus griechischer Quelle, Richardson 1974, 238 m.Lit.

42. Zu östlicher Heilungsmagie im archaischen Griechenland OE 57–77.

43. Die Beispiele, die J.G. Frazer, Apollodorus II (Loeb 1921) 311–317 zu «putting children on the fire» zusammenstellt, zielen durchweg auf magischen Schutz.

44. Hom.h.Dem. 480–482, vgl. Richardson z.d.St.; Pindar Fr. 137a; Sophokles Fr.837 Radt; Isokrates Paneg.28; Krinagoras Anth.Pal.11,42.

45. IG II/III² 366,1; Clinton 1974, 42.

46. Cic.leg.2,36.

47. Od.24,74 f.; Stesichoros 234 Page; der Krater erscheint als Hochzeitsgeschenk des Dionysos auf der François-Vase, A. Rumpf Gnomon 25 (1953) 469 f., E. Simon, Die griechischen Vasen (München 1976) 70 f. (Zweifel an dieser Inter-pretation bei T.H. Carpenter, Dionysian Imagery in Archaic Greek Art, Ox-ford 1986,11).

48. Plat.rep.365a; Drohung mit Jenseitsstrafen auch leg.870de, ferner Plut.Cons. ad ux.611 d mit Verweis auf Dionysische Mysterien; vgl. Nilsson 1957, 122 f.

49. E. Schwyzer, Dialectorum Graecarum exempla epigraphica potiora (Leipzig 1923) Nr.792; L.H. Jeffery, The Local Scripts of Archaic Greece (Oxford 1961) 240 Nr.12 – Nilsson 1957, 12 f. – Hdt.2,81, vgl. L&S 127 f.

50. Rusajeva 1978, 96–98.

51. Erstveröffentlichung: G. Pugliese Carratelli, G. Foti PP 29 (1974) 108–126; datiert um 400 v.Chr.; vgl. M.L. West ZPE 18 (1975) 229–236; Cole 1980; GR 295; zum Text A.C. Cassio RFIC 115 (1987) 314–316; M.L. Lazzarini ASNP III 17 (1987) 329–334.

52. Tsantsanoglou-Parassoglou 1987: νῦν ἔθανες καὶ νῦν ἐγένου τρισόλβιε ἄματι τῶιδε. εἰπεῖν Φερσεφόναι σ᾽ ὅτι Βάκχιος αὐτὸς ἔλυσε... κἀπιμένει σ᾽ ὑπὸ γῆν τέλεα ἄσσαπερ ὄλβιοι ἄλλοι. Datiert um 300 v.Chr.; die dazwi-schen stehenden Formeln ‹Stier sprangst du in die Milch... Widder fielst du in die Milch› stellen eine Verbindung her zu den Goldblättchen von Thurioi, Gruppe A nach Zuntz 1971.

53. Fr.131a – mehr als eineinhalb Jahrhunderte früher als die Texte aus Thessalien.

54. Paus.10,31,9;11; Amphora München 1493, ABV 316,7 und Lekythos Palermo, Einl.Anm.55; Graf 1974, 110–120; Keuls 1974, 34–41.

55. Dies drückt das Chorlied Soph.Antig.1117–1121 aus – wo Ἰταλίαν gegen die Konjektur von R.D. Dawe, Teubner-Ausgabe 1979, zu halten ist, vgl. H. Lloyd-Jones, Entretiens de la Fondation Hardt 31 (1985) 263 f.

56. Vgl. H.R.W. Smith 1972 (mit guter Kenntnis, doch sehr eigenwillig geschrie-ben); Schmidt, Trendall, Cambitoglou 1976; Schneider-Herrmann 1977/78. Die Verstorbene als Mänade auf einem Sarkophagdeckel: Horn 1972, 82 m.T.50.

57. Matz 1963; R. Turcan, Les sarcophages romains à représentations Dionysia-ques (Paris 1966); F. Matz, Die dionysischen Sarkophage (Berlin 1968–1975); Geyer 1977; Merkelbach 1988, der die diesseitigen Aspekte betont.

58. SEG 34,1266.

59. Geyer 1977, 61–67.

60. E. Gàbrici MAL 33 (1929) 50–53; A.M. Bisi AClatt 22 (1970) 97–106; zu kala-thos und kiste im Eleusinischen Synthema vgl. Kap.IV bei Anm.21.

61. Dioskorides Anth.Pal.7,485; SEG 33,563; Nonnos 19,167–197; obszöne Parodie Anth.Pal.7,406. Trauben, Weingefäße, Tympana, auch Thyrsoi und Satyrn werden neben der Grabstele auf Apulischen Vasen (o.Anm.56) dargestellt. Bestattung durch einen dionysischen Thiasos: IG II/III² 11674 = Kaibel Nr.153 = Peek Nr.1029; IG VII 686; SEG 31,633; 32,488; dies freilich entspricht allgemeiner Vereinspraxis, vgl. etwa ib.486, 487.

62. CIL III 686 = CLE 1233; Festugière 1972, 30; Horn 1972, 20; verschiedene Identifikationsmöglichkeiten mit Göttern erscheinen in dem Epigramm auf ein totes Kind CIL VI 21521 = CLE 1109 = CCCA III 334; vgl. auch Sammelb. Nr.2134, Nock 1972, 305 Anm.145. Identifikation eines toten Kindes mit Dionysos Kaibel Nr.705 = Peek Nr.1030; Relief aus Alexandria in Bologna, Nilsson 1957, 107 Abb.27, Horn 1972, 52 Anm.46; 91; Abb.49, Merkelbach 1988 Abb. 34; u. Anm.81.

63. Plat.rep.330d.

64. Vgl. Kap.III.

65. Vgl. Einl. bei Anm.34.

66. Vgl. Kap.IV bei Anm.52 (ff.).

67. Plat.Phdr.244 f.; vgl. OE 65–72.

68. Plat.rep.365a.

69. Oben bei Anm.51.

70. Hom.h.Dem.367–369, vgl. Richardson z.d.St.; der Text stellt keinen direkten Zusammenhang mit der Stiftung der eleusinischen Mysterien (473–482) her, man braucht aber auch keinen Widerspruch zu konstruieren. Sehr nahe liegt, was Plat.rep.365a kritisiert; dazu Plut.Non posse 1105b: nicht viele glauben im Ernst an Kerberos und das durchlöcherte Faß im Hades, «diejenigen aber, die das fürchten, meinen, daß gewisse Weihen wiederum und Reinigungen helfen könnten: durch sie gereinigt, würden sie die Zeit im Hades mit Spiel und Tanz verbringen...».

71. Aug.civ.7,26; doch 7,24 sagt er mit Bezug auf die Mater Magna, daß «nicht einmal die Dämonen es wagten, große Versprechungen für diese Rituale zu machen». Vgl. Nock 1972, 296–305, über «Mysteries and the Afterlife»; Cosi 1976, 67; 70 f.

72. Gemeinsamer Begräbnisplatz CCCA IV 16, vgl. III 422; Privatbestattung CCCA III 261, vgl. 462; IV 241; Teilnahme der sodales am Begräbnis CIL VI 10098 = CCCA III 355; CIL VI 2265 = CCCA III 361.

73. Vgl. CCCA III praefatio; CCCA VI 23–26; IV 210.

74. Damaskios Vit.Is.131 Zintzen. Cumont 1931, 55.

75. CIL VI 510 = CIMRM 520 = CCCA III 242 = Duthoy 1969 Nr.23.

76. Vgl. I. Lévi, Les inscriptions araméennes de Memphis, Journal asiatique 121 (1927) 281–310, mit sieben Beispielen der griechischen Formel aus Ägypten; älter ist eine aramäische Fassung, Lévi 303, CIS I 141: «Nimm Wasser vor Osiris». Die außerägyptischen Belege SIRIS 459=462 (Rom); 778 (Karthago); vgl. auch Cumont 1931, 93; 250 f.

77. Athenagoras 22,8; vgl. Plut.Is.352bc; Damaskios Vit.Is.107 (der platonische Philosoph Heraiskos, der ein ägyptischer Priester war).

78. Vgl. Dunand 1973, II 144–150 mit T.4; 20,2; 23; 40,2 etc.; SIRIS pass.

79. SIRIS 586; Egger 1951; Vidman 1970, 132–138; H. Gabelmann, Die Werkstattgruppen der oberitalischen Sarkophage (Bonn 1973) 147–157.

80. S. Şahin in Hommages à M.J. Vermaseren (Leiden 1978) III 997 f. = SEG

28,1585; vgl. SIRIS 42; zum Motiv ‹nicht in den Hades, sondern...› vgl. auch SEG 26,1280.

81. Vgl. v.Gonzenbach 1957; Dietz 1968/71; Vidman 1970, 128 f.; 131; SIRIS 542; 746; 747; *nomen tenebit Isidis nati puer* SIRIS 585. Zur Identifikation mit Dionysos o.Anm.62. Apul.met.8,7,6. Hierzu allgemein H. Wrede, Consecratio in formam deorum: Vergöttlichte Privatpersonen in der römischen Kaiserzeit (Mainz 1981). Ein entscheidender Impuls kam vom Kaiserhaus, als der frühverstorbene Sohn des Germanicus als ‹Eros› konsekriert wurde, Suet.Calig.7.

82. Apul.met.11,6,5; SIRIS 464, vgl. dazu H.S. Versnel ZPE 58 (1985) 264 f.

83. Isisaretalogie von Maroneia, Grandjean 1975, 18; Bianchi 1980, 20–27.

84. Gegen Cumont 1923, 160 erscheinen Privatbestattungen CIMRM 624, 885, vgl. 566, 623, 708.

85. Bianchi 1984, 2131–2134 spricht von *aeternitas* als dem Jenseitigen, wozu er eine ‹achte Tür› über die sieben bezeugten hinaus postuliert; «unendlicher Himmelsraum» Schwertheim 1979, 71. Zum problematischen Wort *aeternali* in der Inschrift von Santa Prisca Kap.IV Anm.147.

86. Orig.Cels.6,22; Porph.antr.6; abst.4,16; vgl. Turcan 1975. Ganz spekulativ ist L. Campbell, Mithraic Iconography and Ideology (Leiden 1968).

87. Vgl. Turcan 1981a, 110–112 und in Bianchi-Vermaseren 1982, 173–191.

88. Iul.Symp.336c vgl. Plat.Phd. 67c, Phdr.248a, 250b.

89. οἱ περὶ τοὺς τάφους Liban.or.62,10; οἱ τὰ φαιὰ ἱμάτια ἔχοντες Eunap.V. soph.7,3,5; vgl. Iul.or.7, 344a.

90. IG XIV 1449 = Kaibel Nr.588 = CCCA III 271 = L. Moretti, Inscriptiones Graecae Urbis Romae III 1169 = H.W. Pleket, Epigraphica II (Leiden 1969) Nr.57; es geht um Zeile 7: πάνθ' ὑπολανθάνετε τὰ βίου συνεχῶς μυστήρια σεμνά. Übersetzung ‹vergessen› auch bei Merkelbach 1988, 93.

91. G.W.H. Lampe, Patristic Greek Lexicon (Oxford 1961) s.v. ὑπολανθάνω verweist auf Clem.Hom.120,13.

92. Vgl. SIRIS 789 über einen Isispriester Felix: *felix de nomine tantum;* SIRIS 396, *aedituus* der Isis: *mulier infelicissuma;* Himer.or.8,7: «Wie soll ich noch auf Dionysos vertrauen, der mir den heiligen Knaben nicht bewahrt hat?»

II. Organisation und Identität

1. J.Z. Smith 1978, 290 «constructing worlds of meaning»; vgl. R.L. Gordon 1980, 22: «... to validate the existence of a purely imaginary world».

2. U. v. Wilamowitz-Moellendorff, Homerische Untersuchungen (Berlin 1884) verwendet Ausdrücke wie «eine art kirchliche gemeinde» der Orphiker, «die eleusinische kirche« (213); «Mysteriengemeinden» Reitzenstein 1927 (1.Aufl. 1910) pass.; er postulierte auch eine «Poimandres-Gemeinde»: Poimandres (Leipzig 1904) 248; zur Kritik W. Kroll Neue Jahrbücher 39 (1917) 150. Vgl. auch Burkert 1982, 2 Anm.4.

3. Plat.Phdr.248de.

4. ὁ τέχνημ ποιούμενος τὰ ἱερά Pap.Derv. XVI 3 (vorläufige Edition in ZPE 47, 1982; vielleicht Stesimbrotos Περὶ Τελετῶν, ZPE 62, 1986, 1–5). Vgl. das abschätzige βαναυσίη von den Heilern, Hippokr.morb.sacr.18, VI 396 Littré; τὸ φιλότεχνον der ‹Dionysischen und Orphischen› Praktiker, Strabo

10,3,23 p.474; Burkert 1982 und OE 43–48. Der Begriff ‹Charismatiker› geht von der Verwendung des Wortes *charisma* beim Apostel Paulus aus und wurde durch Max Weber üblich, vgl. W.E. Mühlmann in: Historisches Wörterbuch der Philosophie I (Basel 1971) 988 f.

5. Hippokr.morb.sacr.1, VI 360 Littré; vgl. den *Nomos* IV 642 Littré; ‹Aglaophamos› bei Iambl.V.Pyth.146; vgl. Einl. Anm.42.

6. Zum *Eid*, IV 628–632 Littré, Ch. Lichtenthaeler, Der Eid des Hippokrates (Köln 1984) bes. 79–110, 261–265.

7. Plat.rep.364a–e; die Anekdote über den Orpheotelesten, der sich doch lieber ins Jenseits begeben sollte, Plut.Lak.apophth.224e; Demosthenes über Aischines und seine Mutter, Kap.I Anm.34; in lateinischer Literatur etwa Plaut. Mil.692; Ennius, Pacuvius, Naevius bei Cic.div.1,132; Cato ib.2,51.

8. Zum Priestertum in Griechenland GR 95–98; R.S.J. Garland, Religious Authority in Archaic and Classical Athens, BSA 79 (1984) 75–123; J.A. Turner, Hiereiai. Acquisition of Priesthoods in Ancient Greece (Ann Arbor 1985); M. Beard, Pagan Priests (London 1988). Fürs hellenistische Ägypten bleibt Otto 1905/08 wertvoll.

9. Marc.Aur.9,30; vgl. Foucart 1873; Poland 1909; Laum 1914; San Nicolo 1913/15; Nock 1972, 430–442: «Greek and Egyptian Forms of Association«.

10. W. Schubart, Amtliche Berichte aus den Kgl. Preußischen Kunstsammlungen 38 (1916/17) 189 f.; Sammelb. Nr.7266; vgl. Nilsson 1957, 11 f.; Zuntz 1963a; Fraser 1972, II 345 f.; OE 46.

11. Liv.39,8–19: 39,8,3 *Graecus ignobilis... sacrificulus et vates;* 39,13,9 *Pacullam Anniam Campanam sacerdotem omnia tamquam deum monitu immutasse;* 39,17,6 *capita coniurationis... M.et C. Atinios de plebe Romana et Faliscum L.Opicernium et Minium Cerrinium Campanum* (Sohn der Paculla, von seiner Mutter eingeweiht, 13,9). Vgl. Bruhl 1953, 82–116; Festugière 1972, 89–109 (urspr. 1954); Nilsson 1957, 14–21; D.W.L. van Son, Livius' behandeling van de Bacchanalia, (Diss. Amsterdam 1960); Rousselle 1982; Heilmann 1985.

12. Eur.Bacch.465–474 vgl. 232–238; zum Ineinander von traditionellem und mysterienhaftem Dionysoskult GR 291 f.

13. LSAM 48,19 f.; Nilsson 1957, 6 f.

14. Hdt.4,78–80; Rusajeva 1978; θιασῶται A. Kocevalov Würzburger Jb.3 (1948) 265.

15. Kap.I Anm.34.

16. Plat.rep.364b–e; Theophr.char.16,2.

17. Die gründlichste Studie legte Zuntz 1971, 277–393 vor, die aber durch die neuen Funde überholt ist, Kap.I Anm.51/52; ein neuer Text auch ZPE 25 (1977) 276; zur Art der Verbreitung Janko 1984.

18. Die Inschriften wurden von Quandt 1912, dann von Nilsson 1957 zusammengestellt; von späteren Funden seien genannt: Inscriptiones Graecae in Bulgaria repertae III 1517; IG X 2,1,259 = SEG 30,622 (Thessalonike); Epigraphica Anatolica 1 (1983) 34 (Kyme); viel neueres Material auch bei Merkelbach 1988 pass.; eine vollständige neuere Sammlung fehlt. Zur *Villa dei misteri*, dem Farnesina-Haus und verwandten Monumenten u. Kap.IV; vgl. Geyer 1977; Henrichs 1978; Cole 1980; Casadio 1982/83.

19. Libanios schreibt Empfehlungsbriefe für ‹Diener des Dionysos› an seine Freunde: Sie «dienen in jedem Jahr dem Mythos des Gottes» und kommen,

um Frohsinn (εὐφροσύνη) zu verbreiten (ep.1212, XI 293 Foerster); sie «haben an der Weihefeier der Feiernden teilgenommen», τῆς τελετῆς τῶν τελούντων μετέσχον (ep.1213, XI 294 Foerster); Merkelbach 1988, 85 spricht von «Laienspielern», was doch wohl zu wenig ist.

20. O. Kern. Die Inschriften von Magnesia (Berlin 1900) Nr.215a; Henrichs 1978 verteidigt die Authentizität dieses Textes.
21. Plat.Phd.69c = OF 5; 235.
22. A. Vogliano, F. Cumont, AJA 37 (1933) 215–263; Nilsson 1952, 524–541; 1957, 46f.; 51f.; Inscriptiones Graecae Urbis Romae 160; vgl. Merkelbach 1988, 17-19.
23. Dies gilt jedenfalls von den Mysterien von Lerna: IG IV 666 = Kaibel Nr.821; IG II/III² 4841 = Kaibel Nr.822; IG II/III² 3674; CIL VI 1779; 1780. Anth. Pal.9,688; sie sind allerdings insofern einzigartig unter den Dionysos-Mysterien, als sie an ein lokales Heiligtum fest gebunden sind. – Ein Mosaik aus Cypern, datiert 325/350, zeigt Dionysos in einer vom Christentum, von der Anbetung der Magier übernommenen Ikonographie, W.A. Daszewski, Dionysos der Erlöser (Mainz 1985).
24. Semonides Fr.36 West, vgl. Hipponax Fr.127; 156 West.
25. Vgl. Einl. Anm.22; Kyzikos: Hdt. 4,76; Graffito von Locri, Unteritalien, 7.Jh. v.Chr.: M. Guarducci Klio 52 (1970) 133–138.
26. Kratinos Fr.66 Kassel-Austin; Arist.Rhet.1405a20.
27. E.W. Handley BICS 16 (1969) 96; S. Charitonidis, L. Kahil, R. Ginouvès, Les mosaiques de la Maison du Ménandre à Mytilène (Bern 1970) T.6. Über solche Darstellungen als ‹show business› M.C. Giammarco Razzano, I Galli di Cibele nel culto di età ellenistica, in: Ottava Miscellanea Greca e Romana. Studi pubblicati dall' Istituto Italiano per la Storia Antica 33 (1982) 227–266.
28. Klearchos Fr.47 Wehrli = Ath.541cd. Der Ahnherr der früheren Tyrannen von Syrakus war, laut Hdt.7,153 f., ein ‹verweichlichter› Priester der ‹chthonischen Götter›, vgl. Zuntz 1971, 136f.
29. Zu bronzezeitlicher Tradition im Mythos von Pessinus vgl. Würzburger Jb. 5 (1979) 253–261. Die antike Tradition bringt den Namen *galloi* mit dem Fluß Gallos in Pessinus zusammen, Kallim.Fr.411. Der Name ist sicher älter als die Ankunft der Gallier 278 v.Chr.; zu einer möglichen Verbindung mit sumerisch-akkadisch *gallu* S&H 110f.; zu Beziehungen *galloi* – Rom Polyb.21,37,5 (190 v.Chr.); Plut.Mar.17. Kaiserkult in Pessinus: OGI 540. Vgl. Thomas 1984, 1525–1528.
30. Dokumentation: CCCA III 1–200; 225–245.
31. Erra 4,55 f. (L. Cagni, L'epopea di Erra, Rom 1969, 110), mit Bezug auf Ischtar von Uruk.
32. CCCA III 289; IV 47; Liv.37,9,9; 38,18,9; Iuv.2,112; Prud.Peristeph.10,1061; fanaticus mit Bezug auf Bellona Iuv.4,123, auf die Bacchanalia Liv.39,15,9, auf Isis CIL VI 2234 = SIRIS 373; vgl. Wissowa 1912, 350.
33. Wissowa 1912, 320f.
34. CIL X 3698 = CCCA IV 7; CIL X 3699 = CCCA IV 2; CIL XIII 1751 = Duthoy 1969 Nr.126; vgl. H. Cancik in: J. Taubes, ed., Gnosis und Politik (Paderborn 1984) 173.
35. *Sodalitates* mit Festmahl, Cic.Cato 45; Wissowa 1912, 318.
36. CCCA III 362–449; *archigallus* 446; *dendrophori* 364 etc.; *cannophori* 398 etc.; zu anderen Heiligtümern in Italien vgl. CCCA IV.

37. Farnell 1907 III 199–205; Graf 1985, 274–277. Herodot 9,97 versetzt die Ausbreitung in die Epoche der Ionischen Wanderung.
38. Ausgezeichnete Sammlung des Materials bei Clinton 1974. Eine neue Inschrift über die Keryken: D.H. Geagan ZPE 33 (1979) 93–115.
39. Clinton 1974, 50–52 (Zeile 64); 1.Jh. v.Chr.
40. Arist.Ath.Pol.57,1; ἐπιστάται: IG I³ 32.
41. Lekythos von Kertsch, Louvre CA 2190, Metzger 1965 T.15; Kerényi 1967, 157; Triptolemos am Nil: apulischer Volutenkrater Leningrad 586, RVAp 8/6; vgl. Fraser 1972 II 341; Alföldi 1979, 567.
42. Fraser 1972 II 340f.; H. Laubscher JDAI 89 (1974) 249f. (mit Bibl.); Alföldi 1979, 570–572.
43. Graf 1974, 180f.; Burkert 1975, 100–104.
44. Plut.Isis 362a; Tac.hist.4,83,2; Arnob.5,5; Fraser 1972 I 200; 251; Clinton 1974, 9, 43; 92.
45. Ausführlich diskutiert von Fraser 1972 I 200f.; II 340–342, mit negativem Ergebnis; dagegen Alföldi 1979, 554–558, vgl. übernächste Anm.; Clinton 1974, 8 f. verweist darauf, daß Porph. Περὶ ἀγαλμάτων 10, p.22* Bidez = Euseb.P.E.3,12,4 die ‹Mysterien von Eleusis› in einem rein ägyptischen Kontext beschreibt. Anders Porphyrios bei Prokl.Tim. I 165,19–23, wohl mit Bezug auf Attika.
46. Kallim.hymn.6,128f.; vgl. LSCG 96 über Mykonos.
47. Epiphan.Panar.51,22,8–10; E. Norden, Die Geburt des Kindes (Leipzig 1924) 28f.; R. Merkelbach, Isisfeste in griechisch-römischer Zeit (Meisenheim 1963) 47–50; Fraser 1972 II 336–338; Alföldi 1979, 561. E. Alföldi-Rosenbaum hat Darstellungen eines Tempels, der *Eleusinion* heißt, auf alexandrinischen *tesserae* nachgewiesen, Chiron 6 (1976) 215–231, T.21; sie identifiziert ihn mit dem Kore-Tempel. – Weihung einer Aion-Statue in Eleusis: IG II/III² 4705.
48. Die Einzigartigkeit wird in einem rhetorischen Text hervorgehoben, Pap. Ox.1612, vgl. dazu L. Deubner, Kleine Schriften zur klassischen Altertumskunde (Königstein 1982) 198–201; ferner Epiktet 3,21,11–14; Fraser 1972 II 339f.
49. Kap.I Anm.55.
50. IG XI 4, 1299; SIRIS p.62–87; Engelmann 1975.
51. Ägyptisches Heiligtum im Piräus, 4.Jh. v.Chr.: IG II/III² 337 = SIRIS 1; vgl. zu Eretria SIRIS 73.
52. Vgl. SIRIS Index; Vidman 1970, 66–94.
53. Hierzu Tran Tam Tinh 1964.
54. Wissowa 1912, 351–359; Malaise 1972, 362–401.
55. So Dion.Hal.ant.2,19,3.
56. SIRIS 291 (Priene), vgl. SIRIS 75; 100; 255; 286; 356; 398; 613; 708; Ägypter auf Bilddarstellungen, Le Corsu 1977, 136.
57. 1,3,23–32.
58. Vgl. SIRIS Index; Vidman 1970, 61f.; 72–74.
59. *grege linigero circumdatus et grege calvo* Iuv.6,533; *turba linigera* Ov. met.1,747; Plut.Isis 352c (u. Anm.93).
60. Apul.met.11,19,1 vgl. 3; Vidman 1970, 69–75. Vgl. θεραπευταί des Asklepios von Pergamon, Ch. Habicht, Altertümer von Pergamon VIII 3 (1969) 114f.
61. SIRIS 390; 295; 326; *telestini* (ein hapax) SIRIS 587, dazu H. Solin bei Bian-

chi 1982, 132. Vgl. Vidman 1970, 125–138; Dunand 1973 III 243–254; Bianchi 1980; M. Malaise, Contenue et effets de l'initiation isiaque, ACl 50 (1981) 483–498.

62. Tib.1,7,48 – nicht erwähnt bei Bianchi 1980, der SIRIS 448 als ältestes Zeugnis für die *cista* der Isis nennt. Vgl. Einl. Anm.49.

63. SIRIS 435–443 (Rom); 467 (Brundisium); ἱεροί SIRIS 154; 307. 315a; *turbae sacrorum* Apul.met.11,23,4; vgl. Vidman 1970, 80 f.; 88 f.; ἱεροί in den Mysterien von Andania, LSCG 65, GR 279; im Dionysischen *thiasos* der Agripinilla o. S. 39.

64. Dazu L. Delekat, Katoche, Hierodulie und Adpotionsfreilassung (München 1964).

65. Vgl. Griffiths 1976, 189.

66. Hdt.2,171: arkadische θεσμοφόρια nach dem Muster ägyptischer μυστήρια. Hekat.Abd. FGrHist 264 F 25 = Diod.1,22,4: Dionysische μυστήρια und τελεταί aus Ägypten; Diod.1,96,4 f.: Osiris=Dionysos, Isis=Demeter.

67. Grandjean 1975; SEG 26,821. Z.35–41 lauten: «Du hast von Griechenland vor allem Athen geehrt; dort nämlich hast du zuerst die Feldfrüchte erscheinen lassen; Triptolemos aber hat deine heiligen Schlangen eingespannt und, vom Wagen getragen, an alle Griechen den Samen weitergegeben. Daher denn sind wir bestrebt, von Griechenland Athen zu sehen, von Athen aber Eleusis, indem wir als Zierde der Welt Athen, als Zierde Athens aber das Heiligtum betrachten.» Der rekonstruierte Archetyp der späteren Fassungen hat anstelle dessen: ἐγὼ μνήσεις ἀνθρώποις ἐπέδειξα, § 22, Harder 1943, 21. Vgl. zu den Isisaretalogien auch Henrichs HSCP 88 (1984) 152–158. – Zu Mesomedes Kap.III Anm.117; Kap.IV Anm.22.

68. Überlegungen zur Zahl der Mithräen und Mithrasverehrer in Rom und Ostia: Coarelli bei Bianchi 1979, 76 f.; Merkelbach 1984, 184–186.

69. Vgl. Merkelbach 1984 pass., bes. 77–84; eine strukturale Interpretation versucht Gordon 1980. Zur Korrelation mit Planeten vgl. Kap.III, zu den Initiationen Kap.IV.

70. CIMRM 57; 336; 400–403 etc.; Index CIMRM I p.352.

71. CIMRM 1315; 2296; *ex permissu sanctissimi ordinis* in einer neuen Inschrift aus San Gemini, Umbrien: U. Ciotti in Hommages à M.J. Vermaseren (Leiden 1978) 233–239, vgl. A. Spada in Bianchi 1979, 647; eine Weihung *patre prostante* CIMRM 1598, *antistante* CIMRM 413a.

72. Zwei Grabinschriften aus Afrika, die neben einem *leo* eine *lea* nennen, CIMRM 114–115, gehören kaum zum Mithraskult. Eubulos bei Porph. abst.4,16 sagt, daß Frauen im Mithraskult ‹Hyänen› genannt wurden (ὕαιναι, zu Unrecht zu λέαιναι in der Edition von Nauck geändert); sie werden dabei «denen, die an den Mysterien teilnehmen», ausdrücklich gegenübergestellt. Der Kontext ist mißverstanden bei Schwertheim 1979, 63. – Sklaven: CIMRM Index I p.354, II p.429.

73. Hdt.4,79,5; Demosth.18,260; Aristoph.Vesp.118–124.

74. IGBulg III 1864; συμμύσται auch OGI 541 = IGRom III 541 (Pessinus, Meter); IG XII 8, 173,13 (Samothrake); G. Kazarow AA 30 (1915) 88 (Zeus Dionysos); σύνβακχοι SEG 31,983. Das Wort συμμύσται ist von den Christen übernommen worden: Märtyrer sind Παύλου συμμύσται, Ignatius Eph.12,2; nach Mani schrieb Paulus über seine Vision τοῖς συμμύσταις τῶν ἀποκρύφων, Kölner Mani-Codex p.62,8.

75. Prozesse: IG II/III² 1275 = LSS 126; Begräbnis ib. und Kap.I Anm.61.
76. Andok.1,132; Plat.epist.VII 333e; Plut.Dio 56; Sopatros Rhet.Gr. VIII
    123,26. Die Bezeichnung ‹Vater› für den, der die Weihe vermittelt, findet sich
    abgesehen vom Mithraskult nur einmal bei Apuleius (met.11,25: *meum iam
    parentem*); sie ist im Christentum seit Paulus (1.Kor.4,15 ὑμᾶς ἐγέννησα,
    vgl. I.Tim.1,1) mit ganz anderer Emphase entwickelt worden.
77. Plat.epist.VII 333e, mit Anspielung auf die Tatsache, daß Dion von seinem
    ‹Bruder› Kallippos ermordet wurde, Plut.Dio 56.
78. Philon Cher.48, in Anwendung von Mysterienmetaphern auf die Bibelausle-
    gung, vgl. Riedweg 1987, 71–92.
79. Unten Anm.82/83.
80. Apul.met.11,27,2; 29,5.
81. Orph.hymn.77,9 f., ‹an Mnemosyne›: «Erwecke in den Mysten die Erinne-
    rung an die heilige Weihe...»
82. Plut.Cons.ad ux.611d; *crepundia* Apul.apol.56 vgl. 55 (vgl. παίγνια ‹der My-
    stis› Nonnos 9,128).
83. W. Müri, SYMBOLON: Wort- und sachgeschichtliche Studie, in: Griechi-
    sche Studien (Basel 1976) 1–44, bes. 37–44.
84. Reitzenstein 1927, 23.
85. Plat.leg.782c; Plut.quaest.conv.635e; vgl. schon Eur.Hippol.951–953; GR
    301–304.
86. Rusajeva 1978; West 1983, 17 f.; auf der Spärlichkeit alter Belege für ‹Orphi-
    ker› insistierte Wilamowitz 1932 II 199 f.; zur Sonderstellung der Orphik
    auch Merkelbach 1988, 130–134.
87. οἱ παρ' Ὀρφεῖ τῶι Διονύσωι καὶ τῆι Κόρηι τελούμενοι Prokl.Tim. III
    297,8 f.
88. ZPE 14 (1974) 77 (Smyrna).
89. E. Renan sprach von ‹mithriaste›, Einl. Anm.13, nach dem Muster von *Sara-
    piastae*, während *mithriaque* nach *Isiacus* gebildet ist.
90. Iul.symp.336c.
91. Tert.cor.15: *idque in signum habet ad probationem sui... statimque creditur
    Mithrae miles*. Vgl. I. Toth, Mithram esse coronam suam, Acta Classica Univ.
    Scient. Debrecinensis 2 (1966) 73–79.
92. Vidman 1970, 89–94; *Isiaci coniectores* Cic.div.1,132; *Isiaci* Val. Max.7,3,8;
    sacerdos... et ceteri Isiaci SIRIS 560 (Portus); SIRIS 487/8 s.u. Anm.95.
93. Plut.Isis 352b; vgl. Epiktet 3,22,9 ff. über den ‹wahren Kyniker›.
94. SEG 28,1585, Kap.I Anm.80; Kap.IV Anm.114.
95. SIRIS 487, vgl. 488; vgl. J.L. Franklin, Pompeii: The Electoral Progammata,
    Campaigns and Politics, A.D. 71–79 (Rom 1980).
96. Vgl. Kap.I; ein Goldblättchen aus einem Grab aus Aigion in Achaia ist
    ΜΥΣΤΗΣ beschrieben, Arch.Rep.1985/6, 38.
97. Z.B. Weihungen für die Eleusinischen Götter aus dem Serapeum C auf Delos,
    SIRIS p.66 = CE 44; p.77 = CE 206; an Men, p.67 = CE 63, vgl. p.65 = CE
    34. Venus Genetrix in einem Meterheiligtum, CCCA III 5; Sarapis und Isis
    an Zeus von Panamara und Hera geweiht, SIRIS 279 = Inschriften von Stra-
    tonikeia 207; Kybele, Isis, Mithras in einem Heiligtum des Zeus Bronton,
    CIMRM 634; vgl. auch SIRIS 528; 530.
98. Cumont 1896/99 I 137 ff., 142 ff.; 1923, 99 f.; vgl. bes. CIMRM 1176–1188
    (Stockstadt).

99. Apul.met.11,22,3.
100. CCCA III 366 vgl. 367; 385; CIMRM 509; 378; SIRIS 286; CIMRM 1971; SIRIS p.67 = CE 50.
101. SIRIS 16; p.72 = CE 141; SIRIS 54; vgl. 88.
102. Zu Praetextatus RE XXII 1515–1579; CIL VI 1778 = CIMRM 420; CIL VI 1779 = CCCA III 246; seine Frau, CIL VI 1780 = SIRIS 450 = CCCA III 295.
103. Plat.Phdr.247a.
104. Totti 1985 Nr.20 mit Bibl.
105. Apul.met.11,5,2–3; *una quae es omnia* SIRIS 502 (Capua); vgl. Dunand 1973 I 80; 103; E. Peterson HEIS THEOS: Epigraphische, formgeschichtliche und religionsgeschichtliche Untersuchungen (Göttingen 1926).
106. R. Merkelbach ZPE 1 (1967) 72 f.; Totti 1985 Nr.8 mit Bibl.; der Text außerhalb der Eidesformel ist hoffnungslos fragmentarisch. Es gibt bemerkenswerterweise zwei Papyri, die fast zwei Jahrhunderte auseinanderliegen (1./3.Jh. n.Chr.). Zum ὅρκος ἐπιχώριος Thuk.5,18,9; 47,8. – In Aristophanes' Wolken allerdings hat Strepsiades vor seiner ‹Weihe› zu erklären, daß er keine anderen Götter mehr anerkennen wird (423–426) – diese quasiphilosophischen ‹Mysterien› lassen spätere Möglichkeiten von Orthodoxie und Ketzertum vorausahnen (auf orphisch-pythagoreischem Hintergrund? Vgl. L&S 291 Anm.73; HN 296 f.).
107. Eunap.vit.soph.7,3,2–4; vgl. Clinton 1974, 43.
108. L. Robert CRAI 1975, 306–330; SEG 29,1205; eine Interpretation aus iranischer Sicht gibt J. Wiesehöfer Gnomon 57 (1985) 565 f. – Polarität von Hera- und Demeterkult: Serv.auct. Aen.4,58.
109. Vgl. K.L. Schmidt, Kittels Theologisches Wörterbuch III (Stuttgart 1938) 502–539; Matth.16,18; 18,17; Paulus; Apostelgeschichte. In der Septuaginta ist ἐκκλησία synonym mit συναγωγή.
110. Philon spec.1,319: Ioseph.ant.4,45; NT Eph.2,12; 1.Clem.2,8; 54,4; Ep. Diogn.5,4; *spiritalis populus* Aug.de vera rel. 37.
111. Bezeichnung der Christen als ἔθνος bzw. λαός seit 1.Petr.2,9, ep. Diogn.5,1–10; vgl. A. v.Harnack, Die Mission und Ausbreitung des Christentums (Leipzig 1924⁴) 259–281.
112. Didache 4,9.
113. Ansätze finden sich in Pythagoreer-Gruppen, Burkert 1982.
114. Bakchisch: Nilsson 1957, 106–115; Lambrechts 1957; F. Matz Gnomon 32 (1960) 545–547; Horn 1972, 89–92; Geyer 1977, 67 f.; Merkelbach 1988, 88–95. – Eleusis: HN 309 f.; Clinton 1974, 98–118. Klea ist ‹von Vater und Mutter her› den ägyptischen Göttern geweiht (καθωσιωμένη), Plut.Isis 32, 364e. Ein Vater weiht seinen Sohn in die Mithrasmysterien ein, CIMRM 405.
115. Ἀποστάτης, ἀποστασία sind politische Begriffe, die in der heidnischen Religion nie gebraucht werden. Vgl. Septuaginta, Jos.22,22,2; 1.Makk.2,15; NT Apg.21,21; Jak.2,11 v.l.; 2.Thess.2,3. Der ägyptische Verein des Zeus Hypsistos (Nock 1972, 414–443) verbietet den Mitgliedern, die Gemeinschaft zugunsten einer anderen zu verlassen; dies ist mehr Vereinspolitik als Abwehr von ‹Apostasie›.
116. Liv.39,13,14; Anzahl der Hinrichtungen 39,17,6. Vgl. auch 3.Makk.2,30: König Ptolemaios IV. habe die Teilnahme an dionysischen *teletai* zur Vorbedingung des vollen Bürgerrechts gemacht. Damit wären Bakchische Myste-

rien als Staatsreligion etabliert. Diese Angabe geht offenbar von einem jüdischen Vorverständnis aus.

117. Diod.34,2 nach Poseidonios.

118. Aug.de vera rel.14.

119. Zum europäischen Hexentum sei auf den Überblick von M. Eliade verwiesen, Some Observations on European Witchcraft, History of Religions 14 (1975) 149–172 = M. Eliade, Occultism, Witchcraft and Cultural Fashion (Chicago 1976) 69–92; 128–132.

III. Die Theologia der Mysterien: Mythos, Allegorie und Platonismus

1. Cumont 1931, 10 f.

2. K. Kerényi, Die griechisch-orientalische Romanliteratur in religionsgeschichtlicher Beleuchtung (Tübingen 1927); Merkelbach 1962; 1988. Die Diskussion wurde durch die Entdeckung des Romans des Lollianos belebt, der eine schaurig-schöne Mysterienszene enthält, vgl. Henrichs 1972, bes. 28–79, dazu A. Geyer Würzburger Jb.3 (1977) 179–196 und – für rein literarische Interpretation eintretend – J. Winkler, Lollianos and the Desperadoes, JHS 100 (1980) 155–181.

3. Vgl. S&H 5–7; 16; 57.

4. Seit 1977 gibt es eine vollständige Übersetzung, J.M. Robinson (ed.), The Nag Hammadi Library in English (Leiden, 1988³); außerdem liegt vor: The Facsimile Edition of the Nag Hammadi Codices (Leiden 1972–1979); im Fortschreiten begriffen ist: The Coptic Gnostic Library, Edited with English Translation, Introduction and Notes (Leiden), in der Serie Nag Hammadi Studies (Leiden 1972 ff.).

5. Vgl. jetzt J. Büchli, Der Poimandres. Ein paganisiertes Evangelium (Tübingen 1987); zuvor B.A. Pearson, Jewish Elements in Corpus Hermeticum I (Poimandres), in: R. van den Broek, M.J. Vermaseren (ed.), Studies in Gnosticism and Hellenistic Religions pres. to G. Quispel (Leiden 1981) 336–348; R.McL. Wilson, Gnosis and the Mysteries, ib. 451–457; W.C. Grese, Corpus Hermeticum XIII and Early Christian Literature (Leiden 1979), allgemein R. van den Broek, The present state of Gnostic Studies, Vig.Christ.37 (1983) 41–71. Totti 1985 Nr.80/81 bringt zwei gnostische Gebete unter den Dokumenten zum Isis-Sarapis-Kult: Die Nebeneinanderstellung bringt die grundsätzliche Verschiedenheit zum Vorschein.

6. Zur Mysterienmetaphorik in der Philosophie E. des Places, Platon et la langue des mystères, in: Etudes Platoniciennes (Leiden 1981) 83–98; Riedweg 1987.

7. Einl. Anm.12.

8. Dieterich 1891, 1923; der Text der ‹Mithrasliturgie› findet sich PGM 4,475–829, übersetzt mit Anmerkungen in H.D. Betz (ed.), The Greek Magical Papyri in Translation I (Chicago 1986) 48–54.

9. Kap.I Anm.39.

10. Zosimos 4,18,2 f.; Clinton 1974, 43 f.

11. Kap.IV Anm.160.

12. Arist.Fr.15 = Synes.Dio p.48a; der Text hängt zusammen mit Plut.Isis 382de = Arist. Fr.10 Ross (‹Eudemos›) und Clem.Strom.5,71,1. Offenbar hat Aristoteles die Stufen von Diotimas Offenbarungsrede (Plat.Symp. 201d–212c)

systematisiert und als höchste Stufe, analog zur ‹Epopteia›, die Philosophie eingesetzt – eben damit setzt er aber Stufen des Lehrens und Lernens voraus, vgl. Riedweg 1987, 127–130.

13. Eine hellenistische Inschrift von einem Dionysosheiligtum in Halikarnaß lädt ein, sich den Riten zu unterziehen, «damit du den ganzen *logos* kennen lernst», «zu verschweigen, was geheim, und zu verkünden, was erlaubt…» (SEG 28,841; der Text ist lückenhaft, doch die zitierten Worte sind klar). «Genaues Wissen» kontrastiert mit zufällig aufgeschnappten Einzelheiten bei Dio or.36,33. *Didaskalia* steht zwischen Reinigung und *epopteia* bei Clem.Str.5,71,1 (vgl. vorige Anm.; Clemens' Verweis auf die ‹Kleinen Mysterien› entspringt einem Irrtum: Zwei Dichotomien, ‹Lernen/Schauen› und ‹Kleine/Große Mysterien› sind zusammengefallen). *Paradosis* zwischen Reinigung und *epopteia* bei Theo Smyrn.p.14; μυστικὴ παράδοσις Ath.40a, vgl. Diod.3,65,6; 5,77,3. Die Termini παράδοσις, παραδιδόναι können in engerem Sinn verwendet werden, als Belehrung, und in einem weiteren, für die Weihe überhaupt, Belehrung und Ritual. In Andania meint *paradosis* die Überlieferung von einer Generation von ‹heiligen› Mitgliedern zur anderen, LSCG 65,13. In der eleusinischen Lex Sacra IG I³ 6 = LSS 3 C 23 bezieht sich μυὲν auf eine an Individuen vollzogene Handlung, die vom gemeinsamen Fest in Eleusis getrennt ist, d.h. persönliche Einweihung durch Belehrung und Ritual, vgl. Clinton 1974, 13. Auch das witzige Paradox vom Hierophanten, der Ungeweihten die Mysterien ‹erzählt› (Diog.Laert.2,102), setzt mündliche Belehrung voraus. Vgl. auch διδάσκειν/μανθάνειν bei der Weihe eines Gallos in einem satirischen Roman, Pap.Ox.3010, ZPE 11 (1973) 93 f.

14. Dieser Terminus tritt zuerst bei Herodot auf, 2,51 (Samothrake), 2,63; 2,81 (Ägypten), danach Diod.1,98,2 (Pythagoras); Plat.epist.VII 335a (Unsterblichkeit); im Edikt des Ptolemaios (Dionysische Mysterien, Kap.II Anm.10); *carmen sacrum* Liv.39,18,3 (Bacchanalia); später z.B. Plut.Isis 353d; quaest. conv.636d; Paus.2,13; 8,15,4; Luk.Syr.D.88; 93; 97; orphische und pythagoreische Pseudepigrapha, OF p.140–143; H. Thesleff, The Pythagorean Texts of the Hellenistic Period (Åbo 1965) 158–168. Nach dem Isishymnos von Andros hat Isis selbst den ‹schreckensvollen *hieros logos*› für die Mysten aufgeschrieben (Totti 1985 Nr.2,12).

15. Fr.42, SVF II 17.

16. Zur Offenbarung des Parmenides W. Burkert, Das Proömium des Parmenides und die Katabasis des Pythagoras, Phronesis 14 (1969) 1–30. Empedokles B 6 gibt sich als ‹erste› Unterweisung über die Namen der Götter, worauf später ein ‹guter *logos* über die seligen Götter› folgt (B 131, zum Naturgedicht gehörig: M.R. Wright, Empedocles. The Extant Fragments, New Haven 1981, 83). Dies ist eine der frühesten Formulierungen des Begriffs ‹Theologie›; vgl. auch Xenophanes B 34,3. Das Wort *theologia* erstmals Plat. rep.379a. Vgl. V. Goldschmidt, Theologia, REG 63 (1950) 20–42; W. Jaeger, Die Theologie der frühen griechischen Denker, Stuttgart 1953.

17. 201d–212c; sie besteht aus (1) *elenchos* = Reinigung, (2) Unterweisung, wozu der Ursprungsmythos (203b–e) gehört, und (3) *epoptika* (210a), vgl. Riedweg 1987, 2–21.

18. Demosth.18,259; zur Villa Herbig 1958 Nr.2 T.19; vgl. Farnesina-Haus, Matz 1963 T.5 (ein Triptychon, nicht eine Buchrolle); Mosaik von Djemila-Cuicul, Geyer 1977, 148 T.14.

19. Kap.II Anm.10.
20. Paus.4,26,7; 27,5; LSCG 65,12; W. Speyer, Bücherfunde in der Glaubenswerbung der Antike (Göttingen 1970) 66–68.
21. Paus.2,37,3.
22. Paus.8,15,2.
23. Apul.met.11,17,2; Le Corsu 1977, 176.
24. CIMRM 44; Bidez-Cumont 1938 II 154. Vgl. Paus.5,27,6 über Bücher der iranischen Feuerpriester.
25. Cic.Att.1,9,2 fragt nach *Eumolpidon patria*, offenbar ein Buch vom Typ *exegetikon*, vgl. Clinton 1974, 93. – In den Scholien zu Theokrit (4,25c p.143 Wendel, codd. P und T, ‹genus Laurentianum›) heißt es, an den ‹Thesmophoria› hätten ‹edle und ehrwürdige Jungfrauen› ‹die gebräuchlichen heiligen Bücher› (τὰς νομίμους βίβλους καὶ ἱεράς) auf ihrem Haupt nach Eleusis getragen; hier dürfte, zusätzlich zur Konfusion von Thesmophoria und Mysteria, eine Korruptel vorliegen; lies κίστας statt βίβλους (Minuskelverschreibung)?
26. J.G. Smyly, Greek Papyri from Gurob (Dublin 1921) Nr.1; der Text auch OF 31, VS 1 F 23; vgl. W. Fauth RE IX A 2257–2262; West 1983, 170 f.
27. Totti 1985 Nr.108; Kap.II Anm.106.
28. Liv.25,1,12. Die vom Apostel Paulus Bekehrten verbrennen in Ephesos ihre Zauberbücher, Act.apost.19,19; entsprechend läßt der Bischof Porphyrios in Gaza alle «Bücher voller Gaukeleien, die die Priester ‹heilig› nannten, nach denen sie ihre *teletai* und andere verbotene Riten vollführten», einsammeln und verbrennen, Marcus Diaconus Vit.Porph.71. Vgl. W. Speyer, Büchervernichtung, Jahrb.f.Antike u. Christentum 13 (1970) 123–152, bes. 130 f.; 141.
29. Plat.rep.364e. Der Seher mit Buch erscheint auch Aristoph.av.974–989.
30. Plat.Meno 81a; vgl. leg.870de.
31. Pap.Derv. col.XVI, vgl. Kap.II Anm.4.
32. Plut.Isis 378a. Autoren und Büchertitel ‹Über Mysterien› bei A. Tresp, Die Fragmente der griechischen Kultschriftsteller (Gießen 1914) 28; der älteste ist Stesimbrotos FGrHist 107 (= Autor von Derveni? ZPE 62, 1986, 1–5); ferner Melanthios FGrHist 326 ‹Über die Mysterien von Eleusis›; Arignote, Βαχχικά und Τελεταί Διονύσου, Suda s.v. Arignote; über Mithrasmysterien schrieben Eubulos und Pallas, Porph.,abst.2,56; 4,16.
33. Dies fällt nicht zusammen mit der systematischen Dreiteilung von Bianchi (Einl. Anm.60), vielmehr entsprechen die zweite und dritte Ebene der von ihm ‹misterosofico› genannten.
34. GGR I 469.
35. Am ausführlichsten die alte Studie von R. Foerster, Der Raub und die Rückkehr der Persephone (Stuttgart 1874); Überblick bei Richardson 1974.
36. Am wichtigsten Diod.1,21 f. und Plut.Isis; J. Gwyn Griffiths, The Origins of Osiris (Berlin 1966) und Griffiths 1970.
37. Paus.7,17,10–12; Arnob.5,5–7, parallel gedruckt bei Hepding 1903, 37–41; ferner Neanthes FGrHist 84 F 37 *(mystikos logos)*; Alexander Polyhistor FGrHist 273 F 74; vgl. S&H 104; 110 f.; zu Timotheos Kap.II Anm.44.
38. Diod.3,62,8; Harpokr. s.v. *leuke*; Alexander Lycopolitanus p.8,7 Brinkmann; Schol.Pind.Isthm.7,3; Aristot.probl.ined.3,43 Bussemaker verweist für das Gebot, ‹Gekochtes nicht zu braten›, auf ‹die *Telete*›; insofern Plat.Phd.62b (φρουρά, ἐν ἀπορρήτοις), Krat.399e und Xenokrates Fr.20

Heinze = 219 Isnardi Parente zusammengehören, ergibt sich ein Dionysos-mythos und eine daraus abgeleitete Anthropologie als Geheimlehre des Or-pheus. Zu den Anspielungen Herodots HN 249,43; zum ganzen ausführlich West 1983, 140–175. Firm.err. 6,5 (nach einer hellenistischen Quelle) verbin-det den Zerreißungsmythos mit den trieterischen Festen, Orph.hymn.44,8 f. den normalen Geburtsmythos mit ‹Mysterien›. Euripides verweist in den Bacchen auf Mysterien (GR 291 f.), nicht aber auf den Zerreißungsmythos.

39. Stat.Theb.1,719 f., ein Text, der früher ist als alle Zeugnisse über entwickelte Mithrasmysterien. – Porph.antr.18; μύστα βοοκλοπίης Firm.err.5,2 (vgl. u. S. 64).

40. Zuerst Iustin dial.70; Cumont 1923, 118,3. Zum Typ ‹Felsgeburt des Un-holds› Burkert Würzburger Jb.5 (1979) 253–261. Nach üblicher mythischer Logik muß eine Ejakulation auf den Felsen vorangegangen sein (vgl. Hieron. adv.Iov.1,7, PL 23,219), vermutlich von Kronos-Saturnus, den die Reliefs schlafend darstellen. Insofern würde Mithras Ullikummi dem Sohn des Ku-marbi bzw. Typhoeus dem Sohn des Kronos (Schol.B Il.2,783) entsprechen, wäre also ein potentieller Rivale bzw. Nachfolger des Zeus, wie es ja auch der ‹chthonische Dionysos› ist.

41. Gute Übersicht über ‹l'imagerie mithriaque› bei Turcan 1981a, 38–70, bes. 48–52; vgl. auch Cumont 1923, 118–125, der jedoch zu rasch erbauliche Theologie in die Szenen projiziert.

42. Vgl. Dieterich 1923, 76–78; Schwertheim 1979, Anm.77; Turcan 1981a, 51 f.; Merkelbach 1984 zu Abb.115; R. Beck Phoenix 41 (1987) 310 f.

43. Hierzu Burkert, Sacrificio-sacrilegio: Il‹Trickster› fondatore, Studi Storici 24 (1984) 835–845 = C. Grottanelli, N.F. Parise (ed.), Sacrificio e società nel mondo antico (Bari 1988) 163–175. – Widengren 1980, 658 f. sucht den Mithrasmythos aus armenischen Quellen zu rekonstruieren.

44. Schol.Aristid. p.53,15 Dindorf: ἀθέσμως συγγενομένη Κελεῶι; Eubulos ihr Sohn: Orph.hymn.41,8; zum Kind in Eleusis vgl. im übrigen HN 318 f.; Bei-lager mit Iakchos: Schol.Aristoph.ran.324; Theokrit 3,50 f.: Demeter schenkte ihrem Liebhaber Iasion eine Seligkeit «die ihr Ungeweihten nie er-fahren werdet»; Isokr.Paneg.28: Demeter erfuhr in Eleusis Wohltaten, die nur die Eingeweihten wissen dürfen; vgl. Tert.ad nat.2,7: *cur rapitur sacerdos Cereris, si non tale Ceres passa est?* Plat.rep.377e f.: Mythen wie die von der Fesselung des Kronos sollten nur denen erzählt werden, die zuvor ein großes Opfertier darbringen, nicht nur ein kleines Schwein – wie in Eleusis.

45. Clem.Protr.20,1 – wohl identisch mit dem Mythos aus einer *telete* von Meter und Hermes, den Pausanias 2,3,4 nicht erzählen will.

46. Hdt.2,171; vgl. Diod.1,97,4 (*pathe* der Götter); Dion.Hal.ant.2,19 (ver-schwindende Götter, Entführung der Persephone, *pathe* des Dionysos); Plut. Isis 25, 360d; de E 389a; def.or.415a. Zur Identifikation des Mysten mit der ‹leidenden› Gottheit als dem definitorischen Merkmal der Mysterien vgl. Berner 1972, 266 f. (mit kritischer Auseinandersetzung); Lohse 1974, 171–179; Colpe 1975, 381.

47. Lact.inst.epit.18 (23) 7; HN 321 f.

48. Zum Festkalender vgl. Wissowa 1912, 321 f.; Cumont 1931, 52 f.; Sfameni Gasparro 1985, 56–59; zu Damask.Vit.Is.131 Kap.I Anm.74.

49. Firm.err.2,9, vgl. Seneca bei Aug.civ.6,10; Seneca apocol.13; Vitruv 8 praef.; Iuv.6,527; Lact.inst.epit.18 (23).

50. Firm.err.22. Das Ritual wurde bezogen auf Osiris (Loisy 1930, 104; Nilsson GGR II 612), Attis (Hepding 1903, 196 f.; Cosi 1982, 489), Dionysos (Wilamowitz 1932, 381), Eleusis (G. Thomson JHS 55 (1935) 26,34). Firmicus behauptet, hier ahme der Teufel Christliches nach. Die Rolle der ‹Salbung› ist einzigartig (Kap.IV Anm.76).

51. Clem.protr.17,2 = OF 34; Gurob-Papyrus, vgl. o. Anm.26; OF 208/9; West 1983, 154–169.

52. Paus.8,54,2, bei Tegea; im Anschluß daran ist von Telephos die Rede, vgl. Einl. Anm.47 zu Pergamon. ‹Dionysos Mystes› ist der Titel einer Abhandlung von G.F.Rizzo, Mem. dell' Acc.archeologica di Napoli 1914 (1) 37–102, die im wesentlichen der Villa dei misteri gilt.

53. Eine Attisfigur mit der Geißel der galloi: CCCA VII 132.

54. Plut.Isis 361de.

55. Vgl. Colpe 1969; S&H 99–101.

56. Vgl. Kap.IV Anm.52 (ff.).

57. Zu Adonis W. Atallah, Adonis dans la littérature et l'art grec (Paris 1966); M. Detienne, Les jardins d'Adonis (Paris 1972); S&H 105–111; S. Ribichini, Adonis. Aspetti ‹orientali› di un mito greco (Rom 1981); Adonis. Relazioni del colloquio in Roma (22–23 maggio 1981) (Rom 1984).

58. Zu dem seinerzeit vieldiskutierten Text um Leiden und Gefangenschaft des Marduk (H. Zimmern, Zum Babylonischen Neujahrsfest II, Ber.Leipzig 70, 1918, 2–9) vgl. W. v.Soden, Zeitschrift für Assyriologie 17 (1955) 130–166; 18 (1957) 224–234.

59. Bianchi 1979, 12 f., dazu die Diskussionen in diesem Band, bes. M.V. Cerutti 385–395, Sfameni Gasparro 397–408; vgl. Sfameni Gasparro 1985, XVI f.; ferner Berner 1972, 266 f.; den transitus des Gottes (CIMRM 1495; 1497; 1722; 1737; 1811; 1900; 2205) kann man kaum mit dem ‹dio in vicenda› kombinieren; es handelt sich um ein bestimmtes Datum bzw. Fest.

60. Firm.err.5,3; daß der Myste angeredet ist, nicht der Gott, zeigen die Worte tradidit nobis.

61. Rom.6,1–11; vgl. Wagner 1962, dazu C. Colpe Gnomon 38 (1966) 47–51; Wedderburn 1982 und 1987, 37–69.

62. Kap.I Anm.51; zur Lesung ΓΑΙΙΑΣ im Text von Hipponion G. Zuntz WSt 89 (1976) 132 f.; 142 f.; ‹Söhne von Himmel und Erde› sind u.a. die Titanen, weswegen oft der Mythos von Dionysos und den Titanen mit dieser Formel kombiniert wurde; dagegen Zuntz 1971, 364–367. Doch auch Triptolemos ist ein ‹Sohn von Himmel und Erde›: Variante in Apollod.bibl.1,32 = Pherekydes FGrHist 3 F 53; Pap.Cornell 55 (Pack² 2646) Zeile 5, A. Henrichs in J. Bremmer (ed.), Interpretations of Greek Mythology (London 1987) 250.

63. IC I xxiii 3 = CCCA II 661 = OF 32 IV. Die Formulierung der zweiten Zeile, καὶ οἳ γονεὰν ὑπέχονται, wird sehr verschieden verstanden: «die Geburt an sich vollziehen lassen» A. Dieterich, Mutter Erde (Leipzig 1905 = 1925³) 113; ‹die Nachkommenschaft auf sich nehmen› d.h. «who care for their own children» Sfameni Gasparro 1985, 86,7 nach anderen. Die hier vorgeschlagene Übersetzung geht von der üblichen Bedeutung von γενεά und vom Kontrast mit der folgenden Zeile aus.

64. συγγένεια ψυχῶν καὶ σωμάτων Plat.epist.VII 334b7, vgl. μυεῖν καὶ ἐποπτεύειν 333e, was eindeutig auf Eleusis verweist. Die Bedeutung dieser Stelle wurde von E. Howald, Die Briefe Platons (Zürich 1923) 166 erkannt.

65. γεννήτης θεῶν Plat.Ax.371d, vgl. Rohde 1898 II 422 f.

66. Ov.fast.4,535 f.; 493 f.

67. Clem.protr.20,1.

68. Hymn.Dem.192–211, vgl. Richardson 1974, 211–217; HN 296–302.

69. Oben Anm.49.

70. Arnob.5,16.

71. Ov.fast.4,230 f.

72. Diod.3,62,8. Die Omophagie wird als δεῖγμα des Zerstückelungsmythos bezeichnet, Schol.Clem.protr.119,1, p.318 Stählin.

73. Harpokr. s.v. *leuke*.

74. Vgl. allgemein F. Buffière, Les mythes d'Homère et la pensée grecque (Paris 1956); J. Pépin, Mythe et allégorie (Paris 1958); K. Reinhardt, De Graecorum theologia (Diss. Berlin 1910); Ch. Schäublin, Untersuchungen zur Methode und Herkunft der antiochenischen Exegese (Köln 1974). Zum Derveni-Papyrus Kap.II Anm.4.

75. Demetr.eloc.101. Die Datierung dieser Schrift ist unsicher; G.M.A. Grube, A Greek Critic: Demetrius on Style (Toronto 1961) 39–56 will bis ins 3.Jh. v.Chr. zurückgehen; fürs 1.Jh. n.Chr. tritt G.P. Goold TAPA 92 (1961) 178–189 ein.

76. Macrob.somn.1,2,17 f.

77. B 123 = Fr.8 Marcovich, der zehn Zitate und Anspielungen auf diesen Satz nachweist, darunter allein fünf bei Philon, doch Macrob.l.c. übersehen hat. Vgl. P. Hadot, Zur Idee der Naturgeheimnisse, Abh.Akad.Mainz 1982, 8.

78. Cic.nat.1,119.

79. Firm.err.2,7.

80. Philon de fuga 179; vgl. allgemein zu Philons ‹mystischer› Allegorese Riedweg 1987.

81. Cher.42–48 mit Bezug auf Gen.4,1. Reitzenstein 1927, 247 f. hat daraus die «theologische Rechtfertigung» eines «Mysterienbrauchs» gemacht, wonach Frauen «Geliebte oder Nebenweiber des Gottes» werden. Tatsächlich spricht Philon über die Bibel, nicht über die Mysterien, vgl. Riedweg 1987, 71–92.

82. Marc.4,11; Matth.13,11; Luk.8,10. Im Epheserbrief 5,31 wird Gen.2,24, die ‹fleischliche› Gemeinschaft von Mann und Frau, zu einem *mysterion*, das auf Christus und die Kirche verweist.

83. Plot.3,6,19; er bezieht sich indirekt auf Hdt.2,51 und Samothrake, GR 283 f.

84. Meno 81a.

85. Kleanthes SVF I Nr. 547 = Plut.Isis 377d, vgl. 367c = SVF II Nr.1093.

86. *Demetreioi:* Plut.fac.943b; *ut sinus et gremium quasi matris mortuo tribueretur* Cic.leg.2,63; goldene Ähren: P. Wolters, Festschrift J. Loeb (München 1930) 284–301; GGR I T.42,2; sprießende Ähren in einer Grab-Aedicula auf einem apulischen Vasenbild, Leningrad St.428, RVAp 18/50, GGR I T.42,3.

87. Hippol.ref.5,8,39; HN 320 f.

88. Varro bei Aug.civ.7,20: *multa in mysteriis eius* (sc. Cereris) *tradi, quae nisi ad frugum inventionem non pertineant.* Zu Theophrast bei Porph.abst.2,6 u. S. 79; zum ganzen auch Graf 1974, 177–181.

89. Tert.adv.Marc.1,13, vgl. Prophyrios bei Aug.civ.7,25. Zu Meter = Erde schon Lucr.2,589–643; Varro bei Aug.civ.7,24; vgl. Cosi 1976, 54; 60,16.

90. Hippol.ref.5,9,8; Th. Wolbergs, Griechische religiöse Gedichte der ersten nachchristlichen Jahrhunderte (Meisenheim 1971) 60–75, bes. 73 f.

91. Firm.err.3,2: die ‹Phryger, die in Pessinus wohnen›, «wollen» diese Interpretation. Porphyrios läßt Attis den Frühlingsblumen entsprechen, die keine Frucht tragen – in Parallele zu Adonis –: Euseb.P.E.3,11,12 = Porph. Περὶ ἀγαλμάτων Fr.7, p.10* Bidez; Aug.civ.7,25; vgl. Amm.Marc.19,1,11; 22,9,15.

92. Attis mit Ähren und Mohn CCCA III 394; Ähren, cista, Hahnopfer CCCA III 395; Meter mit Ähren und Fackel CCCA IV 122.

93. Diod.3,62,8; vgl. Columella 12,29; allgemein hierzu Eisler 1925, bes. 265.

94. Heraklit alleg.6. Attis gilt als Sonnengott bei Macrob.Sat.1,21,7–11; Mart. Cap.2,191; Proklos hymn.1,25.

95. Macrob.Sat.1,17 = Apollodor FGrHist 244 F 95; Macrob.Sat.1,18.

96. Wild 1981; die Prozession mit dem Wassergefäß ist Plut.Isis 365b erwähnt.

97. Plut.Isis 363d.

98. Heliodor 9,9.

99. Porphyrios bei Euseb.P.E.3,11 = Περὶ ἀγαλμάτων Fr.10, p.19* Bidez = Chairemon Fr.6 Schwyzer (fragmentum dubium) = Fr.17 D van der Horst.

100. Plut.Isis 364a; 367a. Sallustios 4,3 läßt die Ägypter Isis = Erde, Osiris = Feuchtigkeit und Typhon = Hitze setzen.

101. Tert.adv.Marc.1,13.

102. Athenagoras 22,9.

103. CIMRM Index I 349 f.; 351; II 425. Im Persischen ist mihr das gewöhnliche Wort für ‹Sonne› geworden. Vgl. auch Bianchi 1979, 20.

104. Gute Bilddokumentation mit eingehenden Beschreibungen bei Merkelbach 1984. Stat.Theb.1,719 ist der Stier mit dem Mond gleichgesetzt.

105. Vgl. Vermaseren 1971, 5; W. Lentz in Hinnells 1975, 358–377; Merkelbach 1984, 143.

106. Dies erscheint in keinem bekannten Text; vgl. Merkelbach 1984, 131 f.

107. In dem berühmten Text des Origenes, Cels.6,22, entspricht die Ordnung (in umgekehrter Reihenfolge) unseren Wochentagen, d.h. dem System der hellenistischen Astrologie (Turcan 1981a, 111 f.; Merkelbach 1984, 208–215). Die Mithräen von St. Prisca und von Felicissimus in Ostia haben eine aufsteigende Reihe Merkur-Venus-Mars-Juppiter-Mond-Sonne-Saturn; hier scheint ein Prinzip der altiranischen, vorgriechischen Himmelsvorstellung bewahrt, die Folge Sterne-Mond-Sonne (Burkert RhM 106, 1963, 106–112), darüber noch Saturn (vgl. Anm.40). Wieder anders ist die Ordnung im Mithräum delle sette sfere in Ostia. Vgl. R.L. Gordon Journal of Mithraic Studies 1 (1976) 119–165; Bianchi 1979, 32–38; R. Beck ib. 515–529 und Beck 1988.

108. Vermaseren/van Essen 1965, 118–126.

109. Schol.Stat.Theb.1,720: iuxta tenorem internae philosophiae.

110. S. Insler, A new interpretation of the bull-slaying motif, in: Hommages à M.J. Vermaseren (Leiden 1978) 519–538; A. Bausani in Bianchi 1979, 503–511; D.R. Small ib. 531–549; M.P. Speidel, Mithras-Orion (Leiden 1980), mit der Rezension von R.M. Ogilvie CR 31 (1981) 305; vgl. Beck 1988.

111. Plut.Isis 364a.

112. Plut.Isis 32–42; zum ganzen vgl. den Kommentar von Griffiths 1970.

113. φορτικοί 377b, vgl. ἀπαιδευσία Sallustios 4,3.

114. Fr.39 Leemans = Fr.55 Des Places = Macrob.somn.1,19.

115. Clinton 1974, 43.

116. Hippol.ref.5,8,39.

117. Mesomedes Hymn.5 Heitsch, vgl. Kap.IV Anm.22; Die ‹Ernte des Kronos› (Κρόνιος ἄμητος) ist das Schneiden der Ähre als Kastration (vgl. auch Nonnos 18,228).

118. Hippol.ref.5,7,13 vgl. 5,8,39; 5,9,1–11; Iulian or.5,9, 168d–169b; Sallustios 4,7–11. Proklos schrieb ein Werk über Meterkult (Μητρωακὴ βίβλος), Marinus Vit.Procl.33; vgl. auch Damaskios princ. II 214,5; 154,15; Sfameni Gasparro 1981; Cosi 1986. In anderer Weise deutet Plotin 3,6,19 die Meter, umgeben von Kastrierten, als die sterile Materie (ἄγονον).

119. Plat.Tim.35a, vgl. F.M. Cornford, Plato's Cosmology (London 1937) 59–66; κρατήρ 41d, vgl. OF 241.

120. Plut.Isis 35, 364e–365a setzt Dionysos und Osiris gleich und weist damit die Deutung des Zerstückelungsmythos (373a) auch Dionysos zu. Plotin 4,3,12 (= OF 209), dazu J. Pépin, Plotin et le miroir de Dionysos, Rev.intern. de Philos.24 (1970) 304–320; die Manichäer nach Alexander Lycopolitanus p.8,7 Brinkmann. Eine andere, stoisierende Deutung hat Plutarch De E 9, 388e–389c: Dionysos sei der Kosmos, der in Elemente geteilt ist; dem steht Apollon (= Sonne) als vereinigendes Prinzip in der Ekpyrosis entgegen.

121. Proklos Tim. I 336,29; II 80,19; 145,18 und weitere Texte, zusammengestellt OF 209–210; Olympiodor in Phd.1,5, p.45 Westerink (= OF 209); Damaskios in Phd. 1,4, p.31 Westerink; 1,129, p.81 Westerink (= OF 209); vgl. Macrob.somn.1,12,12 (= OF 240), der klarstellt, daß nur der Mythos, nicht die platonisierende Interpretation in ... sacris traditur.

122. Turcan 1975; Merkelbach 1984, 228–244; Fauth 1984.

123. Porph.antr.6.

124. Kap.I Anm.87.

125. Porph.abst.4,16: die ‹allgemeine Richtung› (κοινὴ φορά) der Mysterien verbindet ‹Raben› und ‹Löwen› mit dem Tierkreis, d.h. mit der Astrologie; dem entgegen beziehen Eubulos und Pallas die Tiere auf die Seelenwanderung.

126. Vgl. immerhin ψυχῶν συγγένεια Plat.epist.VII 334b, o. S. 65.

127. Der Zerstückelungsmythos arbeitet auf der Ebene traditioneller Theogonie, Anthropogonie, Genealogie, vgl. o. S.65. Die Seelenwanderungslehre ist schwer damit zu verbinden, wird auch in orphischer Literatur einfach danebengestellt, OF 224.

128. Vgl. L&S 120–165; GR 298 f.

129. Plat.leg.870de; dabei gilt der individuelle Tod als ‹natürliche Strafe› für Verfehlungen im früheren Leben, entsprechend dem ‹Recht des Rhadamanthys›, das Aristoteles erwähnt (EN 1132b25). Von hier aus ist auch die komplizierte Formulierung Pindars Ol.2,57 f. verständlich. Ein Ausnahmestatus kommt den vom Blitz Getöteten zu, deren Tod ja nicht Talion sein kann (Burkert 1975, 93 f.).

130. Pindars Hinweis auf teletai Fr.131a = Plut.cons.ad Apoll.120c wird von Wilamowitz und Snell mit Fr.129 assoziiert; dort scheint das System dem von Ol.2 zu entsprechen. Der plutarchische Text verbindet Fr.131a und 131b, wo die Seelenwanderung nicht erwähnt ist.

131. Der Text von Hipponion sagt, daß die gewöhnlichen Seelen sich ‹kühlen› an der ersten Quelle, die der Wissende vermeiden muß, um den See der Erinnerung (Mnemosyne) zu erreichen. Diese Rolle der ‹Erinnerung› ist am ehesten im Rahmen einer Seelenwanderungslehre zu verstehen (L&S 213; Zuntz

1971, 380 f.): die gewöhnlichen Seelen trinken ‹Vergessenheit› (Lethe) und kehren zur Oberwelt zurück.

132. Die entscheidenden Texte sind Plat.Phd.70c (= OF 7), Plat.Krat.399e (= OF 8: οἱ ἀμφ' 'Ορφέα), Xenokrates Fr.20 Heinze = 219 Isnardi Parente, Arist.Fr.60 Rose = Iambl.protr.p.48 (οἱ τὰς τελετὰς λέγοντες); man pflegt Pindar Fr.133 damit zu verbinden, vgl. GR 296–301; o. Anm.38.

133. E. Rohde Kleine Schriften II (Tübingen 1901) 338: «Mystik war ein fremder Blutstropfen im griechischen Blute». Zu möglichen Kontakten mit Indien in der Zeit des Pythagoras K. v.Fritz Gnomon 40 (1968) 8 f.

IV. Verwandelnde Erfahrung

1. o. Kap. I Anm. 90; Orph.hymn.77,9.

2. Arist.Fr.15 Rose, Kap.III Anm.12. Ein Goldblättchen von Thurioi enthält den Text «Freue dich, daß du das Leiden erlitten hast, das du nie zuvor erlittest» (χαῖρε παθὼν τὸ πάθημα τὸ δ' οὔπω πρόσθε ἐπεπόνθεις, OF 32f = A 4 bei Zuntz 1971, vgl. 328 f.). Ob dies sich auf ein Ritual oder auf den Tod selbst beziehe, war strittig; der thessalische Text (Tsantsanoglou-Parassoglou 1987) entscheidet für die zweite Auffassung: «jetzt bist du gestorben und jetzt bist du geboren worden».

3. Dio or.12,33, von W. Theiler, Poseidonios (Berlin 1982, F 368) auf Poseidonios zurückgeführt. Der thronismos ist für Korybantenweihen bezeugt, Plat. Euthyd.277d; A.D. Nock AJA 45 (1941) 577–581 vermutete Ähnliches für Samothrake, vgl. aber dagegen Cole 1984, 29. Zu einer Art thronismos in Eleusis HN 295 f., u. Anm.20. – Kleanthes SVF I Nr. 538.

4. Mark Aurel bei Fronto 3,10, p.43,15 van der Hout.

5. Sopatros Rhet.Gr.VIII 114 f.

6. Dio or. 36,33 f.; er verwendet das Gleichnis, um die Situation der Dichtung gegenüber ‹wahrer› Theologie zu charakterisieren.

7. Vgl. M. Oppitz bei H.P. Duerr (ed.), Der Wissenschaftler und das Irrationale I (Frankfurt 1981) 57 über Schamanismus: «Wird einer, der mit verbundenen Augen und mit einem zappelnden und noch warmen Widderherzen im Mund für Stunden allein auf einem Baum gesessen hat, eine Schamanengeburt nicht anders beschreiben als der, der wie die Laien nur unten gestanden hat?»

8. Krateros FGrHist 342 F 16 = Schol.Aristoph.av.1073, vgl. Melanthios FGrHist 326 F 2–4; Diagorae Melii et Theodori Cyrenaei Reliquiae ed. M. Winiarczyk (Leipzig 1981) T 7A vgl. T. 15–20.

9. Hippol.ref.5,8,39 f.; HN 277 f.; 318–321.

10. Plut.Fr.168 Sandbach = Stob.4,52,49; dort ‹Themistios› zugeschrieben, was durch das Zitat bei Clem.ecl.proph.34 f. ausgeschlossen wird (Nilsson GGR II 680 hat dies übersehen); vgl. Graf 1974, 132–138. Dunand 1973 III 248,2; 250 f. möchte den Text auf Isismysterien beziehen; auf Eleusis weisen die ‹Tänze auf der Wiese› (HN 321 f., doch vgl. Graf 1974, 133); hat das ziellose ‹Gehen im Dunkel› mit der Pluton-Grotte in Eleusis zu tun? Jedenfalls ist das Ritual wohl durch Motive philosophischer Allegorese überlagert; zum ‹Herabsehen› auf die Menschen dieser Welt vgl. die ‹Philosophen› bei Plat. Soph.216c. – Kleanthes Fr.538, Dio or.12,33, s.o. Anm. 3.

11. Plat.symp.209e f.; vgl. Riedweg 1987, 5 f.

12. Plat.Phdr.250bc; μυούμενοι καὶ ἐποπτεύοντες c4, δείματα 25124.

13. Aristid.or.22 (Eleusinios) 2 vgl. 10: «Gegenwart von Wohlbefinden (πα-ροῦσα εὐθυμία) und Lösung und Befreiung von den von der Vergangenheit herrührenden Unbehaglichkeiten»; or.48,28 vergleicht die Heilungserfah-rung mit einer Mysterienweihe, wobei sich mit dem Schrecken zugleich die «gute Hoffnung» verbindet; ähnlich or.50,6f. (καθαρμοί – εὐθυμεῖσθαι). – Dunkel bleibt, worauf sich Aischylos Fr.387 Radt bezieht, wo bereits ‹Schau-der› und ‹Sehnsucht nach diesem (?) mystischen Ziel› verbunden sind.

14. Artemid.2,39, mit Nennung von ‹Demeter, Kore, und dem sogenannten Iak-chos›; außerdem erwähnt der Autor Sarapis, Isis, Anubis, Harpokrates und ihre ‹Mysterien›: von ihnen zu träumen, bedeute «Verwirrungen, Gefahren, Drohungen, Einbruch von Übel, woraus sie entgegen der Erwartung und ge-gen alle Hoffnungen retten».

15. Plut.de aud.poet.47a (als Bild für den *elenchos*, den man zu Beginn des Philo-sophiestudiums durchzustehen hat); de fac.943c (als Bild für das Erleben der Seele, wenn sie den Körper verläßt, vgl. oben zu Fr.168); vgl. auch Plut.prof. virt.81d; Proklos theol.Plat.3,18 p.151 Portus: ἔκπληξις vor der ‹mystischen Schau›.

16. G.L. Dirichlet, De veterum macarismis (Gießen 1914); mit Bezug auf Eleu-sis: Hymn.Dem.480–482; Soph.Fr.837 Radt; auf Dionysos: Eur.Bacch.73f.; Goldblättchen von Thurioi, Zuntz 1971, 328f., und von Thessalien, Kap.I Anm.52; Parodie: Demosth.18,260.

17. Plat.Phdr.250b: μακαρίαν ὄψιν τε καὶ θέαν; Aristoph.ran.745: ἐποπτεύειν als Metapher für größte Freude. Kerényi 1967, 95–102 spricht von *visio beati-fica*.

18. Vgl. Mylonas 1961; wichtig war die Rekonstruktion des Hierophantenthrons neben dem Eingang des kleinen Gebäudes, des *anaktoron*, im Zentrum des Telesterion durch J.N. Travlos Ephem.arch.89/90 (1950/51) 1–16: vgl. O. Ru-bensohn JdI 70 (1955) 1–49; Kerényi 1967, 86f.; HN 305,8.

19. HN 296; Richardson 1974, 211–217.

20. ‹Lovatelli-Urne›, Sarkophag von Torre Nova, Campana-Reliefs, vgl. G.E. Rizzo Röm.Mitt.25 (1910) 89–167; Deubner 1932, 77f., T.7; E. Simon in W. Helbig (ed.), Führer durch die öffentlichen Sammlungen klassischer Altertü-mer in Rom III⁴ (Tübingen 1969) 73–75 Nr.2164e; Kerény 1967, 52–59; HN 294–297.

21. Clem.protr.21,2 (danach Arnob.5,26). Einen entscheidenden Fortschritt in der Interpretation brachte A. Delatte, Le cycéon, breuvage rituel des mystè-res d'Eleusis (Paris 1955) 5–8, der Theophrast bei Porph.abst.2,6 heranzog, vgl. HN 297–302.

22. Mesomedes Hymn.5 Heitsch (vgl. Kap.III Anm.117; HN 320,79); Z.7 ist ἄστεα zu lesen (ἀιστέα Horna, ἄστρα Wilamowitz, Heitsch): der Wagenlen-ker ist Triptolemos, der überallhin das Getreide bringt. Zur Inanspruch-nahme von Eleusis durch Isis vgl. die Isisaretalogie von Maroneia, Kap.II Anm.67.

23. G. De Petra Not.Scav. 1910, 139–145; A. Maiuri, La Villa dei Misteri (Rom 1931); Nilsson 1957, 66–76; 123–126; Herbig 1958; Simon 1961; Zuntz 1963b; Matz 1963; Brendel 1966. Le Corsu 1977, 163–171 nimmt den Bil-derfries für die Isismysterien in Anspruch, worauf nichts hinweist.

24. Matz 1963, 10–12, T.4–11.

25. L. Leschi Mon.Piot 35 (1935/36) 139–172, T.8/9; Nilsson 1957, 112–115; Matz 1963, 9 Nr. 16, T.24; Horn 1972 fig.33; Geyer 1977 T.14.
26. Matz 1963, 8 Nr.4–5, T.12–13; B.Hedinger AK 30 (1987) 84.
27. Matz 1963, 9 Nr.12–14, T.22/23; F. Matz, Die dionysischen Sarkophage (Berlin 1968–1975) Nr.210; 38; 163; Geyer 1977, 61 f., T.2/3.
28. Ebenso ein Campana-Relief, Matz 1963 T.13, und das Mosaik von Djemila.
29. Campana-Relief Matz 1963 T.12, Farnesina-Haus Matz 1963 T.8 (unklar T.10), Gladiatorenhelm Matz 1963 T.14, dazu auf einem (verlorenen) Fresco, Matz T.20/21.
30. H.Jeanmaire, Le conte d'Amour et Psyche, Bulletin de l'Institut Français de Sociologie 1 (1930) 29–48 = Die Erzählung von Amor und Psyche, in G. Binder, R. Merkelbach (ed.), Amor und Psyche (Darmstadt 1968) 313–333; Merkelbach 1962, 41–45.
31. Die Interpretation dieser Szene ist sehr umstritten. Daß durch einen Spiegeltrick der Knabe sich selbst als Silen sehen soll, suchte K. Kerényi zu zeigen, Eranos Jahrbuch 16 (1948) 183–208, danach Herbig 1958, 42–44, vgl. Kerényi 1976, 285; dagegen Simon 1961, 152–159; Zuntz 1963b, 182–188; Simon nimmt eine Form von Lekanomantie an, danach Matz 1963, 30–34.
32. Simon 1961, 112; 160–169 glaubte Verbindungen mit – sehr fragmentarischen – Szenen vom Telephos-Fries von Pergamon herstellen zu können.
33. RVAp 6/94; Simon 1961, 171 Abb.37; Bérard 1974 T.2/3.
34. Reliefs in München, Wien, Kopenhagen: Th. Schreiber, Die hellenistischen Reliefbilder (Leipzig 1894) T.80; 98; 69.
35. Demosth.18,259; die Priesterin in der Rolle der dämonischen Empusa: Idomeneus FGrHist 338 F 2; vgl. die Reinigung des Dionysos durch Rhea auf dem Altar von Kos, Stambolidis 1987 T.17. Schreckenerregende Erscheinungen (φάσματα καὶ δείματα) in bakchischen Weihen sind bei Origenes Cels.4,10 genannt, in Hekate-Weihen bei Dio or.4,90. Einige Szenen des ‹Niedersetzens› mit Hinweisen auf Reinigung finden sich auf italischen Vasen des 4.Jh.: Pelike in Tarent, RVAp 10/8 (Jüngling sitzt mit Thyrsos an einem Altar, eine Frau hält von unten eine Fackel gegen ihn, ganz ähnlich wie in der Mittelszene des Torre-Nova-Sarkophags); Pyxis in Moskau, LCS p.604 Nr.105, T.236,6 (verhüllte Initiandin, sitzend). Ähnliche Szenen auf attischen Vasen der klassischen Zeit – bes. verhüllt sitzende Frauen – interpretiert Ch. Bron als Darstellungen dionysischer Initiation, in: Images et société en Grèce ancienne (Lausanne 1987) 145–154.
36. Apollod.bibl.3,33; als Szene in der Dionysosprozession, Kallixeinos FGrHist 627 F 2 § 33 = Ath.201c; vgl. auch Plat.leg.672b.
37. Stambolidis 1987 89–91, T.17.
38. Plat.rep.560de.
39. Apul.met.11,23,6–8.
40. Apul.met.11,24,1–4.
41. Maschinerie für Geistererscheinungen glaubt S.I. Dakaris im Totenorakel von Ephyra gefunden zu haben: Altertümer von Epirus. Das Totenorakel von Acheron. Ephyra – Pandosia – Kassope (Athen o.J.) 15–17, vgl. AK Beiheft 1 (1963) 52.
42. Serv.Aen.6,741; Serv.georg.2,389, mit ausdrücklichem Verweis auf *sacra Liberi*. ‹Reinigung durch Luft› wird als Erklärung für das Aufhängen von oscilla angeführt; vgl. Serv.georg.1,166 zur *mystica vannus Iacchi*. Zur Reini-

gung durch ‹Erde› vgl. die Verwendung von Lehm Demosth.18,259. Zum ganzen S. Eitrem, Die vier Elemente in der Mysterienweihe, Symb.Oslo.4 (1926) 39–59; 5 (1927) 39–59; vgl. auch R. Seaford, Immortality, Salvation, and the Elements, HSCP 90 (1986) 1–26.

43. Unten bei Anm.54/55.
44. Oben Anm.3; Kap.I Anm.32, dazu die *thronosis* Dio or.12,33. Dionysos auf dem Thron, um den die Korybanten tanzen, ist auf dem hellenistischen Dionysos-Altar von Kos dargestellt (Stambolidis 1987 T.32, p.150–152), dann auf einem Relief im Theater von Perge und auf einer Elfenbeinpyxis in Bologna (Kerényi 1976 Abb.66).
45. Clem.protr.15,3, daraus Schol.Plat.Gorg.497c; die erweiterte Version Firm. err.18,1. Vgl. Dieterich 1923, 216f.; Hepding 1903, 184–195; zu *pastos* Poseidippos (?) Suppl.Hell.961,8; Peek GV 1680; 1823; Clem.protr.54,6; Luk. dial.mort.23; Musaios 280.
46. Prudentius peristeph.10,1006–1050; *Carmen contra paganos* ed. Th. Mommsen, Hermes 4 (1870) 350–363 = Anthologia Latina ed. Riese I² Nr.4; vgl. Hepding 1903, 61; Duthoy 1969, 54–56; Einl. Anm.24. Die Inschriften vom Phrygianum in Rom, CIL VI 407–504, jetzt CCCA III 225–245. Der älteste bezeugte Fall ist CIL X 1596 = Duthoy Nr.50 = CCCA IV 11, in Puteoli 134 n.Chr., für ‹Venus Caelestis›.
47. Kap.I Anm.27/28.
48. Zu diesem Sinn von *nymphus* Merkelbach 1984, 88–90. In dem literarischen Hauptzeugnis für die 7 Grade, Hieronymus ep.107,2, ist das Wort *nymphus* durch Konjektur verdrängt worden, auch in der Standardausgabe von I. Hilberg CSEL 55 (Wien 1912).
49. Der Terminus ist *tradere hierocoracia, leontica, persica, patrica,* CIMRM 400–405 = CIL VI 749–753 (357/8 n.Chr.). Ein Versuch, sieben Initiationen zu rekonstruieren: Schwertheim 1979, 69–71.
50. Vermaseren 1971; CIMRM 180–199; Merkelbach 1984 Abb.28–32 mit genauer Beschreibung.
51. Unten bei Anm. 77 ff.
52. Das Buch von M. Eliade, Birth and Rebirth (New York 1958) beruhte auf Vorlesungen ‹Patterns of Initiation› und erschien als Taschenbuch unter dem Titel Rites and Symbols of Initiation (New York 1965). Vgl. Kern RE XVI 1331–1333; Brelich 1969, 33 f.
53. *ad instar voluntariae mortis et precariae salutis* Apul.met.11,21,1. – D. Levi, Antioch Mosaic Pavements (Princeton 1947) 163–166 mit T.XXXIIIa (vgl. Le Corsu 1977, 238) interpretiert ein Bild, in dem Hermes eine Person in Richtung auf eine offene Tür geleitet, als eine Szene aus dem Mysterienritual der Isis. Die Ikonographie weist eher auf den tatsächlichen Tod, vgl. eine apulische Vase in Basel mit Inschriften, M. Schmidt, W. Batschelet-Massini AK 27 (1984) 34–46.
54. Plut.Isis 356c.
55. Eine Isis-Statuette aus Kyrene ist mit einem netzartigen Gewand versehen, das man als Mumienbinden interpretiert hat: P. Romanelli, La Cirenaica Romana (Rom 1943) Abb.27; Le Corsu 1977, 243; R. Merkelbach in The New Encyclopaedia Britannica¹⁵ 24 (1985) 707. Doch sollte Osiris, nicht Isis als Mumie erscheinen.
56. Apul.met.11,24,5: *natalem sacrorum,* vgl. *renatus* 11,16,2; 11,21,6.

57. Kap.I Anm.26.

58. Vermaseren-Van Essen 1965, 207–210 = CIMRM 498 *natus; imaginem resurrectionis* findet Tertullian im Mithraskult, praescr.haer.40.

59. Duthoy 1969 Nr.78, 79, 124, 132; Duthoy 106 f. meint, es sei vom realen Geburtstag die Rede; vgl. Cosi 1982, 490 f. Sallustios 4 erwähnt ‹Nahrung von Milch, als sei einer wiedergeboren› (ἀναγεννώμενον). Firm.err.18,1 steht, das *synthema* der Attismysterien werde gesprochen, ‹damit der Mensch, um zu sterben, in die inneren Bereiche zugelassen werden könne› *(ut in interioribus partibus homo moriturus possit admitti)* – diese Angabe, berühmt und oft zitiert, ist doch so isoliert, daß Annahme einer Textverderbnis naheliegt: *oraturus* Lobeck 1829, 24; oder *moraturus?* – Zu *renatus* in der Aedesius-Inschrift Kap.I bei Anm.75.

60. Hinweis von Nancy Evans. Zu Plat.rep.620e f. Burkert 1975, 98.

61. A. Körte ARW 18 (1915) 16–26 mit Verweis auf Theodoret Gr.aff.cur. 7,11 – wo aber die Thesmophoria gemeint sind, vgl. 3,84 –; akzeptiert von O. Kern RE XVI 1239. Vgl. Anm.21.

62. Hippol.ref.5,8,39 f., o. Anm.9.

63. Soph.Oid.Kol.1050: Die Göttinnen von Eleusis ‹leisten Ammendienst an ehrwürdigen Weihen›, σεμνὰ τιθηνοῦνται τέλη.

64. *crepundia* Apul.apol.56 vgl. 55, dazu OF 34, Pap.Gurob, Kap.III Anm.51.

65. Harpokr.s.v. *leuke.*

66. Boyancé 1961; Bérard 1974.

67. Liv.39,13,13.

68. Tsantsanoglou-Parassoglou 1987, Kap.I Anm.52.

69. Pindar Fr.137.

70. Der Begriff der ‹Wiedergeburt› wird Ev.Ioh.3 (Gespräch mit Nikodemos) wie etwas Neues eingeführt. Taufe als ‹Bad der Wiedergeburt› Titus 3,5; vgl. Iustinus apol.1,66,1. Zum ganzen J. Dey, Palingenesia (Münster 1937); RAC s.v. Auferstehung; Wedderburn 1987.

71. Eupolis Fr.76–98 Kassel-Austin, vgl. GGR I 835.

72. Deubner 1932 T.6,3; GGR I T.45,2; Kerényi 1967 Abb.14; Berner 1972, 15. Dagegen E. Simon Ath.Mitt.69/70 (1954/5) 45–48.

73. Wild 1981.

74. Tert. bapt.5,1 vgl. praescr.haer.40. Zu Mithras vgl. Anm.78. In einer Inschrift aus einem Dionysosheiligtum von Halikarnaß wurde ἱεροῦ λουτ[ροῖο μετασχών ergänzt, SEG 28, 841. Zu einem möglichen rituellen Bad in Samothrake Cole 1984, Anm.267.

75. J.Z. Smith 1978, 13–16 zu Aug.serm.216,10 (PL 38,1082); Milch und Honig: H. Usener, Kleine Schriften IV (Leipzig 1913) 404–413; vgl. P.Brown, Augustine of Hippo (Berkeley 1967) 124 f.

76. Sie erscheint einzig in dem berühmten und umstrittenen Text Firm.err.22,1, vgl. Kap.III Anm.50.

77. Gregor or.39,5 (PG 36,340) erwähnt die «gerechte Strafe des Mithras für die, die es fertig bringen, sich in so etwas einweihen zu lassen», und in der ersten Rede gegen Iulian (or.4,70, PG 35,592; p.180 ed. Bernardi Paris 1983) «die gerechten Folterungen und Verbrennungen bei Mithras, die mystischen»; ähnlich ib.89 (PG 35,620; p.225 Bernardi) «die verdientermaßen bei Mithras solche Strafen erfahren». Dazu der Scholiast ‹Nonnos› PG 36,989; 1010; 1072. Cumont 1896 II hat die Texte des Gregor (15) und des ‹Nonnos›

(26–30, mit weiteren von Nonnos abhängigen Zeugnissen) zusammengestellt. Neuausgabe der Nonnos-Texte bei S. Brock, The Syriac Version of the Pseudo-Nonnos Mythological Scholia (Cambridge 1971) 169 f.

78. Ps.-Aug.quaestiones Veteris et Novi Testamenti CXIV 11 (PL 35,2343) = Cumont 1896 II 7 f.; vgl. Cumont 1923, 147 f.

79. Cumont 1923, 148.

80. Himerios or.41,1 Colonna.

81. Yašt 10,122, übers. von F. Wolff, Avesta (Straßburg 1910); W.W. Malandra, An Introduction to Ancient Iranian Religion (Minneapolis 1983) 73; vgl. Merkelbach 1984, 34,25.

82. Vermaseren 1971; bes. CIMRM 188 = Merkelbach 1984 Abb.30 und CIMRM 193 = Merkelbach 1984 Abb.31.

83. CIMRM 78/79 und 543, Merkelbach 1984 Abb.20; 65; CIMRM 383, Merkelbach Abb.51.

84. Vermaseren-Van Essen 1965, 224–232. Vgl. das Graffito von Dura-Europos CIMRM 68; R. Gordon bei Hinnells 1975, 235 f.; Beskow 1979, 496 f. Von ‹Reinigung› erst durch Feuer, dann durch Honig spricht Porph.ant.15. – Tert. praescr.haer. sagt, daß Mithras seine *milites* ‹auf der Stirn siegelt› – was kaum ein Brandmal meint; vgl. F.J. Dölger, Sphragis (Paderborn 1911) 170; Beskow 1979.

85. Schwertheim 1979, 72–74 mit Abb.38 f.; anders W. Lentz und W. Schlosser in Hommages Vermaseren (Leiden 1978) 591 f.

86. Hist.Aug.Commodus 9,6. Menschenschädel in Mithräen gefunden: Sokrates hist.eccl.3,2 f. = Cumont 1896 II 44 f.; vgl. Turcan 1981a, 91 f.

87. Plut.tranq.an.477d: οὐδεὶς γὰρ ὀδύρεται μυούμενος.

88. Hsch. καθαρθῆναι· μαστιγωθῆναι vgl. Theokr.5,119.

89. Plut.Fr.168 Sandbach.

90. Prud.peristeph.10,1076–1085: *sacrandus accipit sphragitidas* 1076. Vgl. Et.M. s.v. *gallos*. Spöttisch spricht Luk.Peregr.28 von den ‹Priestern der Geißeln und Brandeisen›. Zur Unterscheidung von Brandmarkung und Tätowierung C.P. Jones JRS 77 (1987) 139–155.

91. ‹Lilien und Tympana› laut Plut.de adul.et am.56e, ‹Efeublätter› nach Et.M.s.v. *gallos*. Beide sprechen vom König selbst. Dagegen behauptet das Dritte Makkabäerbuch 2,29, der König habe solche Zeichen den Juden einbrennen lassen, die sich geweigert hätten, an den Mysterien teilzunehmen.

92. Literatur bei Matz 1963, 22–28 und Turcan 1969. Die Dämonin wird von Nilsson 1957, 123–125 Dike genannt, von Matz 24 f. Nemesis, von Brendel 1966, 233 Lyssa, von Turcan 1969 Erinys. Turcan insistiert auf der allegorischen Bedeutung der Figur; reale Flagellation nehmen u.a. Simon 1961, Boyancé 1966 an.

93. Plaut.Aul.408 f.; W. Stockert, Die Anspielungen auf die Bacchanalien in der Aulularia (406–414) und anderen Plautuskomödien, in: Festschrift Walter Kraus (Wien 1972) 398–407; vgl. auch Ach.Tat. 5,23,6: der Erzähler wird plötzlich verprügelt, «und wie in einem Mysterion wußte ich gar nicht, was vorging». Zu den Sarkophag-Szenen M.C. Vermaseren, Fragments de sarcophage de Sainte-Prisque. Pan enfant corrigé par un satyre, Latomus 18 (1959) 742–750; Matz 1963, 68 f.

94. Brendel 1966, 235 Abb.18 = Lykurgos-Maler RVAp 16/5, vgl. 16/29, 18/7, 18/297. – Aisch.Prom.682; Vergil Aen.7,376 ff.: *dant animos plagae* (383), Brendel 235,51.

95. Horaz carm.3,26,11 f.

96. Oben Anm.88; vgl. HN 36.

97. Diod.4,6,4.

98. GGR 590–594, mit T.35,2/3; HN 82 f.

99. Diod.4,3,3, vgl. Eur.Phoin.655 f.; kontrovers ist der Text von Eur.Bacch.694, wo aber Jungfrauen unter die Bakchen eingeschlossen erscheinen.

100. Plut.cons.ad ux. 611d.

101. Auf ‹Hochzeit› verwies M. Bieber JdI 43 (1928) 298–330, auf die Matronalia Brendel 1966, 258 f.

102. G. Patroni, Questioni vascolari, Rend.Linc.III 21 (1912) 545–600; H.R.W. Smith 1971.

103. Oben Kap.I bei Anm.51.

104. Liv. 39,15,9; *stuprum* 39,10,7; 13,10; 8,7.

105. G. Bleibtreu-Ehrenberg, Mannbarkeitsriten: Zur institutionellen Päderastie bei Papuas und Melanesiern (Frankfurt 1980); H. Patzer, Die griechische Knabenliebe, Sitzungsber. Frankfurt 19,1 (1982).

106. θεὸς διὰ κόλπου, Clem.protr.16,2; Arnob.5,21; Firm.err.10; Pap.Gurob (o. S. 59f.) 1,24; vgl. Dieterich 1923, 123 f.

107. Plut.Alex.2; dazu die Erzählung von Nektanebos, R. Merkelbach, Die Quellen des griechischen Alexanderromans (München 1977²) 77–83.

108. Diod.5,4,4.

109. Vgl. HN 309–315; Graf 1974, 194–199. Die Hinweise auf eine ‹Heilige Hochzeit› sind unsicher, HN 313. Zu eleusinischen Geheimmythen Kap.III Anm.44/45. In der Ikonographie des 4.Jhs. wird Aphrodite den eleusinischen Gottheiten beigesellt, und Kore erscheint gelegentlich halb nackt (Metzger 1965 T.23), vgl. den sexuellen Reiz im ‹Sehen der Kore› (in Samothrake) Cic. nat.3,36 (GR 284,45). Was Psellos in De operatione daemonum p.36f. Boissonade bringt, ist ein verwirrtes Sammelsurium aus Clemens-Materialien.

110. Ps.-Plut.de fluv. 23 (dazu Burkert Würzburger Jb.5, 1979, 260); zu *nymphus* Anm.48.

111. Vgl. bei Anm.45.

112. Ioseph.ant.18,4 (73); vgl. Merkelbach 1962, 16–18; G. Freymuth MH 21 (1964) 86–95.

113. Tib.1,3,26; Prop.3,31,2; Fehrle 1910, 135–137.

114. SEG 28,1585, Kap.II Anm.94; zu δέμνιον vgl. Kallim.hymn.4,248.

115. Τέλος = γάμος scheint eine alte Verbindung zu sein, Aisch.Sept. 367; Pollux 3,38; H. Bolkestein, Τέλος ὁ γάμος, Meded.Kon.Nederl.Ak.Wet.76 (1933) 21–47; zu spielerischen «Eros-Mysterien» vgl. etwa Xen.Eph.2,9,2–13,8; 3,9,2–4,2,10; Ach.Tat.1,2,2; 2,19,1.

116. μυστικὴ συνδιαγωγή für ein homosexuelles Verhältnis, Diog.Laert.10,6; ‹Priester von Mutter und Tochter› Andok.1,124; ἀρρητοποιοί Luk.Lex.10.

117. Petr.Sat.16–26.

118. Einl. Anm.11.

119. Fehrle 1910; HN 72 f.; Schol.Nikandr.Alex.410 bezeugt den Gebrauch von Raute (πήγανον) bei ‹denen, die sich einweihen lassen› (μυούμενοι) allgemein, weil diese Pflanze die Sexualität hemme. Der eleusinische Hierophant verwendet zu diesem Zweck Schierling, HN 313,46; sexuelle Abstinenz in Dionysos-Mysterien: Liv.39,9,4; 10,1; Ov.fast.2,313 ff.; im Meter-Kult Marinos Vit.Procl.19; zu Isis s.o.

120. Kerényi 1967, 96; 179f.; 1976, 36–38. Vgl. W. Schmidbauer, Halluzinogene in Eleusis? Antaios 10 (1968/69) 18–37.

121. Die These, daß hinter dem vedischen Soma ein Fliegenpilz stehe, ist zumindest ernst zu nehmen: R.G. Wasson, Soma. Divine Mushroom of Immortality (New York 1968); Widerspruch: J. Brough Bull. School of Or. and Afr. Studies 34 (1971) 331–362.

122. Wasson 1978.

123. Entscheidend sind die Einschnitte, mit Farbe markiert, an den Mohnkapseln: P.G. Kritikos, Bulletin on Narcotics 19 (1967) 23; Kerényi 1976, 35–39.

124. V. Karageorghis CRAI 1976, 234f.; BCH 100 (1976) 881 Abb.78.

125. Ov.fast.4,531–534; 547f.

126. C. Castaneda, The Teachings of Don Juan (Berkeley 1968) – die Diskussion um diesen Bestseller ist hier nicht zu verfolgen.

127. Wasson 1978, 17; 20–22; «sleeping bag» 21.

128. Demetrios Poliorketes: Hegesandros bei Ath.167f.

129. Nilsson 1950.

130. Freilich konnte der Wein, wie der Wahnsinn überhaupt, auch als ‹Rache› der Hera bzw. Gegen-‹Rache› des Gottes gefaßt werden, von der ‹lösende› Befreiung erhofft wird, vgl. Plat.leg.672b, Apollod.bibl.3,33 (o. Anm.36); insofern kontrastiert Dionysos Lysios mit Dionysos Bakcheios, Paus.2,2,6.

131. HN 322.

132. Iulian or.5,173c; S&H 119; ein *cubiculum* erwähnt CCCA III 471, vgl. IV 2; 125; eine Stele aus Mysien mit einem Opfermahl, Foucart 1873, 238–240, GGR II T.14,4.

133. Kap.II Anm.35.

134. *Deipna* SIRIS 44 vgl. 120; p.54f. = CE 99; *kline* p.64 = CE 20; vgl. 111; 270; *oikos* SIRIS 109, vgl. 149; 265; 291; H.C. Youtie, The Kline of Sarapis, HThR 41 (1948) 9–29 = Scriptiunculae I (1973) 487–509.

135. Vgl.Turcan 1981b, 346f.; 1981a, 78–80; Kane 1975; sie «knieten im Gebet» Cumont 1923, 150 vgl. 153.

136. Relief von Konjic in Dalmatien, CIMRM 1896, Merkelbach 1984 Abb.148.

137. Iustin.apol.1,66,4.

138. Hymn.Dem.208–210, vgl. Kerényi 1967, 177–185; Richardson 1974, 244–248.

139. Harpokrat.s.v. *neelata*, mit Bezug auf Demosth.18,259. Auch in spiritualisierter Religion wird der Aufenthalt im Paradies oft zum Festessen, vgl. F. Cumont, After Life in Roman Paganism (New Haven 1922) 204–206; A.D. Nock, Early Gentile Christianity and its Hellenistic Background (London 1964) 72–76; vgl. auch Plat.Phdr.247a.

140. Herondas 4,94f.; Ath.115a; Hsch.s.v. *hygieia*; Anecd.Bekk.313,13; R. Wünsch ARW 7 (1904) 115f.

141. Hier wirkte vor allem J.G. Frazer, The Golden Bough VIII[3] (London 1914) 48–108, der seinerseits weithin von der Theorie des sakramentalen Opfers von W. Robertson Smith, Lectures on the Religion of the Semites (Cambridge 1884[2]) angeregt war.

142. W.F. Otto, Dionysos. Mythos und Kultus (Frankfurt 1933, 1980[4]) 120; Schol.Clem.protr.p.318,5 Stählin; vgl. auch M. Detienne, Dionysos mis à mort (Paris 1977).

143. HN 244–250.

144. Oben Anm.86; Ma Bellona: Dio Cass.42,26,2.
145. Henrichs 1972 bes. 28–36; ders., Pagan Ritual and the Alleged Crimes of the Early Christians, in: Kyriakon. Festschrift J. Quasten (Münster 1970) 18–35.
146. Vgl. HN pass.
147. Vermaseren-van Essen 1965, 217f.; H.D. Betz, Novum Testamentum 19 (1968) 7f.; Hinnells 1975, 304–312; Kane 1975, 314–321; zum Zustand der Inschrift E. Paparatti bei Bianchi 1979, 911–913 mit Appendix II, T.23 und Abb.12–13 vor p.127.
148. Vgl. Pindar Fr.70b = Dith.2; Eur.Bacch.118 ff.
149. Vgl. S.G. Cole GRBS 21 (1980) 226–231; GR 292.
150. Kap.I bei Anm.32/33.
151. Plat.Phd.69c; OF 235.
152. Dieser Ausdruck erstmals bei Hdt.4,79,4.
153. Philo vit.cont.12; vgl. 85: «in bakchantischer Ekstase trinken sie die Liebe Gottes ungemischt in sich hinein...»
154. Plut.def.or.417a;c.
155. Aretaeus 3,6,11, vgl. Caelius Aurel.152; ἀπομαίνεσθαι heißt in diesem Zusammenhang das Ende des Enthusiasmus, gegen LSJ s.v., vgl. R. Renehan, Greek Lexicographical Notes (Göttingen 1975) 37.
156. Arist.Quint.3,25 p.129,12–15 Winnington-Ingram. Zu πτοίησις vgl. Eur. Bacch.214, Plat.Phd.108b, Plut. de fac.943c; zur κάθαρσις Kap.I Anm.32.
157. Liv.39,15,9; *vigiliis vino strepitibus clamoribusque nocturnis attoniti,* vgl. 8.8; 10,7.
158. Vgl. aber Graf 1974, 136.
159. Vgl. Clinton 1974, 43.
160. In remp.II 108 17–30 Kroll: αἱ τελεταὶ ... συμπαθείας εἰσὶν αἴτιαι ταῖς ψυχαῖς περὶ τὰ δρώμενα τρόπον ἄγνωστον ἡμῖν καὶ θεῖον· ὡς τοὺς μὲν τῶν τελουμένων καταπλήττεσθαι δειμάτων θείων πλήρεις γιγνομένους, τοὺς δὲ συνδιατίθεσθαι τοῖς ἱεροῖς συμβόλοις καὶ ἑαυτῶν ἐκστάντας ὅλους ἐνιδρῦσθαι τοῖς θεοῖς καὶ ἐνθεάζειν.
161. Oben Anm.5.
162. Eur.Bacch.75.

Abkürzungen

Zeitschriften werden in üblicher Weise nach *L'Année Philologique* abgekürzt, antike Autoren nach *Der Kleine Pauly*.

ANRW	Aufstieg und Niedergang der römischen Welt, ed. H. Temporini, W. Haase (Berlin 1972 ff.).
CCCA	M.J. Vermaseren, Corpus Cultus Cybelae Attidisque (Leiden: II 1982; III 1977; IV 1978; V 1986; VII 1977). EPRO 50.
CE	P. Roussel, Les cultes égyptiens à Délos du IIIe au Ier siècle av. J.-C. (Paris-Nancy 1916).
Chantraine	P. Chantraine, Dictionnaire étymologique de la langue grecque (Paris 1968–1980).
CIMRM	M.J. Vermaseren, Corpus Inscriptionum et Monumentorum Religionis Mithriacae I/II (Den Haag 1956–60).
CLE	Carmina Latina Epigraphica.
CMG	Corpus Medicorum Graecorum.
EPRO	Etudes préliminaires aux religions orientales dans l'Empire Romain ed. M.J. Vermaseren (Leiden 1961–).
GGR	M.P. Nilsson, Geschichte der griechischen Religion (München: I³ 1967; II² 1961).
GR	W. Burkert, Greek Religion Archaic and Classical (Oxford, Cambridge, Mass. 1985; dt. Griechische Religion der archaischen und klassischen Epoche, Stuttgart 1977).
Hansen	P.A. Hansen (ed.), Carmina Epigraphica Graeca Saeculorum VIII–V a.Chr.n. (Berlin 1983).
HN	W. Burkert, Homo Necans. Interpretationen altgriechischer Opferriten und Mythen (Berlin 1972).
IG	Inscriptiones Graecae.
IGBulg	Inscriptiones Graecae in Bulgaria repertae ed. G. Michailov (Sofia: I 1956, I² 1970; II 1958; III 1961, 1964; IV 1966).
IGRom	Inscriptiones Graecae ad res Romanas pertinentes I/IV (Paris 1901–1927).
ILS	H. Dessau, Inscriptiones Latinae Selectae I/III (Berlin 1892–1916).
JDAI	Jahrbuch des Deutschen Archäologischen Instituts.
Kaibel	G. Kaibel, Epigrammata Graeca ex lapidibus conlecta (Berlin 1878).
LCS	A. D. Trendall, The Red-figured Vases of Lucania Campania and Sicily (Oxford 1967).
LIMC	Lexicon Iconographicum Mythologiae Classicae (Zürich 1981 ff.).
L&S	W. Burkert, Lore and Science in Ancient Pythagoreanism (Cambridge, Mass. 1972; Weisheit und Wissenschaft, Nürnberg 1962).

LSAM	F. Sokolowski, Lois sacrées de l'Asie Mineure (Paris 1955).
LSCG	F. Sokolowski, Lois sacrées des cités grecques (Paris 1969).
LSS	F. Sokolowski, Lois sacrées des cités grecques, Supplément (Paris 1962).
OE	W. Burkert, Die orientalisierende Epoche in der griechischen Religion und Literatur (Sitzungsberichte Heidelberg 1984, 1).
OF	O. Kern, Orphicorum Fragmenta (Berlin 1922).
OGI	W. Dittenberger, Orientis Graeci Inscriptiones Selectae (Leipzig 1903–05).
Peek	W. Peek, Attische Grabinschriften I/II (Berlin 1954–58).
PG	J.P. Migne, Patrologia Graeca (Paris 1857–1936).
PGM	K. Preisendanz, Papyri Graecae Magicae I/II (Leipzig 1928–41; 2. verb. Aufl. v. A. Henrichs Stuttgart 1973–74).
PL	J. P. Migne, Patrologia Latina (Paris 1844–1900).
RE	Pauly's Realencyclopädie der classischen Altertumswissenschaft (Stuttgart 1894–1980).
RGVV	Religionsgeschichtliche Versuche und Vorarbeiten.
RML	W.H. Roscher, Ausführliches Lexikon der griechischen und römischen Mythologie (Leipzig 1884–1937).
RVAp	A.D. Trendall, A. Cambitoglou, The Red-Figured Vases of Apulia I/II (Oxford 1978–82).
Sammelb.	F. Preisigke, Sammelbuch griechischer Urkunden aus Aegypten I/II (Straßburg, Berlin, Leipzig 1913–1922; III/V ed. F. Bilabel, Heidelberg 1931–34).
SEG	Supplementum Epigraphicum Graecum.
S&H	W. Burkert, Structure and History in Greek Mythology and Ritual (Berkeley 1979).
SIG	W. Dittenberger, Sylloge Inscriptionum Graecarum I/IV (Leipzig 1915–24³).
SIRIS	L. Vidman, Sylloge Inscriptionum Religionis Isiacae et Sarapiacae (Berlin 1969).
SVF	H. v. Arnim, Stoicorum Veterum Fragmenta (Leipzig 1903–21).
VS	H. Diels, W. Kranz, Die Fragmente der Vorsokratiker I/III (Berlin 1951–52⁶).

Literaturverzeichnis

Alföldi, A. 1979, Redeunt Saturnia regna VII: Frugifer-Triptolemos im ptolemäisch-römischen Herrscherkult, Chiron 9, 553–606

Altmann, W. 1905, Die römischen Grabaltäre der Kaiserzeit. Berlin

Alviella, G. d'. 1981, The Mysteries of Eleusis: The Secret Rites and Rituals of the Classical Greek Mystery Tradition. Wellingborough

Anrich, G. 1894, Das antike Mysterienwesen in seinem Einfluß auf das Christentum. Göttingen

Assmann, J. 1979, Isis und die ägyptischen Mysterien, in W. Westendorf, ed., Aspekte der spätägyptischen Religion, Wiesbaden, 93–115

Baratte, F. 1974, Le sarcophage de Triptolème au musée du Louvre, Rev.Arch., 271–290

Baslez, M.F. 1977, Recherches sur les conditions de pénétration et de diffusion des religions orientales à Délos. Paris

Bastet, F.L. 1974, Fabularum dispositas explicationes, BABesch 49, 207–240

Beck, R. 1984, Mithraism since Franz Cumont, ANRW II 17,4, 2002–2115
– 1988, Planetary Gods and Planetary Orders in the Mysteries of Mithras. Leiden

Bérard, C. 1974, Silène porte-van, Bull.Assoc.pro Aventico 22, 5–16

Berner, W.D. 1972, Initiationsriten in Mysterienreligionen, im Gnostizismus und im antiken Judentum. Diss. Göttingen

Beskow, P. 1979, Branding in the Mysteries of Mithras?, in Bianchi 1979, 487–501

Bianchi, U. 1975, Mithraism and Gnosticism, in Hinnells 1975, 457–465
– 1976, The Greek Mysteries. Leiden (Iconography of Religions XVII 3)
– 1979, ed., Mysteria Mithrae. Leiden (EPRO 80)
– 1980, Iside dea misterica. Quando? in Perennitas. Studi A. Brelich. Rom, 9–36
– /M.J. Vermaseren 1982, ed., La soteriologia dei culti orientali nell' Impero Romano. Leiden (EPRO 92)
– 1984, La tipologia storica dei misteri di Mithra, in ANRW II 17,4, 2116–2134

Bidez, J./Cumont, F. 1938, Les mages hellénisés: Zoroastre, Ostanès et Hystaspe d'après la tradition grecque I/II. Paris

Bleeker, C.J. 1965, ed., Initiation. Leiden (Numen Suppl. 10)

Bösing, L. 1968, Zur Bedeutung von ‹renasci› in der Antike, MH 25, 145–178

Bouyer, L. 1953, Le salut dans les religions à mystères, RSR 27, 1–16

Boyancé, P. 1960/61, L'antre dans les mystères de Dionysos, RPAA 33, 107–127
– 1966, Dionysiaca, REA 68, 33–60

Brelich, A. 1963, Politeismo e soteriologia, in S.G.F. Brandon, ed., The Saviour God: Comparative Studies in the Concept of Salvation, pres. to E.O. James. Manchester, 37–50
– 1969, Paides e Parthenoi. Rom

Bremmer, J.N. 1984, Greek Maenadism Reconsidered, ZPE 55, 267–286

Brendel, O.J. 1966, Der große Fries in der Villa dei Misteri, JDAI 81, 206–260

Bruhl, A. 1953, Liber Pater. Origine et expansion du culte dionysiaque à Rome et dans le monde romain, Paris

Bultmann, R. 1963, Das Urchristentum im Rahmen der antiken Religionen[3], Zürich (1949[1])

Burg, N.M.H. van den, 1939, Aporreta Dromena Orgia, Diss. Utrecht

Burkert, W. 1972 siehe HN und L & S.

- 1975, Le laminette auree: Da Orfeo a Lampone, in: Orfismo in Magna Grecia. Atti del XIV Convegno di studi sulla Magna Grecia, Neapel, 81–104
- 1979 siehe S&H
- 1982, Craft versus Sect: The Problem of Orphics and Pythagoreans, in Meyer-Sanders 1982, 1–22
- 1985 siehe GR

Casadio, G. 1982/83, Per un' indagine storico-religiosa sui culti di Dioniso in relazione alla fenomenologia dei misteri, SSR 6 (1982) 209–234; SMSR 7 (1983) 123–149

Clemen, C. 1913, Der Einfluß der Mysterienreligionen auf das älteste Christentum, Gießen (RGVV 13,1)

- 1924, Religionsgeschichtliche Erklärung des Neuen Testaments[2], Gießen (1909[1])

Clinton, K. 1974, The Sacred Officials of the Eleusinian Mysteries, Philadelphia

Coche de la Ferté, E. 1980, Penthée et Dionysos. Nouvel essai d'interprétation des ‹Bacchantes› d'Euripide, in R. Bloch, ed., Recherches sur les religions de l'antiquité classique, Genf, 105–257

Cole, S.G. 1980, New Evidence for the Mysteries of Dionysos, GRBS 21, 223–238

- 1984, Theoi Megaloi. The Cult of the Great Gods of Samothrace, Leiden (EPRO 96)

Colpe, C. 1961, Die religionsgeschichtliche Schule. Darstellung und Kritik ihres Bildes vom gnostischen Erlösermythos, Göttingen

- 1969, Zur mythologischen Struktur der Adonis-, Attis- und Osirisüberlieferungen, in lišan mithurti, Festschrift Wolfram von Soden, Neukirchen-Vluyn, 23–44
- 1975, Mithra-Verehrung, Mithras-Kult und die Existenz iranischer Mysterien, in Hinnells 1975, 378–405

Cosi, D.M. 1976, Salvatore e salvezza nei misteri di Attis, Aevum 50, 42–71

- 1979, Attis e Mithra, in Bianchi 1979, 625–638
- 1982, Aspetti mistici e misterici del culto di Attis, in Bianchi 1982, 482–502
- 1986, Casta Mater Idaea. Giuliano l' Apostata e l'etica della sessualità, Venedig

Cumont, F. 1896/99, Textes et monuments figurés aux mystères de Mithra I/II, Brüssel

- 1923, Die Mysterien des Mithra[3], Leipzig (Les mystères de Mithra, Brüssel 1900, 1913[3])
- 1931, Die orientalischen Religionen im römischen Heidentum[4], Stuttgart (Les religions orientales dans le paganisme romain, Paris 1907, 1929[4])
- 1933, Un fragment de rituel d'initiation aux mystères, HThR 26, 153–160
- 1975, The Dura Mithraeum, ed. E.D. Francis, in Hinnells 1975, 151–214

Daniels, C.M. 1975, The role of the Roman army in the spread and practice of Mithraism, in Hinnells 1975, 249–274

Deubner, L. 1932, Attische Feste, Berlin

Devereux, G. 1974, Trance and Orgasm in Euripides: Bacchai, in A. Angoff, K.D. Barth, ed., Parapsychology and Anthropology, New York, 36–58

Diakonoff, I.M. 1977, On Cybele and Attis in Phrygia and Lydia, AAntHung 25, 333–340

Dibelius, M. 1917, die Isisweihe bei Apuleius und verwandte Initiations-Riten, Sitzungsber. Heidelberg 1917, 4

Dieterich, A. 1891, Abraxas. Studien zur Religionsgeschichte des späteren Altertums, Leipzig

– 1923, Eine Mithrasliturgie³, Leipzig (1903¹)

Diez, E. 1968/71, ‹Horusknaben› in Noricum, OeJh 49, 114–120

Dihle, A. 1980, Zur spätantiken Kultfrömmigkeit, in Pietas. Festschrift B. Kötting, Münster, 39–54

Dodds, E.R. 1951, The Greeks and the Irrational, Berkeley

Dowden, K. 1980, Grades in the Eleusinian Mysteries, RHR 197, 409–427

Duchesne-Guillemin, J. 1978, Etudes mithriaques. Actes du 2e congrès international, Teheran (Acta Iranica 17)

Dunand, F. 1973, Le culte d'Isis dans le bassin oriental de la Méditerranée, Leiden (EPRO 26)

Duthoy, R. 1969, The Taurobolium. Its Evolution and Terminology, Leiden (EPRO 10)

Egger, R., Vetters, H. 1950, Dacia Ripensis. Der Grabstein von Čekančevo, Wien (Schriften der Balkankommission, Antiquar. Abt. 11)

– 1951, Zwei oberitalienische Mystensarkophage, MDAI 4, 35–64

Eisler, R. 1925, Orphisch-Dionysische Mysteriengedanken in der christlichen Spätantike, Leipzig

Eliade, M. 1958/1965, Birth and Rebirth (1958) = Rites and Symbols of Initiation (1965), New York

Engelmann, H. 1975, The Delian Aretalogy of Sarapis, Leiden (EPRO 44)

Farnell, L.R. 1896–1909, The Cults of the Greek States I–IV, Oxford

Fauth, W. 1984, Plato Mithriacus oder Mithras Platonicus? Art und Umfang platonischer Einflüsse auf die Mithras-Mysterien, Göttingische Gelehrte Anzeigen 236, 31–50

Fehrle, E. 1910, Die kultische Keuschheit im Altertum, Gießen (RGVV 6)

Ferguson, J. 1970, The Religions of the Roman Empire, London

Festugière, A.J. 1954, Personal Religion among the Greeks, Berkeley

– 1972, Etudes de religion grecque et hellénistique, Paris; darin 13–63: Les mystères de Dionysos (1935); 89–113: Ce que Tite-Live nous apprend sur les mystères de Dionysos (1954)

Foucart, P. 1873, Des associations religieuses chez les Grecs, Paris

– 1914, Les mystères d'Eleusis, Paris

Foucher, L. 1964, La maison de la procession dionysiaque à 'El Jem, Paris

– 1981, Le culte de Bacchus sous l'empire Romain, ANRW II 17,2, 684–702

Francis, E.D. 1975, Mithraic Graffiti from Dura-Europos, in Hinnells 1975, 424–445

Fraser, P.M. 1972, Ptolemaic Alexandria I–III, Oxford

Frickel, J. 1984, Hellenistische Erlösung in christlicher Deutung. Die gnostische Naassenerschrift. Leiden

Gennep, A. van 1909, Les rites de Passage. Paris.

Geyer, A. 1977, Das Problem des Realitätsbezuges in der dionysischen Bildkunst der Kaiserzeit, Würzburg

Giversen, S. 1975, Der Gnostizismus und die Mysterienreligionen, in J.P. Asmussen, M. Laessøe, ed., Handbuch der Religionsgeschichte, Göttingen, 255–299

Gonzenbach, V. von 1957, Untersuchungen zu den Knabenweihen im Isiskult der römischen Kaiserzeit, Bonn

Goodwin, J. 1981, Mystery Religions in the Ancient World, London

Gordon, R.L. 1972, Mithraism and Roman Society. Social Factors in the Explanation of Religious Change in the Roman Empire, Religion 2, 92–121

– 1975, Franz Cumont and the Doctrines of Mithraism, in Hinnells 1975, 215–248

– 1976, The Sacred Geography of a Mithraeum. The Example of Sette Sfere, Journal of Mithraic Studies 1, 119–165

– 1980, Reality, Evocation and Boundary in the Mysteries of Mithras, Journal of Mithraic Studies 3, 19–99

Graf, F. 1974, Eleusis und die orphische Dichtung Athens in vorhellenistischer Zeit, Berlin (RGVV 33)

– 1985, Nordionische Kulte, Rom

Graillot, H. 1912, Le culte de Cybèle, mère des dieux, à Rome et dans l'Empire romain, Paris

Grandjean, Y. 1975, Une nouvelle arétalogie d'Isis à Maronée, Leiden (EPRO 49)

Gressmann, H. 1923/24, Die Umwandlung der orientalischen Religionen unter dem Einfluß hellenischen Geistes, Vorträge der Bibliothek Warburg III 5 (1926) 170–195

Griffiths, J.G. 1970, Plutarch De Iside et Osiride, Aberystwyth

– 1976, Apuleius. The Isis-Book (Metamorphoses, Book XI), Leiden (EPRO 39)

Guarducci, M. 1983, Scritti scelti sulla religione greca e romana e sul cristianesimo, Leiden (EPRO 98)

Hamilton, J.D.B. 1977, The Church and the Language of Mystery: The First Four Centuries, Ephem.Theol.Lovan. 53, 479–494

Harder, R. 1943, Karpokrates von Chalkis und die memphitische Isispropaganda, Abh. Berlin 14

Heilmann, W. 1985, Coniuratio impia. Die Unterdrückung der Bacchanalia als Beispiel für römische Religionspolitik, Altsprachl. Unterricht 28,2 22–37

Henrichs, A. 1972, Die Phoinikika des Lollianos. Fragmente eines neuen griechischen Romans, Bonn

– 1978, Greek Maenadism from Olympias to Messalina, HSCP 82, 121–160

– 1982, Changing Dionysiac Identities, in Meyer-Sanders 1982, 137–160

– 1984a, Male Intruders among the Maenads: The So-called Male Celebrant, in H.D. Evjen, ed. Mnemai. Classical Studies in Memory of K.K. Hulley, Chicago, 69–91

– 1984b Loss of Self, Suffering, Violence. The Modern View of Dionysus from Nietzsche to Girard, HSCP 88, 205–240

Hepding, H. 1903, Attis, seine Mythen und sein Kult, Gießen (RGVV 1)

Herbig, R. 1958, Neue Beobachtungen am Fries der Mysterien-Villa in Pompeji, Baden-Baden

Hinnells, J.R. 1975, Mithraic Studies. Proceedings of the First International Congress of Mithraic Studies I–II, Manchester

– 1976, The Iconography of Cautes and Cautopates 1: The Data, Journal of Mithraic Studies 1, 36–67

Hölbl, G. 1979, Beziehungen der ägyptischen Kultur zu Altitalien, Leiden (EPRO 62)

Hommel, H. 1983, Antike Bußformulare. Eine religionsgeschichtliche Interpretation der ovidischen Midas-Erzählung, in: Sebasmata I, Tübingen, 351–370

Horn, H.G. 1972, Mysteriensymbolik auf dem Kölner Dionysosmosaik, Bonn

Hornbostel, W. 1973, Sarapis. Studien zur Überlieferungsgeschichte, den Erscheinungsformen und Wandlungen der Gestalt eines Gottes, Leiden (EPRO 32)

Janko, R. 1984, Forgetfulness in the Golden Tablets of Memory, CQ 34, 89–100

Jeanmaire, H. 1939, Couroi et Courètes, Lille

– 1951, Dionysos. Histoire du culte de Bacchus, Paris

Johnson, S.E. 1984, The Present State of Sabazios Research, ANRW II 17,3, 1583–1613

Kane, J.P. 1975, The Mithraic Cult Meal in its Greek and Roman Environment, in Hinnells 1975, 313–351

Karageorghis, V. 1984, Dionysiaca and Erotica from Cyprus, RDAC 214–220

Kater-Sibbes, G.J.F. 1973, Preliminary Catalogue of Sarapis Monuments, Leiden (EPRO 36)

Kerényi, K. 1967, Eleusis. Archetypal Image of Mother and Daughter, London (Die Mysterien von Eleusis, Zürich 1962)

– 1976, Dionysos. Urbild des unzerstörbaren Lebens, München

Keuls, E.C. 1974, The Water Carriers in Hades, Amsterdam

Klimkeit, H.J. 1978, Tod und Jenseits im Glauben der Völker, Wiesbaden

Köster, H. 1980, Einführung in das Neue Testament im Rahmen der Religionsgeschichte und Kulturgeschichte der hellenistischen und römischen Zeit, Berlin

Kraemer, R.S. 1979, Ecstasy and Possession. The Attraction of Women to the Cult of Dionysus, HThR 72, 55–80

– 1981, Euoi, Saboi in Demosthenes' De Corona. In Which Honor Were the Women's Rites? Seminar Papers Soc.Bibl.Lit., 229–236

Lambrechts, P. 1957, L'importance de l'enfant dans les religions à mystères, in Hommages W. Deonna, Brüssel, 322–333

Laum, B. 1914, Stiftungen in der griechischen und römischen Antike I–II, Berlin

Leclant, J. 1984, Aegyptiaca et milieux isiaques. Recherches sur la diffusion du matériel et des idées égyptiennes, ANRW II 17,3, 1692–1709

Leclant, J./Clerc, G. 1972/74/85, Inventaire bibliographique des Isiaca (IBIS) I–III, Leiden (EPRO 18)

Le Corsu, F. 1977, Isis. Mythe et Mystères, Paris

Leipoldt, J. 1923, Sterbende und auferstehende Götter, Leipzig

– 1961, Von den Mysterien zur Kirche. Gesammelte Aufsätze, Leipzig

Lentz, W. 1975, Some Peculiarities not Hitherto Fully Understood of ‹Roman› Mithraic Sanctuaries and Representations, in Hinnells 1975, 358–377

Lévêque, P. 1982, Structures imaginaires et fonctionnement des mystères grecques, SSR 6, 185–208

Linforth, I.M. 1946a, The Corybantic Rites in Plato, University of California Publications in Classical Philology 13, 121–162

– 1946b, Telestic Madness in Plato, Phaedrus 244DE, ib.163–172

Lobeck, C.A. 1829, Aglaophamus sive de theologiae mysticae Graecorum causis I–II, Königsberg

Lohse, A. 1974, Umwelt des Neuen Testaments, Göttingen

Loisy, A. 1930, Les mystères paiens et le mystère chrétien², Paris (1919¹)

MacMullen, R. 1981, Paganism in the Roman Empire, New Haven

- 1984, Christianizing the Roman Empire (AD 100–400), New Haven
Malaise, M. 1972, Les conditions de pénétration et de diffusion des cultes égyptiens en Italie, Leiden (EPRO 22)
- 1984, La diffusion des cultes égyptiens dans les provinces européennes de l'empire romain, ANRW II 17,3, 1615–1691
Matz, F. 1963, ΔΙΟΝΥΣΙΑΚΗ ΤΕΛΕΤΗ. Archäologische Untersuchungen zum Dionysoskult in hellenistischer und römischer Zeit, Abh. Mainz 1963, 15
Merkelbach, R. 1962, Roman und Mysterium in der Antike, München
- 1965, Die Kosmogonie der Mithrasmysterien, Eranos Jahrbuch 34, 219–267
- 1968, Der Eid der Isismysten, ZPE 1, 55–73
- 1974, Mystery Religions, in: Encyclopaedia Britannica[15], London, 778–785
- 1982, Weihegrade und Seelenlehre der Mithrasmysterien, Rheinisch-Westfälische Akademie der Geisteswissenschaften, Vorträge G 257
- 1984, Mithras, Meisenheim
- 1988, Die Hirten des Dionysos. Die Dionysos-Mysterien der römischen Kaiserzeit und der bukolische Roman des Longus, Stuttgart
Metzger, B.M. 1955, Considerations of Methodology in the Study of the Mystery Religions and Early Christianity, HThR 47, 1–20
- 1984, A Classified Bibliography of the Graeco-Roman Mystery Religions 1924–73, with a Supplement 1974–77, ANRW II 17,3 1259–1423
Metzger, H. 1944/45, Dionysos chthonien d'après les monuments figurés de la période classique, BCH 68/69, 296–339
- 1965, Recherches sur l'imagérie athénienne, Paris
Meyer, B.F./Sanders, E.P. 1982, Self-Definition in the Graeco-Roman World, London (vgl. Sanders 1980–1982)
Meyer, M.W. 1987, The Ancient Mysteries. A Source Book, Hilversum
Mylonas, G.E. 1961, Eleusis and the Eleusinian Mysteries, Princeton
Naumann, F. 1984, Die Ikonographie der Kybele in der phrygischen und griechischen Kunst, Tübingen
Nilsson, M.P. 1950, Kleinasiatische Pseudo-Mysterien, Ephem. Inst. Arch. Bulgarici 16, 17–20
- 1952, Opuscula selecta II, Lund
- 1957, The Dionysiac Mysteries of the Hellenistic and Roman Age, Lund
- 1960, Opuscula selecta III, Lund
- 1961/1967 siehe GGR
Nock, A.D. 1933, Conversion. The Old and the New in Religion from Alexander the Great to Augustine of Hippo, Oxford
- 1937, The Genius of Mithraism, JRS 27, 108–113 = Nock 1972, 452–458
- 1952, Hellenistic Mysteries and Christian Sacraments, Mnemosyne IV 5, 177–214 = Nock 1972, 791–820
- 1972, Essays on Religion and the Ancient World ed. Z. Stewart I/II, Oxford
Ohlemutz, E. 1940, Die Kulte und Heiligtümer der Götter in Pergamon, Würzburg
Oppermann, H. 1924, Zeus Panamaros, Gießen (RGVV 19,3)
Otto, W. 1905/08, Priester und Tempel im hellenistischen Aegypten I/II, Leipzig
- 1949, Beiträge zur Hierodulie im hellenistischen Aegpyten, Abh. München phil.-hist. Kl. 29
Pailler, J.M. 1982, La spirale de l'interprétation: Les Bacchanales, Annales ESC 37, 929–952

Perdelwitz, R, 1911, Die Mysterienreligion und das Problem des 1. Petrusbriefes, Gießen (RGVV 11,3)

Pettazzoni, R. 1954, Les mystères grecs et les religions à mystères de l'antiquité, Cahiers d'Histoire Mondiale II 2, 303–312, 661–667

Phytian-Adams, W.J. 1912, The Problem of the Mithraic Grades, JRS 2, 53–64

Piccaluga, G. 1982, Salvarsi ma non troppo. Il rischio di un valore assoluto nella religione romana, in Bianchi 1982, 403–426

Poland, F. 1909, Geschichte des griechischen Vereinswesens, Leipzig

Pringsheim, H.G. 1905, Archäologische Beiträge zur Geschichte des Eleusinischen Kultes, München (Diss. Bonn)

Prümm, K. 1937, ‹Mysterion› von Paulus bis Origenes, Zeitschrift für Katholische Theologie 61, 391–425

– 1943, Religionsgeschichtliches Handbuch für den Raum der altchristlichen Umwelt, Freiburg i.Br.

– 1960, Mystères, in Supplément au Dictionnaire de la Bible VI, Paris, 10–173

Quandt, W. 1912, De Baccho ab Alexandri aetate in Asia minore culto, Diss. Halle

Rahner, H. 1945, Das christliche Mysterium und die heidnischen Mysterien in Griechische Mythen in christlicher Deutung, Zürich, 21–123

Reitzenstein, R. 1927, Die hellenistischen Mysterienreligionen nach ihren Grundgedanken und Wirkungen³, Leipzig (1910¹)

Richardson, N.J. 1974, The Homeric Hymn to Demeter, Oxford

Riedweg, Chr. 1987, Mysterienterminologie bei Platon, Philon und Klemens von Alexandrien, Berlin

Ries, J. 1979, Le culte de Mithra en Orient et en Occident, Louvain-la-Neuve

– 1980, Osirisme et monde hellénistique, Louvain-la-Neuve

Rohde, E. 1898, Psyche I–II², Tübingen (1893¹)

Rouse, W.H.D. 1902, Greek Votive Offerings. An Essay in the History of Greek Religion, Cambridge

Rousselle, R.J. 1982, The Roman Persecution of the Bacchic Cult, 186–180 B.C., Diss. Ann Arbor

Rusajeva, A.S. 1978, Orfizm i kult Dionisa b Olbii (Orphism and the Dionysos Cult in Olbia), Vestnik drevnej Istorii 143, 87–104

Rutter, J.B. 1968, The Three Phases of the Taurobolium, Phoenix 22, 226–249

Sabbatucci, D. 1979, Saggio sul misticismo greco², Roma (1965¹)

Sanders, E.P. 1980/82, ed., Jewish and Christian Self-Definition, I: The Shaping of Christianity in the Second and Third Centuries, London; II: Aspects of Judaism in the Greco-Roman Period, Philadelphia; III: see Meyer/Sanders 1982.

San Nicolo, M. 1913/15, Aegyptisches Vereinswesen zur Zeit der Ptolemäer und Römer I–II, München

Schmidt, M./Trendall, A.D./Cambitoglou, A. 1976, Eine Gruppe apulischer Grabvasen in Basel, Basel

Schneider, C. 1939, Die griechischen Grundlagen der hellenistischen Religionsgeschichte, ARW 36, 300–347

– 1954, Geistesgeschichte des antiken Christentums, München

– 1979, Die antiken Mysterien in ihrer Einheit und Vielfalt. Wesen und Wirkung der Einweihung, Hamburg

Schneider-Herrmann, G. 1977/78, Unterschiedliche Interpretationen süd-italischer Vasenbilder des 4.Jh.s v.Chr., BABesch 52/3, 253–257

Schwertheim, E. 1975, Die Denkmäler orientalischer Gottheiten im römischen Deutschland, Leiden (EPRO 40)

– 1979, Mithras. Seine Denkmäler und sein Kult, Antike Welt, Sondernr. 7, Feldmeilen

Seaford, R. 1981, Dionysiac Drama and the Dionysiac Mysteries, CQ 31, 252–275

Seyrig, H. 1974, Pseudo-Attideia, Bagd.Mitt. 7, 197–203

Sfameni Gasparro G. 1971, Le religioni orientali sul mondo ellenistico-romano, in G. Castellani, ed., Storia delle religioni III⁶, Turin, 423–564

– 1978, Connotazioni metroache di Demetra nel coro dell' ‹Elena› (vv.1301–1365), in M.B. de Boer, T.A. Edrige, ed., Hommages à M.J. Vermaseren, Leiden (EPRO 68) 1148–1187

– 1979a, Il Mitraismo nell' ambito della fenomenologia misterica, in Bianchi 1979, 299–348

– 1979b, Il Mitraismo. Una struttura religiosa fra tradizione e invenzione, ib. 349–384

– 1979c, Reflessioni ulteriori su Mithra dio mistico, ib. 397–408

– 1981, Interpretazioni gnostiche e misteriosofiche dei miti di Attis, in R. van den Broek, M.J. Vermaseren, ed., Studies G. Quispel, Leiden, 376–411

– 1985, Soteriology and Mystic Aspects in the Cult of Cybele and Attis, Leiden (EPRO 103)

– 1987, Misteri e culti mistici di Demetra, Rom

Sharpe, E.J./Hinnells, J.R. 1973, ed., Man and His Salvation. Manchester

Siber, P. 1971, Mit Christus leben. Eine Studie zur paulinischen Auferstehungshoffnung, Zürich

Simon, E. 1961, Zum Fries der Mysterienvilla bei Pompeji, JDAI 76, 111–172

Smith, H.R.W. 1972, Funerary Symbolism in Apulian Vase-Painting, Berkeley

Smith, J.Z. 1978, Map is Not Territory. Studies in the History of Religions, Leiden

Smith, M. 1973, Clement of Alexandria and a Secret Gospel of Mark, Cambridge

Soden, H. von 1911, Mysterion und sacramentum in den ersten zwei Jahrhunderten der Kirche, ZNTW 12, 188–227

Solmsen, F. 1979, Isis among the Greeks and Romans, Cambridge, Mass.

Speyer, W. 1981, Büchervernichtung und Zensur des Geistes bei Heiden, Juden und Christen, Stuttgart

Stambolidis, N.C. 1987, Ο ΒΩΜΟΣ ΤΟΥ ΔΙΟΝΥΣΟΥ ΣΤΗΝ ΚΩ, Athen

Stewart, Z. 1977, La religione, in R. Bianchi Bandinelli, ed., Storia e civiltà dei Greci IV, Bari, 501–616

Straten, F.T. van 1981, Gifts for the Gods, in H.S. Versnel, ed., Faith, Hope and Worship, Leiden, 65–151

Teixidor, J. 1977, The Pagan God. Popular Religion in the Greco-Roman Near East, Princeton

Thomas, G. 1984, Magna Mater and Attis, ANRW II 17,3, 1500–1535

Totti, M. 1985, Ausgewählte Texte der Isis- und Sarapis-Religion, Hildesheim

Tran Tam Tinh, V. 1964, Essai sur le culte d'Isis à Pompéi, Paris

– 1984, Etat des études iconographiques relatives à Isis, Sérapis et Sunnaoi Theoi, ANRW II 17,3, 1710–1738

Tsantsanoglou, K./Parassoglou, G.M. 1987, Two Gold Lamellae from Thessaly, Hellenika 38, 3–17

Turcan, R. 1965, Du nouveau sur l'initiation dionysiaque, Latomus 24, 101–119

- 1969, La démone ailée de la Villa Item, in Hommages à M. Renard, III, Brüssel, 586–609
- 1975, Mithras Platonicus, Leiden (EPRO 47)
- 1981a, Mithras et le mithriacisme, Paris
- 1981b, Le sacrifice mithriaque. Innovations de sens et de modalités, in: Le sacrifice dans l'antiquité. Entretiens sur l'antiquité classique 27, Vandoeuvres/Genève, 341–373

Vermaseren, M.J. 1956/60 siehe CIMRM
- 1963, Mithras. The Secret God, London
- 1966, The Legend of Attis in Greek and Roman Art, Leiden (EPRO 9)
- 1971, Mithriaca I: The Mithraeum at S.Maria Capua Vetere, Leiden (EPRO 16)
- 1974, Der Kult des Mithras im römischen Germanien. Stuttgart
- 1977, Cybele and Attis. The Myth and the Cult, London
- 1981, ed., Die orientalischen Religionen im Römerreich, Leiden (EPRO 93)

Vermaseren, M.J./van Essen, C.C. 1965, The Excavations in the Mithraeum of the Church of Santa Prisca in Rome, Leiden

Vidman, L. 1969 siehe SIRIS
- 1970, Isis und Sarapis bei den Griechen und Römern, Berlin

Wagner, G. 1962, Das religionsgeschichtliche Problem von Römer 6,1–11, Zürich

Wasson, G.R./Hofman, A./Ruck, C.A.P. 1978, The Road to Eleusis. Unveiling the Secret of the Mysteries, New York

Wedderburn, A.J.M. 1982, Paul and the Hellenistic Mystery Cults. On Posing the Right Questions, in Bianchi 1982, 817–833
- 1987, Baptism and Resurrection. Studies in Pauline Theology against its Graeco-Roman Background, Tübingen

West, M.L. 1983, The Orphic Poems, Oxford

Widengren, G. 1980, Reflections on the Origin of the Mithraic Mysteries, in Perennitas. Studi in onore di Angelo Brelich, Rom, 645–668

Wiens, D.H. 1980, Mystery Concepts in Primitive Christianity and in Its Environment, ANRW II 23,2, 1248–1284

Wilamowitz-Moellendorff, U. von 1931/32, Der Glaube der Hellenen I–II, Berlin

Wild, R.A. 1981, Water in the Cultic Worship of Isis and Sarapis, Leiden (EPRO 87)
- 1984, The Known Isis-Sarapis-Sanctuaries from the Roman Period, ANRW II 17,4, 1739–1851

Wilson, R.McL. 1981, Gnosis and the Mysteries, in R. van den Broek/M.J. Vermaseren, ed., Studies G. Quispel, Leiden, 451–457

Wissowa, G. 1912, Religion und Kultus der Römer², München

Witt, R.E. 1971, Isis in the Graceo-Roman World, Ithaca

Zijderveld, C. 1934, Telete, Diss. Utrecht

Zuntz, G. 1963a, Once More the So-called ‹Edict of Philopator on the Dionysiac Mysteries› (BGU 1211), Hermes 91, 228–239 = Zuntz 1972, 88–101
- 1963b, On the Dionysiac Fresco in the Villa dei Misteri at Pompei, Proc.Brit. Acad. 49, 177–202
- 1971, Persephone. Three Essays on Religion and Thought in Magna Graecia, Oxford
- 1972, Opuscula Selecta, Manchester/Cambridge

Abbildungsverzeichnis

Namen- und Sachregister

Griechische Wörter

Literaturgeschichte
der griechischen und römischen Welt

Albrecht Dihle
Die griechische und lateinische
Literatur der Kaiserzeit
Von Augustus bis Justinian
1989. 651 Seiten. Leinen

Handbuch der lateinischen Literatur der Antike
Herausgegeben von Reinhart Herzog und Peter Lebrecht
Restauration und Erneuerung (Band VII,5)
1989. 560 Seiten. Leinen

Uvo Hölscher
Die Odyssee
Epos zwischen
Märchen und Roman
2., durchgesehene Auflage.
1989. 360 Seiten. Leinen

Christian Meier
Die politische Kunst der
griechischen Tragödie
1988. 244 Seiten. Broschiert

Christian Habicht
Pausanias und seine
«Beschreibung Griechenlands»
1985. 207 Seiten und
34 Abbildungen. Leinen

Verlag C.H. Beck München

Alte Geschichte und Archäologie

Jacob Burckhardt
Die Zeit Constantins des Großen
Mit einem Nachwort von Karl Christ
1982. X, 401 Seiten. Leinen (Beck'sche Sonderausgaben)

Karl Christ
Geschichte der römischen Kaiserzeit
von Augustus bis zu Konstantin
1988. IX, 869 Seiten
mit 61 Abbildungen. Leinen

Alexander Demandt
Die Spätantike
Römische Geschichte von
Diocletian bis Iustinian 284–565 n. Chr.
1989. 600 Seiten
mit 3 vierfarbigen Faltkarten. Leinen
Handbuch der Altertumswissenschaft III, 6

Christian Habicht
Cicero
1990. 172 Seiten. Gebunden

Paul Zanker
Augustus und die Macht der Bilder
2., durchgesehene Auflage 1990
369 Seiten mit 351 Abbildungen.
Broschierte Sonderausgabe

Verlag C.H. Beck München